現代中小企業経営要論

佐久間信夫・井上善博 〔編著〕

石井泰幸・伊藤忠治・今井重男
金　在淑・五味嗣夫・瀬口毅士 〔著〕
成松恭平・額田春華・山田仁志

創成社

はしがき

　経済産業省の調査によると日本の全企業に対して中小企業が占める割合は，99.7％である。中小企業は，企業数という側面で大企業を圧倒しているのである。また，歴史的な側面からも中小企業の力強さを感じとることができる。1946年に盛田昭夫と井深大が創業した東京通信工業（現在のソニー）は，日本経済の発展とともに企業としての魅力を発揮し，中小企業から世界的な大企業に大躍進した。本田宗一郎が創業した本田技研工業も，東京通信工業と同様に第二次世界大戦後に創業した中小企業であり，現在は燃料電池自動車やジェット機の開発に取り組む先進企業となった。以上のような，歴史的な側面を含めて，現代の日本経済の形成に貢献してきた中小企業経営の魅力や力強さ，そして，課題について詳解していくことが本書のテーマである。従来の中小企業論で論じられてきた，低賃金問題や劣悪な労働環境という厳しい側面を踏まえた上で，より未来志向の中小企業論が本書で展開される。本書の構成は以下のようになっている。
　第1章および第2章では，現代経済における中小企業の位置づけと中小企業の定義を論じる。第3章および第4章では，国の中小企業政策と戦後経済の高度化が中小企業経営にいかに影響したのかを論じる。第5章および第6章では，中小工業における下請構造からの脱却とICTが中小商業に与える経営革新について論じる。
　第7章から第10章は，中小企業のマネジメントつまり，経営管理の側面を論じる。特に中小製造業では，いかにコストを節約して利益を出すかが経営課題となるため，原価管理という思考が必要になってくる。そして，中小企業経営が健全であるかを明確にするためのツールである経営を分析していく思考，資金がなければ経営は成り立たないので，中小企業に特有な資金調達方法という資金をマネジメントする思考について論じる。そして，中小企業での人材の

マネジメントの重要性について論じる。

　第11章から第13章では，産業集積の視点から中小企業経営の特質を論じる。第1に取り上げるのは，都市型ものづくり企業が集積する東京・大田区のケースである。中小企業群が新しいアイデアを紡ぎ，伝えて，具現化しながら発展していくプロセスを論じる。第2に取り上げるのは，長野・諏訪のケースである。ここでは，製糸業の隆盛と企業家精神，そして，精密機械工業への転換へのプロセスを論じる。第3に取り上げるのは，新潟・燕三条のケースである。ここでは優秀な技術者を生み出す地域特性について論じる。

　第14章は経済活動がグローバル化することによって，中小企業経営がどのように変容したかについて論じる。特に，大企業の海外移転によって，その下請として位置づけられていた中小企業の東アジア展開がなされていくプロセスを論じる。第15章は，社会的課題に取り組む新たな中小企業とその経営者である社会起業家について論じる。「社会性」と「事業性」そして「革新性」を兼ね備えたビジネス展開の可能性について論じる。第16章では，イノベーションの卵を温め，それを孵化させることこそ，中小企業の役割であることを論じる。

　このように本書では16章にわたって，中小企業経営をめぐる諸問題に対して多様なアプローチがなされている。本書は中小企業論に関心を持つ大学生や社会人向けに執筆されているが，将来，企業経営者になりたいといった夢を抱く多くの方々に，中小企業経営の知識を習得する場として役立てていただけたら幸いである。

2015年3月

佐久間信夫

井上　善博

目　次

はしがき

第 1 章　日本経済を支える中小企業 ―――――― 1
　第1節　はじめに……………………………………………………1
　第2節　日本経済において中小企業が占める割合……………1
　第3節　日本経済における中小企業の役割……………………6
　第4節　戦後日本経済の発展過程と中小企業の役割の変化……8
　第5節　地域社会を支える中小企業……………………………11
　第6節　おわりに…………………………………………………15

第 2 章　中小企業とは―その概念と経営課題― ――― 18
　第1節　はじめに…………………………………………………18
　第2節　中小企業の概念と事業領域……………………………19
　第3節　中小企業経営の特質と経営課題………………………23
　第4節　中小企業の質的発展……………………………………28
　第5節　おわりに…………………………………………………31

第 3 章　中小企業政策の変遷 ――――――――― 34
　第1節　経済環境の変化と中小企業政策………………………34
　第2節　戦後復興期の経済と中小企業政策……………………36
　第3節　高度経済成長期の中小企業政策………………………39
　第4節　安定成長期の経済と中小企業政策……………………42
　第5節　経済再生期の中小企業政策……………………………45

第 4 章　戦後経済の高度化と中小企業の発展プロセス ― 50
　第1節　はじめに…………………………………………………50
　第2節　日本経済の発展と中小企業……………………………51

第3節	中小企業のグローバル化	57
第4節	中小企業研究の2つの視点	60
第5節	おわりに	62

第 5 章　下請構造の変容と中小工業 ── 66

第1節	はじめに	66
第2節	日本における下請構造の展開	67
第3節	日本型下請構造の特徴	72
第4節	1980年代後半以降の経営環境の変化	76
第5節	下請構造の変容と中小工業	78

第 6 章　中小商業の構造変化
―ICT を活用した小売・卸売業の事業展開― ── 83

第1節	はじめに	83
第2節	中小商業の小売業・卸売業の現状	84
第3節	中小商業の歴史的変遷	88
第4節	中小小売業と中小卸売業の構造変化と ICT	91
第5節	これからの中小商業の展開	98
第6節	おわりに	99

第 7 章　中小企業におけるコスト意識―原価管理の視点から― ── 102

第1節	経営管理のための原価計算	102
第2節	現代の企業環境の特徴と原価計算	104
第3節	わが国の中小企業の原価の実態と原価管理	110
第4節	原価管理のための手法	111
第5節	肯定的コスト意識を持つ組織づくり―動機づけの重要性	121

第 8 章　中小企業の財務構造と経営分析 ── 125

第1節	中小企業財務の構造	125
第2節	中小企業の経営分析	133

第 9 章　中小企業経営と資金調達 ─── 142
　　第1節　中小企業と財務 ……………………………………………142
　　第2節　中小企業の資金調達の特徴 ………………………………144
　　第3節　中小企業の金融の課題 ……………………………………148
　　第4節　新たな中小企業金融の方向性 ……………………………151

第 10 章　中小企業における人材育成・能力開発と雇用の外部化 ─── 154
　　第1節　はじめに―中小企業の人的資源の問題 …………………154
　　第2節　企業の成長と人材 …………………………………………157
　　第3節　中小企業における人材育成・能力開発 …………………159
　　第4節　雇用の外部化 ………………………………………………168
　　第5節　おわりに ……………………………………………………173

第 11 章　都市型中小企業群とものづくり
　　　　　―東京・大田区のケース― ─── 177
　　第1節　産業集積という舞台の上で生き残ってきた
　　　　　　大田区中小企業群 …………………………………………177
　　第2節　大田区を特徴づけてきた従来のビジネスシステム ……178
　　第3節　産業構造転換のプロセスで形成された
　　　　　　独自のビジネスシステム …………………………………185
　　第4節　1990年代後半以降の大田区のしくみの変容 ……………188
　　第5節　縮小の時代にいかに生き残るか …………………………191

第 12 章　精密機械産業の集積と中小企業
　　　　　―長野・諏訪のケース― ─── 200
　　第1節　はじめに ……………………………………………………200
　　第2節　諏訪の産業（製糸業）の勃興 ……………………………200
　　第3節　精密機械産業の興隆 ………………………………………205
　　第4節　諏訪のものづくりの現状 …………………………………211
　　第5節　おわりに ……………………………………………………215

第13章　地場産業の発展と中小企業―新潟・燕三条のケース― 222

第1節　はじめに 222
第2節　地場産業と燕三条地域 222
第3節　地場産業の発展とその課題 223
第4節　地場産業を担うもの造りの哲学 225
第5節　新潟県燕三条地域の地場産業の展開 231
第6節　おわりに 240

第14章　経済のグローバル化と中小企業 244

第1節　はじめに 244
第2節　経済のグローバル化とは何か 244
第3節　経済のグローバル化における中小企業 247
第4節　経済のグローバル化に対応する中小企業の戦略 256

第15章　社会起業家と新たなベンチャー・ビジネス 264

第1節　はじめに 264
第2節　起業家とは 265
第3節　ベンチャー・ビジネスの概要 267
第4節　新たなベンチャー・ビジネスとして社会的企業と社会起業家 270
第5節　今後の課題 278

第16章　イノベーションの孵化と中小企業の将来 282

第1節　はじめに 282
第2節　中小企業のイノベーションの理論的考察 282
第3節　イノベーションを生み出す上での経営課題 289
第4節　地域の中小企業の質的転換に向けた取組み 293
第5節　おわりに 299

索　引　305

第1章
日本経済を支える中小企業

第1節　はじめに

　かつて日本では，中小企業を経済的弱者としてとらえる考え方が支配的であった。低賃金や劣悪な労働条件の下で大企業に隷属し，製品コストの切り下げや納期の面での無理な要求を大企業から強要される存在としてとらえられることが多かった。

　しかし，近年は中小企業の蓄積された技術，イノベーション能力，環境変化への柔軟な対応力，国際競争力などが積極的に評価されるようになってきている。第2次世界大戦後の日本経済において中小企業の果たしてきた役割を振り返ってみると，まさに中小企業が日本経済の成長と発展を支えてきたことが明らかになる。

　また，昨今日本においては地方の社会，経済の急速な衰退が大きな問題となっているが，地方の社会や経済を支えているのも中小企業である。

　本章では，日本の中小企業が戦後の日本経済の変化の中で果たしてきた役割について考察すると同時に，中小企業が地域の社会や経済を支えてきた事実を明らかにする。また，将来においても中小企業を中心とした地方創生が日本経済発展の鍵を握っていることを確認する。

第2節　日本経済において中小企業が占める割合

　中小企業の定義は国や地域ごとに異なっている。例えばアメリカでは，質的

指標(独立性と市場支配力の有無)と量的指標(産業分類ごとに従業員数と売上高を用いる)を組み合わせて中小企業の定義を行っている[1]。具体的には,独立自営の企業であり,当該事業分野で支配的でないこと,という質的要件を満たしている企業で,例えば製造業の場合,業種ごとの特性に応じ,従業員500人以下,700人以下,1,500人以下等の量的要件も満たす企業とされている[2]。

また,EUにおいては中小企業の定義を「従業員250人未満,年間売上高4,000万ユーロ以下または年次バランスシート(総資産額)2,700万ユーロ以下で,他の1つないし複数の大企業に資本または経営権の25%以上を保有されない企業」と定義している[3]。

日本では,中小企業は,中小企業基本法において,業種ごとに以下のように定義されている(図表1-1)。すなわち,①製造業,建設業,運輸業,その他の業種では,資本金の額あるいは出資の額が3億円以下の会社ならびに常時使用する従業員数が300人以下の会社および個人企業,②卸売業では,資本金の額あるいは出資の額が1億円以下の会社ならびに常時使用する従業員数が100人以下の会社および個人企業,③小売業では,資本金5,000万円以下の会社ならびに従業員数50人以下の会社および個人企業,④サービス業では資本金5,000万円以下の会社ならびに従業員数100人以下の会社および個人企業である。

図表1-1　業種分類　中小企業基本法の定義

製造業その他	資本金の額又は出資の総額が3億円以下の会社又は常時使用する従業員の数が300人以下の会社及び個人
卸　売　業	資本金の額又は出資の総額が1億円以下の会社又は常時使用する従業員の数が100人以下の会社及び個人
小　売　業	資本金の額又は出資の総額が5千万円以下の会社又は常時使用する従業員の数が50人以下の会社及び個人
サービス業	資本金の額又は出資の総額が5千万円以下の会社又は常時使用する従業員の数が100人以下の会社及び個人

出所:中小企業庁ホームページ,http://www.chusho.meti.go.jp/soshiki/teigi.html, 2014年4月4日アクセス。

このように,中小企業の定義は,市場支配力などを加味したアメリカ,出資関係を考慮したEUなどさまざまであるが,ここでは量的基準に基づいて業種ごとに規定されている日本の定義に従うことにする。

図表1－2 製造業における中小企業の構成比の推移

	事業所比率	従業者比率	製品出荷額等比率
1998年(平成10年)	99.05%	72.47%	51.64%
1999年(平成11年)	99.00%	72.37%	51.66%
2000年(平成12年)	99.01%	72.63%	51.13%
2001年(平成13年)	98.93%	72.13%	51.22%
2002年(平成14年)	98.89%	72.37%	51.15%
2003年(平成15年)	98.93%	72.67%	50.51%
2004年(平成16年)	98.83%	72.07%	50.65%
2005年(平成17年)	98.83%	71.51%	49.47%
2006年(平成18年)	98.70%	70.24%	47.88%
2007年(平成19年)	98.62%	69.30%	47.17%
2008年(平成20年)	98.68%	69.20%	47.42%
2009年(平成21年)	98.62%	69.25%	49.85%
2010年(平成22年)	98.52%	68.64%	46.73%
2011年(平成23年)	98.66%	69.56%	49.08%

(注)対象は,各年とも従業員数4～299人の事業所。
出所:経済産業省編『工業統計表 産業編』(各年版)より筆者作成。

中小企業は,日本の全事業所数の約99％(2006年)と圧倒的な比重を占めており,従業員数においても製造業で74.2％,卸売業76.9％,サービス業71.2％(2006年)と雇用面においても極めて重要な役割を果たしている[4]。しかし,製造業に限れば,2000年以降,事業所比率,従業員比率,製品出荷額比率がともに低下している(図表1－2)。

中小企業数は1986年頃から減少傾向にあり,日本経済の活性化や雇用機会

の面から問題視されている。1986年まで開業率が廃業率を上回り，企業数が増加し，雇用は拡大を続け，1986年～91年には企業数はピークの約540万社に達したがその後，廃業率が開業率を上回ったため企業数は一貫して減少を続け，09～12年においては約420万社に減少した（図表1－3）。近年，新規開業を促進し雇用の場を確保することが国家的な課題となっており，政府の取り組みが続けられているがこれまでのところ大きな成果があがっていない。

図表1－3　企業（個人企業＋会社企業）の開業率・廃業率の推移（非一次産業）

年	調査間隔（月数）	期首企業数	開業企業数	開設件数調査期間（月数）	増加企業数	年平均増加企業数	年平均開業企業数	年平均廃業企業数	開業率（％）	廃業率（％）
75～78	37	4,682,092	681,775	29.5	355,485	115,292	277,332	162,040	5.9	3.5
78～81	36.5	5,037,577	739,996	30	318,925	104,852	295,998	191,146	5.9	3.8
81～86	60	5,356,502	1,039,351	54	72,096	14,419	230,967	216,548	4.3	4.0
86～91	60	5,428,598	853,991	54	▲126,240	▲25,248	189,776	215,024	3.5	4.0
91～96	63	5,302,358	967,779	81	▲147,968	▲28,184	143,375	171,559	2.7	3.2
96～99	33	5,154,390	507,531	33	▲253,477	▲92,173	184,557	288,147	3.6	5.6
99～01	27	4,900,913	638,289	27	▲160,984	▲71,548	283,684	334,755	5.8	6.8
01年時点（1993年分類）　4,739,929										
01～04	32	4,739,635	447,148	32	▲360,347	▲135,130	167,681	289,731	3.5	6.1
04～06	28	4,379,288	518,671	28	▲138,962	▲59,555	222,288	273,282	5.1	6.2
06年時点（2002年分類）　4,240,326										
09～12	31	4,252,897	154,998	31	▲361,541	▲139,951	59,999	260,177	1.4	6.1

出所：中小企業庁『中小企業白書2014』2014年，711ページ。

　日本において開業率が低い理由は大きく3つあげることができる[5]。まず第1は，日本人の間に起業を目指そうとする意識が低いことである。起業家を育成するための教育制度が十分でないため，起業を職業の選択肢として認識する機会が少なく，大企業への就職など安定的な雇用を求めようとする傾向があることである。第2に，起業後の生活・収入の不安定化に対する懸念が大きいということである。第3は，起業をする際に金銭的コストが高く，手続きが煩雑であることである。したがって，これらの問題に対応し，開業率を向上させるためには，①起業家育成のための教育制度を整備し，起業を目指す人々の意識を変革すること，②起業のセーフティネットの構築や兼業・副業の促進など

によって起業後の生活・収入の安定化を図ること，③起業に対する相談制度の拡充等によって起業に伴うコストや手続きを低減することなどの具体的な対策が必要であるとされている[6]。中小企業が数の上で大きな比重を占めていることは海外においても同様である。従業員数500人以上の企業が全体の1％以上を占める国はアメリカ（11.7％），スロヴァキア（2.5％），アイルランド（1.5％）

図表1－4　各国製造業における従業員数規模別企業数分布（2001年，構成比％）

国	1～9人	10～49人	50～99人	100～499人	500人以上
オーストラリア	72.6	21.8	2.8	2.2	0.6
オーストリア	69.0	23.3	3.3	3.8	0.6
ベルギー	79.4	15.5	2.4	2.2	0.5
チェコ	89.2	7.6	1.5	1.4	0.3
デンマーク	70.7	21.8	3.6	3.3	0.6
フィンランド	83.4	12.0	2.2	1.9	0.5
フランス	81.8	13.9	2.0	1.9	0.4
ドイツ	64.0	26.5	4.3	4.3	0.9
ギリシャ	－	79.4	9.6	9.7	1.3
ハンガリー	86.0	10.4	1.6	1.6	0.3
アイルランド	37.3	42.3	9.5	9.3	1.5
イタリア	83.3	14.5	1.3	0.8	0.1
日　本	50.9	39.2	5.4	4.0	0.5
オランダ	77.0	16.7	3.2	2.6	0.4
ニュージーランド	81.3	15.3	1.7	1.4	0.3
ノルウェー	61.3	29.4	4.6	4.0	0.7
ポーランド	89.7	6.5	1.6	1.8	0.3
ポルトガル	78.9	16.7	2.6	1.6	0.2
スロヴァキア	45.8	34.2	7.5	9.9	2.5
スペイン	77.9	18.9	1.8	1.2	0.2
スウェーデン	85.4	10.8	1.8	1.6	0.4
イギリス	71.7	21.0	3.5	3.2	0.6
アメリカ	48.3	33.0		7.1	11.7

（注）1．オーストラリア，日本，アメリカは事業所ベース。
　　　2．対象は2001年もしくは利用可能な最新年次。
初出：OECD *OECD SME and Entrepreneurship Outlook*, OECD, 2005, p.387.
出所：高田亮爾「中小企業の定義，地位と役割」高田亮爾・上野　紘・村社　隆・前田啓一
　　　『現代中小企業論［増補版］』同文館，2011年，12ページ。

などごくわずかで，ほとんどの国において従業員数が500人未満の中小企業が全企業数の99％以上を占めている（図表1－4）。

　清成忠男はアメリカ，ドイツ，日本の中小企業の国際比較によって各国の中小企業の特徴を明らかにしている[7]。アメリカでは，人材のモビリティが高いこと，リスク・キャピタルの調達が容易であること，株式公開の基準が緩いことなどの要因によって，中小企業が短期間に大企業に成長する可能性が高いことを指摘している。また，新設企業数と解散企業数はともに増加しており，いわゆる多産多死の状況にあるが，新設企業の方が数が多いため，企業総数は増加傾向にある。彼は中小企業を巡るこうしたダイナミズムがアメリカ経済の活性化に寄与していると述べている。ドイツにおいては，従業員数10人未満の零細企業の数がかなり高いウェイトを占めているものの，従業者数（製造業）では従業員数1,000人以上の大企業の比率が38.9％と高くなっている。また，創業が廃業を上回っていたため，中小企業の数は増加傾向にあった（1980年代）。

　これに対して，製造業の分野では，日本の中小企業の数がアメリカ，ドイツに比べ比較的多いのが特徴である。また，日本では従業員数20人未満の小規模企業が多く，大企業と中小企業の分業関係が深化しているという特徴がある。

第3節　日本経済における中小企業の役割

　日本では中小企業を，劣悪な労働条件と低賃金に依存することによって，もっぱら低価格の製品を製造することにその存在意義を見出そうと評価する傾向が強かった。しかし，近年は，日本の中小企業が日本経済において従来果たしてきた積極的な役割を評価する見解が大勢となっている。黒瀬直宏は，戦後の日本において経営体質を高度化してきた中小企業を「代表的発展中小企業」と呼び，低賃金という消極的要因によって存立している「停滞的中小企業」と明確に区別している[8]。そして高度な経営体質を持つ多くの中小企業の例を列挙し，中小企業の持つダイナミズムを高く評価している。清成忠男も中小企

業を経済的弱者として消極的にとらえる傾向はマスコミの報道によるところも大きいが，実態はこれと大きく異なるとしている[9]。彼は，わが国の中小企業が技術力，品質，価格，納期などにおいて，国際的に見ても高い専門能力を持つと述べている[10]。

　高田亮爾は中小企業が戦後の日本経済において果たしてきた役割を以下8つに要約している[11]。

　第1は，戦後の産業構造高度化に，柔軟かつ積極的に対応し，その担い手として貢献してきたことである。第2は，日本の経済発展の各段階に応じた多様化，個性化，高級化などに弾力的に対応した供給者としての役割を担ってきたことである。第3は，大企業との関連における役割であり，下請，系列企業として重要な役割を果たしてきたことはよく知られている。また，大企業が供給してこなかった分野の財・サービスの供給を担ってきたこと，大企業との競合分野における財・サービスの供給においては，競争メカニズム創出の役割を担ってきたことである。第4は，ベンチャー・ビジネス（Venture Business）に代表される研究開発型企業が日本経済の活性化，発展に大きな貢献をしてきたことである。第5は，中小企業の地域経済への貢献である。中小企業は地域の雇用創出，所得水準向上，税収の増大などにきわめて大きな貢献をしてきた。中でも地場産業は，経済的な側面だけではなく，伝統技術の継承，地域文化の維持・発展など，地域社会の活力維持に大きな役割を果たしてきた。

　第6は，経済全体の中で中小企業が就業・雇用機会の提供で果たしてきた役割である。高田が指摘するように，2006年における，わが国の製造業分野での中小事業所の従業者数は全体の74.2%（卸売業83.6%，小売業76.9%，サービス業71.2%）を占めており，雇用や所得の面での中小企業の役割は極めて大きなものである[12]。1986年以降，新規開業率が廃業率を下回り，企業数が減少していることは雇用機会の減少を意味しており，深刻な社会問題となりつつある。第7は，中小企業が国際経済の発展に大きな役割を果たしてきたことである。高田は，これについて3つの主要な貢献をあげている。①第2次世界大戦直後の外貨不足の時期に，中小企業が輸出を促進し外貨獲得に貢献したこと，②合理化，技術水準の高度化等によって国際競争力の強化に貢献したこと，③

1970年代以降の円高の時期には，中小企業が途上国に進出し，進出先国への技術移転や雇用の増大などに貢献したことなどである。

第4節　戦後日本経済の発展過程と中小企業の役割の変化

　前節で述べたように，中小企業は日本経済において，量的に大きな比重を占めるだけでなく，質的にも重要な役割を果たしてきたが，その役割は日本経済の発展とともに変化してきた。高田亮爾は第二次世界大戦後の日本経済の発展過程を，産業政策の側面から，第二次世界大戦後の復興期，1960年代における高度経済成長と貿易・資本の自由化の時期，1973年の第一次石油危機以降の「補正的産業政策期」および1990年以降の日本経済停滞期・中小企業政策転換期の4つに区分し，そのそれぞれにおいて中小企業は日本経済において異なる役割を果たしてきた，と述べている[13]。

　戦後復興期（1945～55年）において日本経済は，海外からの引き揚げ等により人口が急増し，極端な消費物資の不足，大量失業の発生という状況にあった。

　この時期に中小企業は消費需要に対する供給者となっただけでなく，雇用機会の提供に貢献した。また敗戦後の日本は深刻な外貨不足に陥ったが，低賃金や社会的分業システムの構築を背景として輸出中小工業企業は外貨獲得に大きな役割を果たした。また，この時期には大企業による優良中小企業の下請系列化が進み，中小企業は大企業との有機的関連を強めつつ，大企業の生産性向上に寄与したのである。

　高度経済成長期（1955～1965年）は政府の新産業育成策により，合成繊維工業，合成樹脂工業，石油化学工業，機械工業，電子工業などが発展し重化学工業化が進展した[14]。1956年から十数年間，日本経済は平均で10%程度の高い経済成長率を達成した。この高度経済成長期には労働力不足によって賃金が上昇したため，個人消費が増大しただけでなく，消費が多様化，高級化していくことになった。白黒テレビ，洗濯機，冷蔵庫から自動車，クーラー，カラーテレビへと耐久消費財が普及した。

また，この時期においては機械加工業では部品点数が増大し，化学工業では加工分野が拡大したが，大企業の下請として，部品製造や加工の分野で中小企業が果たした役割は大きなものであった。

高度経済成長期に中小企業が果たした役割について高田は次のように述べている。「重化学工業を中心とした産業構造変化の担い手として，とくに大企業の補完的役割の下請中小企業として，消費生活向上の重要な供給者として，産業の苗床機能として，日本経済の国際化の積極的推進者として，各側面において日本の重化学工業化を中心とした日本経済発展に重要な役割を果たしてきた[15]」。

この時期，中小企業の海外進出はそれほど進まなかった。かつて，工業輸出品に占める中小企業の割合は大きく，外貨獲得に重要な役割を果たしてきたものの，この時期にはその割合はしだいに低下した。すなわち，工業製品輸出に占める中小企業製品のシェアは1958年には60.1％であったのが73年には32.8％へと大きく低下した[16]。しかし，このことは日本の輸出における中小企業の役割が低下したことを意味するわけではない。大企業の輸出した製品のほとんどは中小企業によって製造・加工された部品から構成されていたためである。中小企業の直接的な輸出シェアは低下したものの，間接的には以前と同様に輸出に貢献したのである。

産業構造転換期（1973年～1980年代前半）においては，2度に渡るオイルショック，経済の国際化，経済のサービス化，ソフト化の進展などの要因を背景に産業構造の質的転換が進展した。

第一次石油危機以降，日本経済は高度経済成長から低成長へと転換したが，中小企業は大企業の下請として製品の高品質化・低価格化に貢献した。1970年代前半には研究・開発型ベンチャー・ビジネスの活動が盛んになった。この動きは第一次石油危機の影響を受け一時沈静化したものの，1980年代には再び活発になった。中小企業の中でも特に研究・開発型ベンチャー・ビジネスは，古い産業に代わって新しい産業が創出される機会をもたらすため，経済の新陳代謝を通して社会の活性化に貢献することになる。

石油危機により，省エネルギー・省資源型生産を強いられる中で，日本企業

は国際競争力を高めてきたが,優良中小企業は大企業の下請構造の中に組み入れられ,品質の向上,コスト・ダウンなどの面で大きな貢献を果たしてきた。70年代から80年代初めにかけて日本の総輸出に占める中小企業製品の割合は漸次低下していったが,大企業の輸出した製品の部品製造や加工という形で完成品の製造に貢献した。

　第一次石油危機以降の産業構造転換期において,日本企業は省エネ・省資源産業化,経済の国際化,サービス化・ソフト化へと産業構造の質的転換を果たしてきたが,このような経済の柔構造に寄与してきたのは中小企業であったということができる。

　1980年代後半以降の低経済成長期においては,中小企業は,イノベーション,雇用機会の創出,地域経済活性化などの担い手としての役割を果たしてきた。80年代に日本の対米貿易黒字が急増したことから,日本は85年のプラザ合意で円高誘導に応じることになった。しかし,急速に円高が進行したため,経済は円高不況に陥った。日本銀行は1986年から1987年にかけて公定歩合を引き下げ,超金融緩和政策を実施したが,この政策によって地価や株価が高騰し「バブル経済」がもたらされた。日本銀行は1989年から金融引き締め政策を実施したが,その結果バブルが崩壊し,日本経済は長期不況・低経済成長に突入することになった。円高によって,大企業ばかりでなく中小企業も海外に活路を求めて進出したため,日本経済の空洞化が進み1990年代以降2010年代まで長期間の景気低迷が続き「失われた20年」とも呼ばれる深刻な状況となった。この時期,日本の経済社会において顕著な変化はIT技術の急速な進歩や少子・高齢化などであった。

　このような背景の下で,経済低迷を打破するために,また新産業育成のために期待されたのがベンチャー・ビジネスである。アメリカのシリコン・バレーから生まれたベンチャー・ビジネスが次々と世界的大企業に成長していく姿に刺激を受けた政府は,ベンチャー・ビジネスの振興策を打ち出していった。高田によれば,日本では,これまでベンチャー・ブームが3度あった[17]。第一次ベンチャー・ブームは1970年～73年であり,自動車工業,電気機械工業などを中心に,研究開発型ベンチャー企業が多数生まれた。第二次ベンチャー・

ブームは 1983 年〜 86 年であり，高度先端技術分野に多くのベンチャー企業が生まれた。第三次ベンチャー・ブームは 1990 年〜 94 年であり，IT 関連分野のベンチャー企業が多くを占めた。

　そして 2010 年代に入って，再生医療，ロボット技術，3D プリンター，ビッグ・データなどの分野のベンチャー・ビジネスに期待が集まっている。

第 5 節　地域社会を支える中小企業

　企業と地域社会は緊密な相互依存の関係にある。かつて石炭の採掘で栄えた北海道各地の産炭地は鉱山の閉山によって人口が流出すると同時に関連する企業が撤退し，地域全体がみるみる衰退していった。このような産炭地のひとつ夕張市は，北炭夕張新鉱（北海道炭礦汽船株式会社の子会社）や三菱南大夕張炭鉱の採炭事業で栄えたが，大規模な炭鉱事故をきっかけに両社が閉山を決定（北炭夕張新鉱が 1981 年，三菱南大夕張炭鉱が 1990 年）したことにより衰退が始まった。夕張市は，観光産業の誘致などによって衰退を食い止めようとしたが失敗し，

図表 1 － 5　夕張市の人口の推移（単位：人）

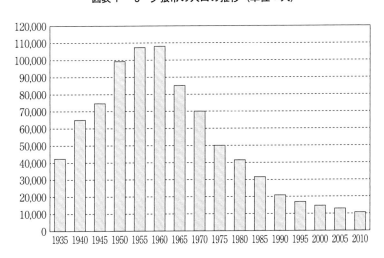

出所：夕張市役所の発表資料を基に筆者作成。

図表1－6　いわき市の人口の推移（単位：人）

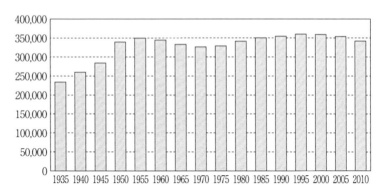

出所：いわき市役所の発表資料を基に筆者作成。

2007年に財政再建団体に陥った。1960年には11万7,000人であった夕張市の人口は2013年には1万人を切り，財政再建計画を進めているにもかかわらず衰退が続いている。

　同様に，炭鉱の閉山の危機を経験しながら会社と地域の再建に成功したのが福島県いわき市の常磐興産である。石炭から石油へのエネルギー転換が進む中で，福島県いわき市の常磐炭鉱は1955年から人員整理に着手するが，従業員や家族の雇用確保と会社の収入源確保のため新規事業を模索した。同社は1966年に石炭の採掘の際に湧き出る温泉水を利用してリゾート施設「常磐ハワイアンセンター」を発足させた。この事業は常磐炭鉱の従業員や家族，地域住民などの協力を得て成長し，事業はホテル，レストラン，熱帯植物園などへと拡大し，社名も常磐興産に変更した（1970年）。1990年には「常磐ハワイアンセンター」の名称を「スパリゾートハワイアンズ」に変更し，年間入場者数も160万人（2007年度）前後に達している。このような企業の努力が功を奏し，いわき市の人口に大きな変化は見られない（図表1－6）。

　この2つの事例に見られるように地域社会の盛衰は企業の盛衰にかかっているといっても過言ではない。北海道炭礦汽船株式会社も常磐炭鉱株式会社も中小企業には分類されないが，これらの会社と取引関係にある建設，運送，機械

などの中小企業とこれらの企業の従業員やその家族に消費財やサービスを提供する数多くの中小企業が地域社会を構成している。これら企業群の活力の維持がこれら企業の従業員だけでなく，自治体の存続や地域住民の福利にとって不可欠の要素であることはいうまでもない。財政再建中の夕張市では9校あった小中学校は1校に統合され，病院の診療は削減され，市民税や上・下水道料金は値上げされた。これに対し，常磐炭鉱では「炭鉱の従業員だった父がホテルマン，母が厨房で皿洗い，息子がコックで娘がフラガール」というように「一山一家（ひとつの山はひとつの家族）」の名の下に従業員と家族が会社の再建のために全力で働いただけでなく，地域住民も会社と一体となって再建に尽力したのである。

このように日本各地において，企業，従業員，自治体，地域住民が運命共同体的な関係で結ばれているケースは多く見られる。百瀬恵夫は中小企業が集積した地域経済のパターンを6つに分類している[18]。

第1は工業（特に製造業）主導の地域経済であり，それはさらに3つに分類される。

① 下請，協力工場などの企業間の垂直統合が中心の地域経済（「縦の連鎖」）。有力大企業の傘下に中小企業が集まる「企業城下町」がその典型であり，新日鉄・住金を中心とする室蘭市やトヨタ自動車を中心とする豊田市などがこれに当てはまる。

② 異業種の企業間取引と同業者の連携が中心の地域経済（「横の連鎖」）。中小企業であっても，技術・技能水準が高く，「ガリバー」のような大企業に依存せず，異業種の企業間取引と同業者の連携を軸に発展してきたものである。新潟県の三条市，燕市や長野県坂城町などの例を挙げることができる。

③ 技術水準の高さ，「仲間まわし」をはじめとする企業連携，「小回り制」を活かした少ロット，高品質の製品製造などの強みを活かした「産業集積地」。大都市や地方有力工業都市に多いのが特徴で，神奈川県川崎市，兵庫県尼崎市，静岡県浜松市などの例を挙げることができる。

第2は商業・サービス業主導の地域経済であり，百瀬はそれを2つに分類している。

① 商業・サービス業を中心とした地域経済。
　　大都市での商業街や地方における商店街がこれに当たる。
② 観光業を中心とした地域経済。
　　景勝地，著名な神社仏閣，温泉などには観光サービス関連の中小企業が集中している。宿泊業，飲食業，土産物屋，交通サービス業（観光バス，ロープウェイ，ケーブルカー，遊覧船など）の企業が集積している。

第3は，地場産業，特産物生産主導の地域経済である。明治時代以前からの伝統文化・伝統工芸に支えられた特産物やその技術を現代的にアレンジした生産物を生産している企業が集まる地域である。千葉県野田市の醤油製造業は江戸時代から伝わる製品の製造を続けており，江戸時代から和釘などを生産してきた新潟県の三条市や燕市は刃物や鋏などの伝統的な製品に加えて厨房器具などの現代的な製品も製造している。近年アウトドア用品としてヒット商品を出し続けているスノーピーク（東証マザーズ上場企業）もこの地域（三条市）発祥の中小企業である。

第4は，自治体と産業との連携主導の地域経済である。自治体や商工会議所は地域の企業や産業に対して技術指導や経営相談などを行い，地域の産業振興に熱心に取り組むところが多い。自治体や商工会議所が中心となって新たな特産物生産や新たな産業の創出を行っている例として大分県の「一村一品運動」をあげることができる。

第5は，農林水産業主導の地域経済である。

① 農業・林業および1次産品中心の地域経済で近年は農産物のブランド化や流通チャネルの多様化などさまざまな変化が起こっている。
② 水産業および1次産品中心の地域経済

第6は，文化・芸術・学術情報主導の地域経済である。日本には美術，工芸，芸能，茶道，華道，宗教などが，住民の生活や文化，経済の柱となってい

る地域が多く存在する。京都，奈良，高野山（和歌山県），などの門前町をこの例としてあげることができる。

筑波研究学園都市は学術情報主導の地域であり，変電施設など，研究のためのインフラが整備された地域である。

百瀬は，このように地域経済を6つに分類しているが，ひとつの地域が単一の分類・区分で特徴づけられるわけではなく，複数の分類にまたがる特徴を持つことも多いと述べている。例えば「京都の場合，京セラ，任天堂，ロームをはじめ，先端技術産業が振興している一方で，西陣織や酒造など地場産業が依然として盛んで，伝統的文化・芸術が継承され，かつ旧跡，神社仏閣が多く観光業も盛んで，農業も稲作，野菜栽培が行われている」[19]。

第6節　おわりに

日本の中小企業は第二次大戦後の政治・経済環境の変化の中で，その時々の変化に柔軟に対応しながら，極めて大きな役割を果たし，日本経済を支えてきたということができる。また，日本の優良な中小企業は海外の中小企業と比べても，品質，技術力，生産性，イノベーション能力などにおいて優れた能力を持つということができる。特に日本の多くの地域では，中小企業群が地域の自治体や住民と一体となって地域社会と地域経済を支えてきたのである。日本経済が長期間低迷し，特に地方の衰退が急速に進む今日，中小企業に期待される役割はますます大きくなっていくであろう。今後，規制緩和や経営環境の改善を通して中小企業が十分その能力を発揮できる条件が整備されなければならないであろう。

【注】

（1）高田亮爾「中小企業の定義，地位と役割」高田亮爾・上野　紘・村社　隆・前田啓一著『現代中小企業論［増補版］』同文館，2011年，5ページ。
（2）同上稿，5ページ。

（3）同上稿，6ページ。
（4）高田，前掲稿，11ページ。
（5）中小企業庁『中小企業白書 2014』2014 年，219 ページ。
（6）同上書，220 ページ。
（7）清成忠男「中小企業の枠組み」清成忠男・港　徹雄・田中利見『中小企業論―市場経済の活力と革新の担い手を考える』有斐閣，1996 年，28 ～ 34 ページ。
（8）黒瀬直宏「戦後日本の中小企業発展の軌跡」渡辺幸男・小川正博・黒瀬直宏・向山雅夫『21 世紀中小企業論〔第 3 版〕』有斐閣，2013 年，117 ～ 118 ページ。
（9）清成，前掲稿，22 ページ。
（10）同上稿，25 ページ。
（11）同上稿，13 ～ 16 ページ。
（12）同上稿，11 ～ 12 ページ。
（13）高田亮爾『現代中小企業の動態分析―理論・実証・政策―』ミネルヴァ書房，2012 年，69 ～ 89 ページ。
（14）同上書，73 ページ。
（15）同上書，78 ページ。
（16）同上書，77 ページ。
（17）同上書，85 ページ。
（18）百瀬恵夫『中小企業論新講』白桃書房，2005 年，145 ～ 147 ページ。
（19）同上書，148 ページ。

◆参考文献◆

いわき市役所（2014）『いわき市内地域別　データファイル 2013』http://www.city.iwaki.fukushima.jp/dbps_data/_material_/localhost/01_gyosei/0110/DF2013/datafile2013_Part1.pdf，2015 年 1 月 14 日アクセス。

いわき市役所（2010）「いわき市の人口」http://www.city.iwaki.fukushima.jp/dbps_data/_material_/localhost/01_gyosei/0110/3_iwakishi_jinko_h22.4.1.pdf，2015 年 1 月 15 日アクセス。

いわき市役所ホームページ「3. 統計表」http://www.city.iwaki.fukushima.jp/kankobutsu/18940/008398.html，2015 年 1 月 15 日アクセス。

いわきヘリテージ・ツーリズム協議会ホームページ，http://www.i-heritage.com/about.html，2015 年 1 月 14 日アクセス。

小田野純丸・荒谷勝喜「日本のエネルギー産業の構造変化：石炭産業の衰退と流体革命」『彦根論叢』第 367 号，滋賀大学，117 ～ 136 ページ。

清成忠男「中小企業の枠組み」清成忠男・港　徹雄・田中利見『中小企業論─市場経済の活力と革新の担い手を考える』有斐閣，1996年。

黒瀬直宏「戦後日本の中小企業発展の軌跡」渡辺幸男・小川正博・黒瀬直宏・向山雅夫『21世紀中小企業論〔第3版〕』有斐閣，2013年。

経済産業省編『工業統計表　産業編』(各年版)。

高田亮爾『現代中小企業の動態分析─理論・実証・政策─』ミネルヴァ書房，2012年。

高田亮爾「中小企業の定義，地位と役割」高田亮爾・上野　紘・村社　隆・前田啓一著『現代中小企業論［増補版］』同文館，2011年。

中小企業庁『中小企業白書2014』2014年。

中小企業庁ホームページ，http://www.chusho.meti.go.jp/soshiki/teigi.html，2014年4月4日アクセス。

常磐炭田史研究会ホームページ，http://tankouisan.jp/，2015年1月14日アクセス。

北海道炭礦汽船ホームページ，http://hokutan-coal.co.jp/concept.html，2015年1月14日アクセス。

北海道空知総合振興局地域政策課「そちら　産業遺産と観光」http://www.sorachi.pref.hokkaido.jp/so-tssak/html/about.html，2015年1月14日アクセス。

百瀬恵夫『中小企業論新講』白桃書房，2005年。

夕張市役所「夕張市の人口推移（年度別一覧表）」http://www.city.yubari.lg.jp/contents/tokei/jinko/suii/pdf/suii.pdf，2015年1月15日アクセス。

夕張地域史研究資料調査室，http://www.yubari.co.jp/01.html，2015年1月14日アクセス。

第2章
中小企業とは―その概念と経営課題―

第1節　はじめに

　中小企業は，経済活動の基盤として大きな役割を果たしている。中小企業は，国内の企業数の9割以上を占め，また，雇用者数でも，国内の雇用者数のおよそ7割が中小企業で働いている。さらに中小企業は，大企業に納入するさまざまな部品製造を担い，中小企業の存在なくしては，大企業の活動は立ち行かないという現実がある。そして，中小企業は，地域経済を活性化させるという大きな役割も果たしている。本書の第11章から第13章で述べるように，地域の産業集積の中心として，地域の雇用や経済を支えているのが，中小企業である。

　日本では，中小企業の概念や範囲が法律や制度として浸透し始めたのは，第二次世界大戦以後であった。1948年に中小企業庁が創設され，中小企業施策の受け皿として中小企業を規定した。しかしこの時点で，現代のような中小企業の概念は厳密には規定されてなく，家内工業，小生産者，小商業者，中小工業者という名称で中小の企業は呼ばれていた[1]。1963年に中小企業基本法が制定され，その第1章の第2条で中小企業の範囲が明確に規定された。

　なぜ，大企業に対して中小企業というカテゴリーが規定されたのであろうか。企業規模が相対的に小さい企業群は規模の大きな企業群に比べて，さまざまな問題を抱えているのである。その問題とは，経済の発展段階において，中小規模企業が経営面で直面する諸課題である。具体的には，資金調達といった財務面の課題，ローテクからハイテクへのシフトという技術面での課題，人材

の育成といった労務面での課題，そして，市場開拓といったマーケティング面での課題が，個々の企業努力では容易に解決し難い諸問題である。ゆえに，国が中小企業というカテゴリーを規定することにより，これらの諸問題を政策的に対応，克服することができるような仕組みを策定することができるようになった。

中小企業の経営活動は，経済活動を支える大きな力となっている。しかし，その経営の脆弱さゆえに，国の政策的施策が必要となっている。次項では，このような施策を適用する対象としての中小企業の概念規定を，中小企業基本法に基づいて説明していこう。

第2節 中小企業の概念と事業領域

1. 中小企業基本法による中小企業の概念規定

1963年に中小企業基本法が制定され，その第1章の第2条で中小企業の範囲が産業別に規定された。それによれば，工業，鉱業，運送業その他の業種では，資本の額または出資の額の総額が5,000万以下の会社ならびに従業員数300人以下の会社または個人を中小企業とし，商業，サービス業では，資本の額または出資の額の総額が1,000万以下の会社ならびに従業員数50人以下の会社または個人が中小企業とされた[2]。

1973年に中小企業の基準の上限を経済の実情に合わせるため，工業，鉱業，運送業その他の業種に属する事業を主たる事業として営むもののうち，資本の額または出資の総額が1億以下の会社ならびに常時使用する従業員の数が300人以下の会社および個人が中小企業とされた。商業は，卸売業と小売業に区分され，卸売業では，資本の額または出資の総額が3,000万円以下の会社ならびに常時使用する従業員の数が100人以下の会社および個人が中小企業とされた。小売業では，資本金の額または出資の総額が1,000万円以下の会社ならびに常時使用する従業員の数が50人以下の会社および個人が中小企業とされた。サービス業では，小売業と同様の基準が適用された[3]。

1999年に，中小企業基本法が抜本的に改正され，中小企業の概念規定も改

定された(第1章図表1-1を参照)。1963年,1973年,1999年と時が経つにつれて,経済規模が拡大し,中小企業の経営規模も拡大していった。その流れに沿って,国による中小企業の概念規定も変化してきた(図表2-1)。特に,1999年の中小企業基本法の改正は国の政策理念,政策目的,政策対象の大転換となった[4]。政策理念は,大企業との格差の是正から多様で活力ある独立した中小企業の育成と支援に転換され,格差の質的変化,つまり大企業との格差ではなく,新進気鋭の中小企業(特に,新事業を開拓するベンチャー企業)と旧態型の中小企業との格差を改善していこうとする考え方が提示された。また,政策目的は,生産性の向上,取引条件の向上から経営基盤の強化,創業・経営革新に向けての自助努力の支援に転換された。政策対象の視点は,中小企業が企業間格差の底辺構造に位置すること,その格差の是正能力の有無から,中小企業が成長・発展を図るうえで必要となる経営資源へのアクセスの困難性の有無

図表2-1 中小企業基本法による中小企業の概念規定の変遷

1963年制定			1973年制定			1999年制定		
工業・鉱業・運送業・その他	資本金5,000万円以下	従業員数300人以下	工業・鉱業・運送業・その他	資本金1億円以下	従業員数300人以下	工業・鉱業・運輸業・その他	資本金3億円以下	従業員数300人以下
商業	資本金1,000万円以下	従業員数50人以下	卸売業	資本金3,000万円以下	従業員数100人以下	卸売業	資本金1億円以下	従業員数100人以下
サービス業			小売業	資本金1,000万円以下	従業員数50人以下	小売業	資本金5,000万円以下	従業員数50人以下
			サービス業			サービス業		従業数100人以下

出所:筆者作成。

へ転換された。すなわち，1973年中小企業基本法の，格差およびその是正能力は，企業規模によって変化するという視点は，1999年の中小企業基本法では，経営資源のアクセスの困難性は企業規模によって変化するという視点に変化したのである。ゆえに，国の政策は格差是正を問題視しつつも，この問題を解消するには，格差是正に直接メスを入れることよりも，中小企業による経営資源へのアクセスを支援することによって，その企業間格差（新進気鋭のビジネス対旧態型ビジネス）を是正することにシフトチェンジしたのである。このような政策転換によって，中小企業の自助努力によっても，その経営の活性化が求められるようになった。

このような考え方に基づけば，中小企業はさまざまな面で零細経営を強いられているので，大企業には到底勝てないという論理は通用しなくなった。そして，大企業との格差是正を国の政策に求めることもできなくなったのである。国の政策は，中小企業の経営資源へのアクセスを容易にするという前提で，中小企業はみずからビジネスを拡大させ，自社の生きる道を見つけだすという方向に向かわざるを得なかった。1999年の中小企業基本法は，バブル経済崩壊以降，閉塞した経済環境を打破するために実施された産業政策に表れている[5]。それは，ベンチャー企業支援を中心とした，バイオビジネスやIT関連ビジネスにおける優良中小企業支援，創業支援に結びついている。このような国の政策に則って，中小企業の概念規定の中に，従業員は少ないが知的財産を活かして創業するベンチャービジネス，つまり，小規模企業が規定されていたのである。さらに，資本金額限度を拡大して，競争力のある中小企業を育成，支援していこうとする政策目標が明確になった。

2．中小企業の存立論

現代の中小企業の事業領域には次のような特徴がある[6]。第1に国内，海外市場を問わず市場が高度に細分化し，ファッション性やデザイン，個性などが強く求められる産業分野で中小企業の業種が多数存立している。規模の経済が機能しにくいニーズの多様な製品分野に適する業種，例えば，アパレル，食料品，家具，陶磁器，雑貨などで中小企業の特性が活かされている。第2に，

部品加工等の半加工品の生産分野に中小企業が多く存在する。これらの中小企業は、大企業と小規模企業との中間的位置に属している。この分野での中小企業は、機械金属の部品加工や電子部品関連の加工業種で多い。第3に、狭い市場に限定された地域で住民生活に密着して消費財やサービスを提供する業種、例えば、豆腐製造小売業、調理パン製造小売業、印刷、不動産業などの生活提案型サービス業で中小企業の存立がみられる。このように、現代の中小企業の存立領域は多様であるが、第二次世界大戦後の歴史的経緯から見て、製造業での中小企業の存在意義は、日本経済を支えたという意味でとても大きい。

1950年代後半から、1970年代にかけて日本経済は高度成長期に入り、経済規模の拡大が続いた。その後のオイルショックによって経済成長にブレーキがかかったが、1975年以降、省エネルギー、資源利用の効率化の徹底化によって、それまでのエネルギーや資源を無尽蔵に使ってきたビジネスモデルから省エネルギーと省資源で高付加価値製品を生み出すビジネスモデルに日本の企業は舵を切ったのである[7]。しかし、依然として日本の産業の中心は製造業であったが、付加価値を生み出せない繊維、雑貨等の生活関連産業は衰退していった。その反面、加工組立型の重工業部門の比重が拡大し、テレビ、ビデオデッキや自動車といった電気機械や輸送用機械の分野で大企業を支える中小企業の存立の必要性が大いにあった。1975年以降の中小企業の存立領域は素材型産業から加工組立型産業にシフトしていった。

特に大企業を支える中小製造業の事業所数の推移を見ていくと[8]、1975年から1980年の間では、電気機械器具製造業（電気機械）、精密機械器具製造業（精密機械）、輸送用機械器具製造業（輸送用機械）の伸びが著しく、1980年から1985年の間では、電気機械、プラスチック製品製造業、1985年〜1990年の間では、電気機械、一般機械器具製造業（一般機械）の伸び率が高くなっている。1990年代に入り、バブル経済の崩壊によって、脆弱な経営体質の中小企業が市場から撤退せざるを得ない状況となり、2000年以降では、上記の製造業のすべての業種で中小企業の事業所数が減少している。このように、日本の中心産業である製造業では、高度成長による産業規模の拡大によって、その事業所数は伸びていった。しかし、中小製造業の多くは、大企業からの受注に依存し

ていたため，大企業の業績が悪くなれば，その影響により，大きな打撃を受けることになったのである。

バブル経済崩壊から日本は，経済衰退段階に入り，景気不況感が続いてきた。需要停滞，値下げ要請，取引先減少，競争者増加といった経営上の問題が中小製造業の存立に大きな影響を与えた。このような不況感脱却の処方箋として起業家（entrepreneur），すなわち有効な能力や活動を引き出す経営者能力を持ち合わせたベンチャー・ビジネスの担い手が大きく取り上げられるようになった。「失われた10年」[9]に生まれたベンチャー・ビジネスブームは，バブル経済崩壊の景気低迷期において，日本国内の創業率の増加に貢献した[10]。長期不況を脱却したいという社会的背景のもとで，マルチメディアを柱に，情報，通信関連産業でのニュービジネスの振興が，日本経済回復のための待望論として注目されてきたのである[11]。

第3節　中小企業経営の特質と経営課題

1．中小企業の2つの経営形態

中小企業経営の形態として2つのタイプがある。1つは，製品保有型経営であり，もう1つは，下請型経営である[12]。製品保有型経営とは，中小企業が販売する製品をみずからが企画開発して製造し，自社のブランドをつけて販売するという経営形態である。このような経営では，企画開発，設計，製造，販売といった一連の機能（職能）が必要とされ，企業の業務の幅が広くなり，必要な経営資源の量が多くなる。顧客の求めに応じた特殊仕様の製品，専門販売店での固定顧客向けの製品の製造では，事前に販売量を予測して計画生産するのではなく，顧客からの受注を待って生産することが多い。販売側が固定されることにより，生産設備や使用する技術の種類を集約することができ，運転資金の準備が少なくて済む。ゆえに，資金力や技術力で厳しい状況にある中小企業であっても，受注型生産においては，製品保有型経営を行える可能性が高まる。さらに，事業の集中と選択により，製品保有型企業であっても，すべての機能（職能）を持たずに存立できる可能性もある。生産設備を準備するには投

資が必要となり，作業者を雇用することも必要になってくる。そのため，製造工場を持たずに外部企業に必要とされる生産を依存して，研究開発のみで勝負するファブレス（fabless）企業が登場している。

中小企業経営のもう1つの形態が下請型経営である。この形態の中小企業は，みずからは製品の企画を行わずに，図面や仕様書で取引先から具体的に指示された製品を受注して生産する。製品を発注する企業が系列として固定的な取引関係にあるとき，発注企業は親企業と呼ばれ，下請企業としての中小企業は，親企業に対して従属的である。このような下請型経営で，親企業の製品仕様決定に参画できるような技術ノウハウを持っている中小企業は，その収益力が高くなる。また，経営が安定していて，さらに成長を続けている親企業と取引する下請型中小企業は，自ずとその収益力が高くなる。このように，技術力と取引先の選択が下請型中小企業の存立を左右するのだが，さらに系列上の単一の親会社だけに依存するのではなく，現状とは異質な事業分野を開拓して，多様な取引先のリクエストに対応できるようにしておくことも，下請型中小企業の存立の条件となる。

2．中小企業の経営特質

前述したように，中小企業の存立基盤は，顧客の多様なニーズに応える小さな市場，大企業が参入できないニッチ領域の市場である。このため，同じ業種に属する中小企業間でも経営の手法は異質な性格を持つようになる[13]。中小企業が視野に入れなければならないニーズは現代社会において，多様に存在しいている。多様なニーズに対応するということは，オーダーメイド対応をするということを意味しており，高付加価値の製品を市場に供給することによって，中小企業は，価格競争に巻き込まれないようにすることこそ，その経営の基本となる。したがって，中小企業の経営特質の第1は，多様性に対応する異質な経営手法の集合体である。

このように，中小企業は限られた経営資源のもとで，小さなニーズに対応できるビジネスモデルを構築している。しかし，その経営基盤が脆弱であるがゆえに，迅速な市場対応ができないという問題がある[14]。この経営基盤の脆弱

性を克服するため，中小企業が親企業への依存度を強めると，その親企業の経営動向に中小企業の経営が影響されるということになってしまう。特定の大手取引先（親企業）に限定して，製品を安定供給するのが下請型経営であり，このような取引関係の下では，中小企業経営の自立性は制約されてしまう。このように，中小企業の経営特質の第2は，経営資源の脆弱性を克服するための親企業への依存と自立性の制約である。

　大企業のように製品企画から販売までというすべての機能（職能）をカバーするのではなく，特定の狭い事業領域に絞り込んだ経営をしている中小企業が多い[15]。つまり，特定の技術や特定の加工工程の専門企業として，中小企業はその存立基盤を獲得することができている。例えば，中小の製造業は，プレス加工やメッキ加工，旋盤加工という分化した専門技術を活かして，その優位性を発揮しているのである。このような専門技術の高度化は，機械に依存するところも大きいが，さらにその高度化に影響を与えているのがそこで働く従業員の技能である。多種多様な製品を高精密度で作ることのできる従業員の能力，つまり，熟練者としての技能，マニュアル化できない暗黙知が，中小製造企業の経営を支えている。したがって，中小企業の経営特質の第3は，技能に依存した狭い専門技術への分化である。

　次に中小企業の人的組織面について考えていこう。一般的に，中小企業の経営において，その経営者の能力への依存度が高いといわれている[16]。このような側面は，経営者の旺盛な意欲がビジネスに結びつくという面で評価できるが，一方で，経営者がワンマン経営に走ってしまうと，従業員はその能力発揮の意欲を喪失していまい，自発的行動よりも経営者の指示待ちの行動をとってしまうようになる。こうなってしまうと，中小企業経営において，組織能力の発揮ができなくなってしまう。トップダウンの意思決定は，中小企業の創成期には，それが組織をリードするという面で有効に働くが，中小企業の成長に応じて，従業員の能力を有効に活用していくこと，つまり，権限委譲の方針や，組織内のコミュニケーションを活発化させて，組織能力を活かしていくことが中小企業の経営に必要になってくる。したがって，中小企業の経営特質の第4は，経営者中心の経営と組織能力の弱さである。

次に検討するのは中小企業の環境適応という側面である。1つの取引先の専属的供給をする中小企業は，その親企業のニーズに応えることを最優先と考えている。一方で，中小企業を取り巻く経営環境は複雑化しているのにもかかわらず，一定の取引先への関心が強いあまり，多様なステークホルダーからの情報に疎くなってしまう中小企業も多くある[17]。その結果，中小企業は経営環境の変化に遅れ，企業変革を起こすことのできる情報や，どのように企業変革を起こしたらよいかという情報を手に入れることができなくなってしまう。情報感知に疎くなり，さらに，リスクを回避したいという保守的な考えが経営者を支配するようになると，情報収集力の弱い中小企業は，現代経済の激動から取り残されてしまう。したがって，中小企業の経営特質の第5は，情報収集力の弱さと環境適応の鈍化といえる[18]。以上，中小企業経営の特質を検討してきたが，いずれの問題もすぐには解決できるものではなく，今後の中小企業の

図表2-2　中小企業の経営特質

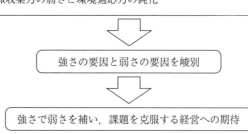

出所：渡辺幸男・小川正博・黒瀬直宏・向山雅夫『21世紀中小企業論：多様性と可能性を探る［新版］』有斐閣，2006年，183ページの図をもとに筆者作成。

斬新的な経営努力によって解決できるような課題である。5つの中小企業の経営特質をまとめると図表2-2のようになる。

3．中小企業の経営革新

　前項では，中小企業のさまざまな経営特質について検討した。この検討によって，中小企業の存立には弱さの要因と強さの要因が併存していることが明らかになった。経営資源の脆弱性と親企業への依存による自立性の制約，組織能力の課題，情報収集力と環境適応の課題という特質は，中小企業が改善しなければならない特質である。一方で，技能に依存した狭い専門技術への分化，強い経営者のリーダーシップを発揮できる可能性という特質は，中小企業の強みとなっている特質である。したがって，中小企業は，弱さの特質を克服するために，強さの特質を活かすという考え方で経営を方向づけていくことが求められる。

　その1つの方策として，オープンビジネスモデルという考え方を紹介しよう。オープンビジネスモデルとは，外部とのネットワークを構築し，自社の経営資源不足を補うということを意味する[19]。すなわち，中小企業は，自社でできる部分とできない部分とを見極めて，できない部分，喫緊のニーズ対応が必要な部分に関しては，他社の持つ経営資源を活用するという考え方がオープンビジネスモデルである。オープンビジネスモデルでは，一方の中小企業が他社からの支援を受けるというという側面と，自社が強みを持つ技能分野については，他社を支援するという互恵関係が成り立つ。中小企業間でお互いに，技能に依存した専門技術を活用することによって，お互いの経営資源の脆弱性を克服できるのである。このような関係において一方の企業が他方の企業を支配するという従属的な取引が行われるのではなく，お互いの企業がその独自の強さを出し合い，お互いが助け合うという相補性を有する取引が行われるのである。このようにして，多様な中小企業間で取引関係が結ばれることにより，お互いに情報交換ができるようになる。その結果，中小企業の経営特質の第5番目の情報収集力の弱さと環境適応の鈍化という課題をも克服できる。

　このようにして，力をつけるようになった中小企業は，自立化という道を歩

むこともできる。自立化とは取引関係において，価格交渉力を有している状況を意味している[20]。つまり，技能に依存した狭い専門技術を有する中小企業はその技能に磨きをかけることによって，親企業への依存による自立性の制約という現実から脱却できるチャンスをつかむことができる。

　さらに組織能力の課題は，経営者の強いリーダーシップによって克服できるだろう。中小企業のライフサイクルにおける成熟期は，それまでの成長期とは異なり安定した状態になる。さらに，経営者の代替わりを迎える時期もこの成熟期である。この時期に第2創業と呼ばれる経営革新を行うことによって，中小企業は，新たな成長戦略を描くことができる[21]。創業者としての1代目の経営者はワンマン経営で，それが企業組織に負の効果を与えているという場合でも，2代目経営者がワンマン経営という負の感覚を従業員に与えるのではなく，強いリーダーシップを発揮し，組織の在り方を刷新することによって，組織が一丸となって，強い中小企業が新たに生まれるのである。その時，2代目経営者は時代の状況に応じた自社の方向性や目標，社会での存在意義を再定義し，それを従業員全員に浸透させることによって，組織の活性化を促すことができる。つまり，経営者の代替わりはリスクではなく，経営組織活性化の大きなチャンスなのである。

第4節　中小企業の質的発展

1．中小企業の進化

　量的成長の面では，中小企業は日本経済の発展に大きな貢献をしてきた。しかしながら多くの中小企業が下請構造の下支えという意味で，その自立性は発揮できていない。ここでは，中小企業が経営面で進化（自立化）していくにはどのような方策があるのかを考えてみよう。

　進化している中小企業の第1の特徴は，マーケティング活動をその経営の柱としているという点である[22]。マーケティングとは，顧客創出のための市場への積極的な働きかけを意味し，下請型経営が親企業に従属的であったのに対し，マーケティングを柱とする経営は，主体的に中小企業みずからの製品を市

場展開することを意味する。具体的には，顧客とのワン・トゥ・ワンの関係を形成し，顧客との関係性を強めることにより，顧客シェアの拡大を狙うことが中小企業のマーケティングでは重要になってくる[23]。大企業は，市場シェアを狙う戦略に重点を置き，マスマーケティングを目指すが，中小企業は1人の顧客の購買量に占める自社製品のシェアを増大させることで，その経営の基盤が確固たるものになる。

　中小企業経営の特質の1つは，技能に依存した狭い専門技術への分化である。ゆえに，その特質は，多様なニーズに応えることのできる中小企業のワン・トゥ・ワン・マーケティングにつながるのである。このようなマーケティングの推進は，市場の「ささやき」や「つぶやき」という個々の顧客が漏らす何気ない発言を，鋭い問題意識で，多様な場面で活用できる情報に変換していくことによって行われる[24]。良いものをつくっていけばいつでも顧客はついてくるという発想は時代遅れで，中小企業がみずから市場の情報を感知することで，その進化（自立化）の可能性は高まるのである。

2．地域経済と中小企業

　中小企業の多くは地場産業の担い手として，地域経済の発展に貢献している。ところが，中小企業の発展にブレーキをかける要因がいくつかある。その1つが，割安な輸入品の増加である。価格で勝てないのであれば，技術で力を発揮するのが中小企業の生きる道である。さらに，製造企業から流通企業への事業転換や，知的財産権を活かしたファブレス（fabless）企業化への事業転換といった方策が地場産業活性化の方向性としてある[25]。つまり，地場産業の構造転換という視点が中小企業経営に必要になっている。

　地場産業を支える中小企業には，伝統的な生産，加工形態をとる企業が多い。つまり，手作業での生産や古来に伝わる加工方式の継承などで，生産性と収益性が上がらないという中小企業が多い[26]。このような経営上の課題を克服するには，同種の産業に属している，地域外の企業間連合という方策が有効である。原材料の共同購入や販売経路の共通化など，規模の経済を追求するとともに，お互いの地域で使える基礎的な技術や資源を共同で利用するという範

囲の経済の追求という展開が，個別の地域では存続しえない地場産業型中小企業の取り組むべき課題である。

経済活動にIT化の波が押し寄せ，主に個人事業主である中小企業にとっては，このような経済活動の転換は，マイナスの要因となっていると想定することもできるが，しかし，インターネットやソーシャルネットワークによって，地場産業がグローバル市場に直結していると想定すれば，そのような時代の流れは，地場産業型中小企業にとってはチャンスなのである。後述するように長野・諏訪の技術力でしか加工できない金メッキ基盤，新潟・燕三条でしか作れない洋食器が，グローバル市場に提供されることによって，地場産業型中小企業にとってはビジネス拡大のチャンスとなる。一方で，このような特殊な製品を容易に，そして迅速に手に入れることのできることは，顧客にとってもそのメリットは大きいのである。

3．中小企業に求められる役割

第4章で詳しく述べるが，戦後復興期の中小企業の果たした役割は，失業者の吸収と輸出の担い手（主に，繊維産業や軽機械工業）という側面で，経済力の原動力となった[27]。しかし，これらの貢献は，低賃金を経営の基盤としている中小企業の問題性と裏腹の関係にあったため，純粋な意味での経済的民主化の担い手という役割を中小企業は果たすことができなかった。高度成長期には，中小企業は大企業の支援を受けて技術革新を遂げ，量産能力を備えてサポーティングインダストリーとしての役割を果たすことになった[28]。しかし，中小企業は大企業への経済的パワーの集中を補完するという立場にあり，この時期においても，経済的民主化の担い手とはならなかった。経済的民主化とは，大企業と中小企業との賃金格差がなく，そのお互いの関係が相補的であり，つまり主と従の関係ではないということを意味している。

このように，現代に至るまで，中小企業は日本経済の裏方の役割を果たしてきた。従属関係に基づく，大企業と中小企業との格差，つまり，賃金，労働環境，福利厚生という面での格差があったことは認めざるを得ないが，このような問題性を超克するような経済への影響力の大きさがあったことも，注目すべ

き視点である。大企業に依存しつつも，その存在感を発揮してきた中小企業は，その依存関係から脱却し，自立化した経営を目指すことが，真の経済的民主化につながるのである。こうした意味から，今後，将来にわたって中小企業が果たす役割は，地域社会の構築を中心とした，新たな産業を興すという役割である[29]。後述するように，長野・諏訪の精密機械工業における優れた中小企業の躍進は，注目に値する事例である。このような新進気鋭の企業の躍進は，国の政策や地方自治体，あるいは，大学などの研究機関との連携力にかかっている。このような外部組織との連携力をとりまとめ，地域経済の活性化を実現することこそ，中小企業に求められる役割である。そして，従業員の新進気鋭な発想力を伸ばすことも，中小企業に求められる役割である。中小企業が経済的に優位な立ち位置で，地域経済のみならず，日本経済を活性化することができれば，真の経済的民主化が実現できるだろう。

第5節　おわりに

　2011年3月の東日本大震災は，関東から東北，北海道にかけて大きな災害をもたらした。大震災によって企業活動にも大きな影響が及び，東北地方の中小企業に部品供給を発注していた大手自動車メーカーの一時操業停止という事態に発展した。津波が街を破壊し，働く職場を失ってしまっている労働者も少なくない。2013年度版中小企業白書によれば，生産，消費動向や雇用状況から，被災地域の復興が進んでいることがうかがえるが，事業所数や従業者数については，まだ大震災前の水準には戻っていないとされている[30]。岩手，宮城，福島各県の沿岸部で，大震災前（2009年）に立地していた事業所数はおよそ8万2,000であったが，大震災の1年後の2012年にはその数はおよそ6万7,000とおよそ18%減少している。従業員数についてもおよそ12%減少となっている[31]。大震災からの復興には，産業の再構築が不可欠である。新たなビジネスを創出するような産業振興が，東北地方の中小企業の喫緊の課題となっている。

【注】

(1) 青山和正『精解中小企業論：変容する中小企業問題を解読する』同友館，2011 年，7 ページ。
(2) http://www.shugiin.go.jp/itdb_housei.nsf/html/houritsu/04319630720154.htm（衆議院ホームページ）より引用。
(3) 中小企業庁編『新中小企業基本法：改正の概要と逐条解説』同友館，2000 年，154 ページ。
(4) 永山利和編著『現代中小企業の新機軸』同友館，2011 年，191 ページ。
(5) 同上書，193 ページ。
(6) 青山和正，前掲書，41 ページ。
(7) 同上書，43 ページ。
(8) 同上書，43 ページ。
(9) バブル経済崩壊後の 1990 年代を，「失われた 10 年」と呼ぶが，2000 年代に入ってからも，日本の経済成長は 1970 年代，1980 年代に比べて緩慢なものにとどまっていた。バブル崩壊で露呈した銀行の不良債権問題や需要の閉塞感といった問題によって，経済成長はバブル崩壊以前の水準に戻らなかった。
(10) 佐竹隆幸『中小企業存立論：経営の課題と政策の行方』ミネルヴァ書房，2008 年，271 ページ。
(11) 同上書，271 ページ。
(12) 渡辺幸男・小川正博・黒瀬直宏・向山雅夫『21 世紀中小企業論：多様性と可能性を探る［新版］』有斐閣，2006 年，177 ページ。
(13) 同上書，184 ページ。
(14) 同上書，184 ページ。
(15) 同上書，185 ページ。
(16) 同上書，186 ページ。
(17) 同上書，187 ページ。
(18) 同上書，187 ページ。
(19) 髙田亮爾・上野　紘・村社　隆・前田啓一編著『現代中小企業論［増補版］』同友館，2011 年，42 ページ。
(20) 同上書，43 ページ。
(21) 同上書，44 ページ。
(22) 黒瀬直宏『複眼的中小企業論：中小企業は発展性と問題性の統一物』同友館，2012 年，429 ページ。
(23) 同上書，429 ページ。

(24) 同上書，432ページ。
(25) 相田利雄・小川雅人・毒島龍一・川名和美『増補・現代の中小企業』創風社，2007年，266ページ。
(26) 同上書，266ページ。
(27) 黒瀬直宏，前掲書，441ページ。
(28) 同上書，441ページ。
(29) 同上書，442ページ。
(30) 中小企業庁編『2013年度版中小企業白書』佐伯印刷，2013年，28ページ。
(31) 同上書，28ページ。

◆参考文献◆

相田利雄・小川雅人・毒島龍一・川名和美『増補・現代の中小企業』創風社，2007年。
青山和正『精解中小企業論：変容する中小企業問題を解読する』同友館，2011年。
黒瀬直宏『複眼的中小企業論：中小企業は発展性と問題性の統一物』同友館，2012年。
佐竹隆幸『中小企業存立論：経営の課題と政策の行方』ミネルヴァ書房，2008年。
髙田亮爾・上野紘・村社隆・前田啓一編著『現代中小企業論［増補版］』同友館，2011年。
永山利和編著『現代中小企業の新機軸』同友館，2011年。
中小企業庁編『新中小企業基本法：改正の概要と逐条解説』同友館，2000年。
中小企業庁編『2013年度版中小企業白書』佐伯印刷，2013年。
渡辺幸男・小川正博・黒瀬直宏・向山雅夫『21世紀中小企業論：多様性と可能性を探る［新版］』有斐閣，2006年。

第3章
中小企業政策の変遷

第1節　経済環境の変化と中小企業政策

1．環境変化と構造改革

　わが国は，1945年8月15日ポツダム宣言を受諾して連合国に無条件降伏し，第二次世界大戦を終結した。敗戦後は，GHQ（General Head Quarters：連合軍総司令部）の占領政策の下，経済の民主化と経済的自立化に向けた支援を受けて10年間で経済復興を成し遂げた。その後18年間にわたってGNP（Gross National Product：国民総生産）が年率平均10％の成長を持続し，資本主義国で米国に次ぐ経済大国に成長した。

　戦後経済の成長過程を見ると，わが国経済は国際環境の変化，技術革新，金融政策や景気循環等の影響によって経済成長と景気調整を繰り返して発展してきた。特に政府は景気調整期になると産業構造の改革を積極的に推し進めてきた。政府・官僚・財界がトライアングル体制を組んで，大企業を中核とした新産業を重点的に育成・支援し，産業構造の転換を図ってきた。ところが1990年代以降，わが国経済はバブル経済の崩壊による金融危機と長期不況のために，中国（中華人民共和国）の社会主義市場経済の導入，経済のグローバル化，IT（情報技術）の急速な進展，EU（欧州連合）の統合化などの国際環境の変化への対応が遅れた。

　バブル経済の崩壊は，株価・地価の暴落によって不良債権問題を引き起こし，金融危機をもたらした。政府は公的資金を投入して金融機関の救済措置，都市銀行の合併・統合によるメガバンクの誕生および地方銀行・信用金庫・信

用組合等の地域金融機関の再編成を推進した。さらに経済のグローバル化や円高ドル安傾向の持続が，輸出企業に経営変革を促し，国内産業の構造改革を迫った。バブル崩壊以降は，景気低迷が長引く中でも円高ドル安傾向が持続し，1995年4月には一時80円を下回った。これに対応して輸出企業は国際競争力を強化するために東南アジアを中心に生産販売拠点の海外移転を積極的に進めてきた。この半面，国内生産設備の縮小・廃止を進めてきたので，国内産業の空洞化が生じ，日本経済の活性化を遅らせることとなった。

2．経済成長と中小企業政策

中小企業政策は，経済環境の変化や技術革新と密接に関係している。戦後復興期に，GHQ は経済民主化政策の主要な施策として「財閥解体」，「独占禁止法」の創設と中小企業庁の設置（1948年）を強制した。その後，日本政府はサンフランシスコ講和条約（1951年）によって国家の独立を果たし，経済の自立化政策によって復興を果たした。そして高度成長期に輸出振興政策に基づく基幹産業の経営基盤強化策として中小企業基本法が創設（1963年）された。このように政府の中小企業政策が本格的に開始したのは，中小企業庁を設置してから15年後のことであった。それから36年後，金融制度改革と経済のグローバル化による産業構造改革を迫られる中，新産業創出を目的とした中小企業基本法の抜本的改正（1999年）が実施されたのである。

わが国政府は，2013年からデフレ経済からの脱却をめざして「アベノミクス」政策を展開している。この政策は，「3本の矢」（①金融政策，②財政政策，③成長産業への投資促進政策）と呼ばれている。この主要政策は，実質経済成長率2％の目標達成を目指している。大企業の技術革新が行き詰まる状況の中，中小企業やベンチャー企業が産学官（企業・大学・国，自治体）連携などによって限られた経営資源を有効活用し，経営イノベーションを実現して成果をあげている成長企業が出現している。また自社独自の伝統技術を応用して新製品開発に成功し，政府の産業構造改革を先取りして新事業分野へ進出している企業も増えている。

ここでは戦後日本経済の成長過程を4つの期間に区切り，各々の成長過程に

おいて経済環境がどのように変化してきたか，政府はどのような中小企業政策を講じてきたかを見ることにする。成長過程は，①戦後復興期，②高度経済成長期，③安定成長期，④経済再生期の4期間に区分した。

第2節　戦後復興期の経済と中小企業政策

1．GHQ の経済民主化政策

　戦後復興期（1945～1954年）における政治の重要課題は，敗戦直後の経済危機を克服して日本経済の自立化を図ることであった。GHQ (General Head Quarters：連合軍総司令部）の占領下にあった1946年末，吉田内閣は石炭と鉄鋼産業に重点的に資金，資材，労働力を投入しながら鉄鋼と石炭の循環的増産を図り，経済を拡大再生産に導こうとする「傾斜生産方式」を導入した。この傾斜生産方式は，その後も食糧，肥料，造船，鉄道，電気部門などへ適用範囲を拡大した。大企業体制を確立して強力な国際競争力を持つ重化学工業化は，輸出を拡大し経済を拡大する産業基盤づくりに有効に機能したのである。

　戦後，GHQ の初期占領政策下で実施した経済民主化政策は，財閥解体，農地改革，労働改革などであった。すなわち，財閥解体によって戦前の軍事的・経済的支柱と規定された三井・三菱・住友・安田を中核とする財閥の経済的支配を排除した。そして経済民主主義を確保するため，1947年に「独占禁止法」（正確には「私的独占の禁止及び公正取引確保に関する法律」という）を制定した。この法律の目的は，私的独占・不当な取引制限（カルテル）・不公正な取引等を禁止し，競争的市場を確保・維持することである。ところが1948年からの米国政府の対日占領政策の転換による見直しや，1953年の朝鮮戦争後の景気後退を契機に独占禁止法は大幅に改正された。

　農地改革は，政府が「改正農地調整法」の公布（1945年）に基づいて地主から小作地を買収し，その農地を小作農に直接売り渡し，さらに残存小作地の小作料は定額金納制度を採用した。さらに政府が最高金額を統制することなどを地主に強要することで，封建的関係であった地主・小作関係の解消を実現した。また労働改革は，戦前の労働者の無権利状態からの解放をめざして，「労

働組合法」,「労働関係調整法」,「労働基準法」など, 労働3法を制定して労働の民主化政策を進めた。

　GHQの当初期占領政策は, 1949年10月に中華人民共和国の成立に伴って, 大きく転換した。日本列島を防共の砦とするための重要政策は, 早期に日本経済を復興して自立化を促進することであった。転換後の主要な経済政策は, 早急な「安定化と自立化」を求めた新政策の基本原則である「経済安定9原則」を実施することである。すなわち, この新政策は, 1949年の中国共産党革命による中華人民共和国の設立と米ソ「冷戦」の始まりによる対日占領政策の転換に伴って, 日本経済の早期自立化政策を実現する目的で策定されたのである。

　経済安定9原則の内容は, ①総合予算の均衡化, ②徴税の強化, ③融資の制限, ④賃金の安定, ⑤物価統制の強化, ⑥外国為替管理の強化, ⑦配給制度の改善, ⑧鉱工業生産の増強, ⑨食糧供出の能率化等である。これらの9原則は, 1949～50年のドッジ・ライン (Dodge's line) およびシャウプ税制勧告によって実施された。ところが, この政策は, 戦後インフレ経済であった日本経済をデフレ経済に転換させる結果をもたらした。

2. 中小企業庁の設置

　戦後復興期における主要な中小企業政策は, 中小企業庁の設置と中小企業専門金融機関制度の整備・拡充である。中小企業庁の設置は,「健全な独立の中小企業が国民生活を健全にし, 及び発展させ, 経済力の集中を防止し, 且つ, 企業を営もうとする者に対し, 公平な事業活動の機会を確保する者であるのに鑑み, 中小企業を育成し, 及び発展させ, 且つ, その経営を向上させるに足る諸条件を確立することを目的とする」ものである (中小企業庁設置法第1条「目的」)。政府は, GHQの指令を受けて, 1947年11月, ①技術向上の指導強化に関する措置, ②経営の能率化の推進に関する措置, ③審査制度の確立に関する措置, ④中小工業指導機構の強化に関する措置等を基本方針とした「中小企業対策要綱」を閣議決定した。このように中小企業庁の設置は, GHQが経済の民主化政策を推進するために政府に強制して実現したのである。

3．中小企業金融制度の整備

　大蔵省は，「中小企業金融対策要綱」を発表し，中小企業専門金融機関の創設，整備を進めた。まず政府系の中小企業専門金融機関として国民金融公庫（1949年）を設立し，続いて中小企業金融公庫（1953年）を設立した。他方，民間金融機関として，1951年6月に信用金庫法および相互銀行法が施行され，信用組合の大半が信用金庫に改組し，無尽会社が相互銀行（現在の第二地方銀行加盟行）に転換した。また中小企業等協同組合法が創設され，協同組合組織形態の金融機関の整備が進められた。

　また，1950年には金融機関の中小企業に対する融資に伴う信用リスクを政府の直接保険によってカバーする融資保険として，中小企業信用保険法が制定された。この制度は51（昭和26）年12月に改正され，信用保証協会の行う信用保証にも適用されるようになって急速に普及していった。その後，こうした国の特別会計による信用保険制度と地方自治体が主管する信用保証協会による信用保証制度の機能を効率的に運用する方策が検討され，金融制度調査会の答申に沿って両制度の統合が図られた。そして53年10月に保証協会を特殊法人として法制化した信用保証協会法が制定され，58年7月に中小企業信用保険公庫法が制定されて現行の中小企業信用補完制度が創設された。このように戦後復興期に，中小企業を育成・支援する金融制度が整備・拡充されたのである。

　中小企業金融制度が整備される中，50年6月に勃発した朝鮮戦争による特殊需要（軍事特需）で，輸出が急増し，繊維産業を中心に未曾有の好景気をもたらした。いわゆる「ガチャマン景気」と呼ばれた時代である。この好況期に全国的な規模で中小零細企業が大量に勃興し，その後の日本経済を発展させる原動力となった裾野産業が拡大した。この特需景気は，わが国の鉱工業生産指数，実質個人消費額，民間設備投資額，実質国民総生産などの指標を急速に上昇させた。軍事特需によって国内生産力は急激に増大し，日本経済は終戦から10年で戦前の水準に回復したのである。

第3節　高度経済成長期の中小企業政策

1．輸出振興政策と産業の二重構造

　高度経済成長期は，前半期（1955〜65年）と後半期（1966〜73年）に区分して説明する。前半期は，54（昭和29）年に米国とMSA（Mutual Security Act：相互安全保障法）協定を締結したことを契機として，①労使協調，②技術進歩による失業の防止，③消費者への分配を3原則とした生産性向上運動が全国的に展開された時期から始まる。政府は，55年に「経済自立5カ年計画」を策定し，国際収支の改善，経済拡大による雇用の促進をめざした経済の自立化と完全雇用の実現に向けた政策を展開して，この運動を積極的に支援した。

　政府の輸出振興政策は，重要産業の設備投資や技術導入および原材料の輸入を増大させ，貿易収支の赤字を招く結果となったが，輸出企業は生産の合理化・省力化によって生産コストを引き下げ，輸出競争力を強化する成果を上げた。こうした成果を上げた背景には，政府が推進した生産部門に組織化した下請・系列中小企業に対する生産の合理化，省力化支援政策がある。大企業の設備投資，技術水準の向上に比べて，下請中小企業の設備投資・技術革新は人材不足，過小資本，資金調達力が弱いために実行が遅れていた。こうした情勢を踏まえて，政府は56（昭和31）年に中小企業振興資金助成法を制定した。これは中小企業の設備を近代化するために必要な資金調達の支援をするために創設された融資制度である。特に重要産業の下請中小企業の生産性向上および合理化・省力化の促進を支援することが目的であった。

　中小企業が重要産業の下請・系列企業に編成されるに伴って，取引関係が不利益な立場に追いやられ不公平な取引が多発したため，政府は56（昭和31）年6月に下請中小企業を保護する目的で「下請代金支払遅延防止法」を制定し，大企業に対する監視機能を強化した。またこの時期に戦前の旧財閥系の企業および戦後の新興企業が企業の集団化を進め，重要企業の大規模化，寡占化が進んだ。これらの大企業が，若年労働力を大量に採用するようになったため，中小零細企業の労働力不足が深刻化した。その結果，若年労働者の初任給を急騰

させ，中小企業においては熟練労働者が不足する事態が生じて生産性の低下をもたらした。すなわち，政府の大企業を中核とした輸出振興政策は，企業規模による「所得分配の格差」を拡大し，「産業の二重構造」を顕在化させたのである。

　こうした事態を解消するために，政府は63（昭和38）年3月に特定業種の下請中小企業に設備の近代化，生産の合理化を目的とした「中小企業設備近代化促進法」を制定した。そして6月には中小企業が自己資本を充実して，将来は株式公開あるいは経営の自立化ができるように支援する目的で「中小企業投資育成会社法」を制定し，東京，名古屋，大阪にそれぞれ中小企業投資育成会社を設立した。また7月には対象となる中小企業の範囲を規定した「中小企業基本法」が制定された。この法律は，中小企業と大企業との間に生産性・賃金等に生じた「諸格差の是正」の解消を図ることを政策理念としている。

　高度成長期の前半は，64年に開催された東京オリンピックの閉幕とともに終焉した。政府はオリンピック開催に向けて東海道新幹線，東名神高速道路，首都高速道路などの社会資本整備を急ピッチで進めたので，日本経済は好景気に沸いた。ところがオリンピックが終わった翌年には，オリンピック景気の終焉で戦後最大の不況に見舞われた。台所用品メーカーのサンウェーブや特殊鋼のトップメーカーである山陽特殊鋼が会社更生法の適用を申請した。また64年末の山一証券の実質的な倒産により，日銀の特別融資を受けて救済されるなど深刻な証券不況が表面化し，景気調整期に入った。

2．貿易の自由化と下請企業の組織化

　高度経済成長の後半期は，65年から第一次石油ショック（73年）までの9年間である。すなわち，後半期のスタートは，63（昭和38）年12月のGATT11条国への移行承認に続き，翌年4月にIMF8条国への移行承認，OECDに正式加盟し貿易の自由化に取り組んだ時期である。後半の9年間は，政府が資本取引の自由化計画を策定し，段階的に実施した期間とほぼ重なっている。また東京オリンピックの開催に備えて多額の社会資本投資で沸いたオリンピック景気が終わった景気調整期から回復する時期でもあった。

この期間は，欧米諸国から貿易の自由化に追い打ちをかけて，資本取引の自由化を強要された期間である。政府は 67 年 7 月に第 1 次資本取引の自由化措置を実施し，第 1 類自由化業種（33 業種：塩化ビニール，合成繊維など）は 50％，第 2 類自由化業種（17 業種：鉄鋼，オートバイなど）については 100％外国資本の投資を許可した。それ以降も 73 年 5 月の第 5 次資本取引の自由化措置まで，段階的に外国資本の投資できる業種および投資比率を拡大してきた。このように資本取引の自由化が進展する過程で，欧米諸国の大企業は，わが国企業との合弁会社あるいは現地法人の設立，資本参加・企業買収など多様な形態で投資拡大を迫ってきた。

　わが国の大企業は，外国企業の敵対的買収に対抗して企業合併，企業集団を組織し，経営基盤の強化を図った。企業集団が組織・強化される過程で，大企業の下請・系列化にある中小企業は親企業の生産部門に組み込まれて生産の合理化・省力化，生産コストの引き下げおよび品質の向上を強請されるようになった。ところが下請中小企業の多くは財務体力が弱く人材も不足しているため，政府が創設した制度融資のみでは設備資金を調達し，高度な生産技術を自力で導入することが困難な状態であった。このため親企業は，厳しい競争を生き残るために下請中小企業を完全に子会社化して，自社の生産管理体制に完全に組み込む企業グループを編成した。特に組立加工産業である自動車，家電製品製造業では下請企業の株式を取得して経営権を奪い取る垂直的統合（企業の系列化）の事態が出現した。

　政府は，67（昭和 42）年に指定特定業種の構造改善を促進する目的で中小企業の集団化・高度化資金の融資制度を創設し，中小企業の共同組織形態による共同事業化の支援を始めた。これは自動車部品，機械部品，木工・家具，繊維産業など中小企業庁が指定した特定の業種に属する中小企業が協同組合を組織し，特定の地域に工場団地を建設して共同事業を営む場合，その必要資金の大部分を国および地方自治体が共同して低利かつ長期で融資する制度である。この融資制度の目的は，個々の企業が自力で資金調達することが困難な中小零細企業が，協同組合を組織することによって資金調達能力を高め，工場団地を建設して施設の共同利用，共同事業化を図ることで生産の合理化，経営の効率化

を促進すること等である。

　高度経済成長の後半期は、政府の公共投資による景気刺激策とベトナム戦争の特需に支えられて、65年10月頃から70年7月までの57カ月間にわたる好景気（これを「いざなぎ景気」という）が続いた。ところが71年8月、ニクソン米大統領がドル防衛政策（ニクソン・ショック）を発表したことで、東京外国為替市場は閉鎖する事態となった。同年12月にはスミソニアン協定によって、円は1ドル308円（16.88%）に切り上げられた。その後、73年3月に東京外為市場は再開したが、変動相場制に移行し、IMF（国際通貨基金）体制は事実上崩壊した。さらに同年10月には第四次中東戦争が勃発し、OPEC（石油輸出国機構）加盟国が大幅減産と対米禁輸したことで世界的な石油不足（オイルショック）となり、石油価格の暴騰に見舞われた。日本経済は、この「ニクソンショック」と「オイルショック」のダブルショックによって、高度成長期の終焉を迎えたのである。

第4節　安定成長期の経済と中小企業政策

1．産業構造の転換と金融の自由化

　高度経済成長期を終えた日本経済は、74年からスタグフレーション（stagflation）の状態に陥った。スタグフレーションとは、第一次石油ショック（1973年）後の世界的な現象として現れた景気停滞（stagnation）と物価上昇（inflation）という言語を合成した経済用語である。石油輸入依存度の高いわが国では、石油価格の暴騰に連動して消費者物価が急騰し、不況期であるにもかかわらず失業率は上昇しないで賃金が大幅に引き上げられた。すなわち戦後最大の世界同時不況に巻き込まれた日本経済は、高度経済成長の終焉とスタグフレーションに突入したのである。

　政府はスタグフレーションを契機に19年間続けてきた高度成長政策を安定成長政策に転換した。まずは景気回復のために①減量経営、②輸出の拡大、③財政支出の拡大などの重点政策を実施して不況を乗り切った。この景気回復政策は、日本経済に構造的な変化をもたらした。減量経営の目的は、省エネ技術の

開発，産業ロボット・NC工作機などの導入による自動化ラインの進展，生産の合理化，経営の効率化を推進することである。そして輸出の拡大政策は，エレクトロニクス，自動車，家電，精密機械などの機械工業製品を重点とした大企業体制を維持した輸出拡大を目的としている。この政策は，政府が指定した基幹産業が産業構造を改革して不況を乗り越える牽引役としての役割を果たした。

また政府は不況脱出と安定成長を持続するために財政支出の拡大政策を継続してきた。75年以降，財界の強い要求に沿って赤字国債の大量発行を続けてきた結果，2010年度には国債の残高が636兆円に増加している。この半面，財政の健全化を確保するために国有企業（日本国有鉄道，日本電信電話公社，日本専売公社）の民営化を進めてきた。また政府は，高度成長期の基幹産業であった重厚長大型産業・労働集約型産業から省エネルギーの軽薄短小型産業・知識集約型産業へ産業構造の転換を積極的に進めてきたのである。

2．プラザ合意と金融緩和

日本経済が安定成長で推移する中，85年9月にニューヨークのプラザホテルで開催されたG5でドル高是正の合意がなされた。このプラザ合意によって急激な円高・ドル安に転換したため，日本経済は厳しい円高不況への対応を迫られた。日本企業は欧米諸国への投資拡大と為替リスク回避のために海外金融市場で資金調達（エクイティファイナンス）を活発に行った。その結果，国内金融市場は過剰流動性を引き起こし，投機資金が不動産，株式などへ集中したために資産価格が急騰した。いわゆるバブル経済を引き起こしたのである。バブル経済の絶頂期（89年12月）には，日経平均株価が38,915円の史上最高値を付けた。

バブル経済の期間は，金融の自由化，国際化が進んで大企業は海外金融市場でエクイティファイナンス（株式・債券などの証券発行による資金調達）を活発に行い，多額の資金を調達できた。このため国内の金融機関は過剰流動性が高まり超金融緩和の状態であった。都市銀行は，主要な取引先である大企業の「銀行離れ」が進んだことから中小企業への融資拡大を推進するために，地域金融機

関と激しい中小企業顧客の獲得競争を展開した。都市銀行は融資枠の拡大，金利の引き下げ，担保条件等の融資条件を緩和することで中小企業貸出の拡大を図った。このために地域金融機関の貸出金利は引き下げられて金利収益は低減し経営状況が厳しくなった。こうした事態に対応して相互銀行は，バブル経済のピーク時である89・90年に中小企業専門金融機関の規制を排除し，業務分野を拡大して営業力を強化するために普通銀行への転換を図った。相互銀行の経営組織を改革し銀行名の改称を行い，そして第二地方銀行として全国組織の団体（第二地方銀行協会）を立ち上げた。

3．中小企業基本法の改正

　中小企業政策の基本的理念は，中小零細企業の与信能力や金融機関からの融資条件および取引条件の不利を是正・補完することである。すなわち中小企業は自己資本が過小で財務体質が脆弱であることから与信能力と資金調達力が大企業と比較して不利な立場にある。この「不利性」，「信用力不足」を是正・補完する必要性が強まる時期は，景気調整期あるいは産業構造の変革期である。スタグフレーションに陥った74年に中小企業基本法の改正が実施された。改正の目的は，安定成長期に向けた産業構造改革を進めるために，中小企業の業種，廃業・創業による事業転換を図る上で必要な設備資金等を支援する融資制度を拡充することであった。改正中小企業基本法の内容は，中小企業の資本金額を引き上げて対象範囲を大きくすることで，支援事業者の対象範囲を拡大し制度融資を利用する中小企業群のセフティネットを強化することであった。こうした中小企業支援策が，廃業・創業ならびに円滑な事業転換を進めて産業構造改革を実現するうえで有効な政策であった。

　さらに輸出拡大政策は，下請中小企業の生産性の向上，品質の向上，コストの削減を図るための具体策が求められた。政府は中小企業者事業転換対策臨時措置法を制定（1976年）し，設備近代化の促進や高度化事業による工場団地の造成・建設を促進し，経営指導者の育成および中小企業診断事業の向上に努めてきた。また，70年代以降の円高傾向の持続による景気後退が輸出産地，地場産業の中小企業に深刻な打撃を与えたことが背景にある。

安定成長期の中小企業政策は，企業の減量経営，輸出拡大によるスタグフレーションを克服し景気回復を図るとともに高度成長期の基幹産業を省エネルギー産業へ転換させる産業構造改革を進めるための主要な政策であった。重要産業の輸出競争力を強化するためには，下請中小企業の技術革新，生産性の向上，コストの削減，経営の効率化が不可欠な条件となるからである。

第5節　経済再生期の中小企業政策

1．金融ビッグバンと産業構造改革

経済再生期とは，バブルが崩壊した1991年以降の20年間である。バブル経済のピークは，日経平均が最高値（38,915円）を付けた89年12月である。その後，99年12月には18,934円に下落し，2009年12月には10,169円まで値下げしてピーク時の約4分の1の水準となった。その主要な原因は，1990年3月，大蔵省（現財務省）が金融機関に対して土地関連融資の総量規制を示達し，不動産・株式の高騰を抑制したからである。投機目的で多額の借金をした企業や個人投資家は担保価値の不足，本業の業績不振などによって返済不能に陥った。その結果，金融機関は多額の不良債権を抱え，戦後最大の金融危機に陥った。97年には北海道拓殖銀行，山一証券，三洋証券が破綻，98年には日本長期信用銀行，日本債券信用銀行が救済のため一時国有化された。政府は金融システムの安全性を確保するために金融機関に公的資金を投入し，不良債権の早期償却と経営基盤を強化するために合併・統合を主導した。ところが，バブル経済の崩壊と構造不況が重なって不況が長期間続いた上に，円高ドル安の傾向が持続したことで日本経済はデフレ状態に陥った。

この期間は，国際環境も大きく変化した。東欧諸国がソビエト連邦から離脱して自由主義経済諸国との交流を推進していた。アジア地域では中国が97年に英国から返還された香港に「一国二制度」（社会主義の政治体制の下で資本主義経済体制を統治する体制）を導入した。また中国政府は社会主義市場経済を採用して海外資本を導入する金融市場として上海と深センに証券市場を開設（1990年）した。他方，欧州では，EU諸国が2001年に共通通貨（EROU）を導入して

通貨統合を実現した。

こうした国際環境の急速な変化に対応して，政府は低迷する日本経済を活性化するために金融制度改革と産業構造改革を重点政策に掲げた。IT（情報技術）の急速な発展と経済のグローバル化への対応策は，規制の緩和・撤廃によって競争原理を導入する必要性に迫られたからである。政府は98年以降，「金融ビッグバン」を実施し，①金融持ち株会社設立の解禁，②外国為替管理法の改正，③株式売買手数料の自由化，④証券会社を許可制から登録制へ変更，⑤他産業から金融業界への新規参入を解禁，⑥国際会計制度の導入など制度改革を推し進めてきた。特に産業構造改革では，規制緩和・撤廃の促進と並行して中小・ベンチャー企業の起業を促進するために「中小企業創造促進法」(1995年)，「新事業創出促進法」(1999年) を制定し，新産業の創出を主導した。また大学・研究機関が保有する技術・特許などを民間企業に移転促進するために大学等技術移転促進法（1998年）を創設して，TLO（技術移転機構）を全国的に設置させた。また大学発のベンチャー企業を創出・育成する政策として「大学発ベンチャー1,000社計画」(2001年) を推進するとともに，新興企業向け資本市場（マザーズなど5市場）を開設してきた。

2．大企業の海外進出と中小企業の自立化

デフレ経済と円高が続く中，日本企業は中国および東南アジア諸国に生産拠点を移して，低価格，高品質製品の開発に積極的に取り組んできた。70年代以降，繊維産業，家電産業，自動車産業が海外投資の先導役を担ってきたが，2000年代では流通，運輸，金融・証券，IT関連企業，教育産業などが積極的に海外進出している。また80年代は，安い労働力を求めて生産技術を海外に移転してきたが，最近ではソフトウエアの開発技術，鉄道，社会資本整備事業，医療事業などのビジネスモデルを移転する海外進出も増加している。

大企業が貿易摩擦を解消するために海外現地生産を拡大する経営戦略に転換したために，国内の下請中小企業は技術革新の進展による外注管理の合理化，集約化の対応に厳しさが増した。大企業は研究開発部門にシフトし，生産活動の多くの部分を外注・OEM (Original Equipment Manufacturing) 形態による包括

的下請生産に依存するケースが増加した。また海外生産工場の現地部品調達やユニット発注の推進が，下請中小企業に対する総合能力の再評価と選別を強化することとなった。

このように日本企業は円高と経済のグローバル化に対応して，現地調達や第三者間取引関係を含む「国際分業生産体制」を本格化する多国籍企業化戦略に転換することとなった。特に東南アジア地域を中核としたグローバルな分業体制の確立に注力してきた。従来の取引関係にこだわらず，品質，納期，価格などを選定基準とし，最も優れた地域から輸入しようとする「世界最適地調達方式」を採用している。このため輸入部品と国内下請企業との競合や国内下請企業間の競争がますます激しさを増した。大企業は，下請中小企業との取引関係を見直し，従来の系列関係や長年の相互関係を超えた取引を開拓するようになってきた。こうした取引関係の変化が，下請中小企業に「脱下請け，独立型企業への転換」を促すこととなった。すなわち高度成長期に構築された大企業と下請中小企業との系列取引関係が崩壊して，中小企業は自立化・独立化する方向に変化していったのである。

3．産業構造改革と中小企業政策の転換

経済再生期では，外国人投資家が成長企業に投資し，大株主として経営者に投資収益率の向上に向けた経営改革を強要するようになった。このため日本企業は，株主価値経営を志向した経営組織の再構築を迫られ，「選択と集中」によって組織改革やグループ企業の再編成を進めてきた。しかし，こうした経営改革は，雇用の縮小，低賃金の維持，低価格競争を激化させ，デフレ経済からの脱却を阻害する要因となった。

下請中小企業が産業構造の改革に対応して生き残るために，①新たな技術開発，製品開発を行い，新事業分野を開拓すること，②自社の固有技術を磨きながら，親企業の経営戦略に徹底的に追従していくこと，③国際化のメリットを最大限生かしてコストダウンに対応できる生産体制を確立すること，④ニッチな市場を開拓し，付加価値の高い製品・サービスを提供できるようにすることなどの課題に直面している。これらの経営課題は，中小企業の経営者の意識改

革と経営イノベーションの実施を迫っている。さらに経営者がマーケティング志向の意識を持って,強力なリーダーシップを発揮することを求めている。

しかし旧中小企業基本法（1963年）は,中小企業は過小過多であり,「一律でかわいそうな存在」として認識され,中小企業で働く労働者は社会的弱者であり,こうした者に対して社会政策的な施策を講じるべきとのスタンスで創設された。そのため中小企業の「生産性の向上」と「取引条件の向上」を図り,大企業との格差を是正するための具体的施策が講じられてきた。したがって,政策の基本理念は,「弱者救済」と「不利性の是正」であった。これに対して,改正中小企業基本法（1999年）は,21世紀における中小企業は機動性,柔軟性,創造性を発揮し,わが国経済の「ダイナミズム」の源泉として,また自己実現を可能とする魅力ある雇用機会創出の担い手として積極的な役割が期待される存在と位置づけられていくべきであるとの考えに基づいている。すなわち,中小企業は,①市場競争の苗床,②イノベーションの担い手,③魅力ある雇用機会創出の担い手,④地域経済社会発展の担い手として期待されているのである。したがって中小企業の経営イノベーションを促し,「新産業の創出」と「経済の活性化」を実現するために「少子高齢化」,「健康・福祉」,「環境・エネルギー」,「食品の安全」,「コンテンツ」などのキーワードが呈示されて積極的に育成・支援していく方針を掲げている。

2000年代に入って,IT（情報技術）が急速に進展し,BRICsを中心とした新興国が著しい経済成長を続けてきた。こうした国際環境の変化が,日本経済に多大な影響を及ぼしている。新興国で生産された製品が低価格で国内市場に還流するようになったために,国内企業が価格競争に負けて業績を悪化させている。特に下請中小企業では,コストダウンの強請に対応できなくなって廃業に追い込まれている企業も少なくない。厳しい低価格競争から高付加価値の商品・サービスを開発・提供する付加価値競争に経営戦略を転換することが求められている。それは国内社会が,少子高齢化と消費者ニーズの多様化に的確に対応した商品・サービスを開発・供給しなければならないことを意味している。グローバル経済の下では,新興国の経済成長は製品価格の低価格化競争を引き起こし,先進国の労働市場では賃金高騰を抑制する作用が働いていること

を認識する必要がある。わが国の中小企業経営者が新興国の企業と競争して生き残っていくためには，自社の独自技術を活用して「第二創業」への転換が可能な事業承継と経営のイノベーションに積極的に取り組んでいくことが必要である。

◆参考文献◆

中小企業庁編『中小企業白書』2000 年版～ 2013 年版。
黒瀬直宏『中小企業政策』日本経済評論社，2006 年。
青山和正『新版解明中小企業論』同友館，2001 年。
寺岡　寛『日本の中小企業政策』有斐閣，1997 年。
中小企業庁編『中小企業政策の課題と今後の方向』同友館，1993 年。
清成忠男『日本中小企業政策史』有斐閣，2010 年。

第4章
戦後経済の高度化と中小企業の発展プロセス

第1節　はじめに

　戦後の日本経済は飛躍的に高度化した。高度化とは，量的側面と質的側面があり，前者は企業の数や利益の額や，所得の額など数値で測れる側面であるのに対し，後者は，豊かさや満足感など，個人がそれぞれ主観的に感じる側面である。量的側面での日本経済の成長期には，例えば，池田隼人内閣の国民所得倍増計画（1960年12月）といった政策があった。池田隼人首相は，10年で月給が2倍になると国民に説き，実際に，計画期間の1961年から1970年の経済成長率は10.9%となり，国民の所得はこの間，平均で2.8倍になった[1]。このような量的側面の高度成長とともに，国民は質的な側面で豊かさを享受できるようになった。経済的急成長の少し前，多くの国民は食事の前，かまどを使ってご飯を炊いていた。敗戦直後にソニー（東京通信工業）の井深大が電気釜の製品化を企画していたが，ソニーより先に電気釜は東芝によって1955年に製品化された。その後，保温と炊飯の機能を持つ電子炊飯ジャーが登場し，さらに，炊き上がりの時間を予約でき，炊き方も選択できるようなマイコン搭載の電子炊飯器が，国民の需要を満たしていった[2]。このような技術の発展によって，国民は豊かさを享受することになり，この豊かさによって，家事労働の負担は軽減されることになった。製品化という先陣はきれなかったが，1940年代後半に，家事の軽減を目指し，おいしいご飯を食卓に届けようとする企業家精神が当時の東京電信工業，後のソニーに芽生えていた。

　戦後，日本ではGHQの政策により財閥解体が進められ，三井，三菱といっ

た財閥を形づくっていた持株会社制度は廃止され，株式所有に基づくピラミッド型の企業集団における株式所有関係は分断された[3]。財閥解体によって，日本経済における封建的な側面が解消され，経済的な民主化が実現されるようになった。このような経緯から，日本の諸産業は財閥という巨大な企業連合から解き放たれ，中小の新進気鋭の企業の活躍の余地が生まれたのである。

　財閥隆盛の戦時期には，企業の統廃合が進められ，需要超過が進む中で，企業数の増加は緩慢であった。戦後には多数の企業が設立され，その大半が中小企業であった[4]。当時，生計と経営とを分離していない生業的零細企業（現在の個人企業）も多く存在したが，生計と経営を分離して，活発な企業家活動を行う企業もあった。後者の中小企業は，出資者が経営活動を展開していくことから始まり，後にこのような中小企業からは，実力のある従業員が経営者として自立していく傾向があった。このような企業家活動を展開していく中小企業の活力が高度成長の源泉となった[5]。

第2節　日本経済の発展と中小企業

1．戦後復興期の中小企業—1940年代後半から1950年代前半—

　終戦直後の期間，日本の中小企業は雑貨や繊維製品，軽機械工業分野での経営を中心としていた。軽機械工業の製造企業は，すべての工程をみずからの工場でカバーするのではなく，関連部品を加工する下請中小企業と大企業との分業が発展した。大企業が下請中小企業と取引関係を結ぶことは，欧米でも行われており，世界的にも珍しいことではなかった。しかし，日本における取引関係で特徴的なことは，その関係が比較的強固であったという点である。このような取引関係は系列取引と呼ばれ，親企業としての大企業を頂点として，1次下請企業，2次下請企業という垂直的な取引関係が構築された。日本的な親企業と下請中小企業との関係が固定的で，さらに閉鎖的であるがゆえに，買手の親企業の立場が優位になり，下請中小企業に対して納入単価の引下げ要求や不況時の代金支払いの繰り延べといった負の圧力がかかっていた。下請中小企業としては，オンリーワンの親企業に縛られているため，このような圧力に従わ

ざるを得なかったのが実情であった。しかし，このような強固な関係が負の圧力のみに表れたのではなく，下請中小企業にとっての発展につながった。それは，親企業からの技術者派遣，厳しい納期管理や品質管理といった，下請中小企業の経営管理能力を高める経営指導であった。

　このような関係が強固になるにつれ，親企業はみずからの経営革新を進めるために，それを支える下請中小企業を育成していくことが，みずからの成長力を高めることにつながると気づきはじめた。そして，このような育成支援は，下請中小企業間の技術力開発競争につながり，系列企業全体としての競争力の増大につながった。発展的な取引関係によって，みずからの設計で製造を企画し，それを親企業に売り込んでいくような新進気鋭の中小企業が生まれるようになった。

　しかし，下請構造の底辺として機能し続けた中小企業では，その付加価値生産性は低くなり，低賃金労働と経営者自身の労働負荷の増大を基盤とする，低賃金依存型中小企業が多くなった[6]。しかし，すべての中小企業が下請企業として，低賃金に依存した経営をしていたわけではなかった。技術に根ざした軽機械工業の分野の中小企業は，低賃金依存から脱皮していった。ミシン，双眼鏡，カメラ，ラジオ（軽機械工業）の生産では，安定した精度の部品を供給できるような企業間システムを組む必要があった。そのため，部品ごとに技術的に優れた中小企業への専業化が進み，中小企業の付加価値生産性は高くなった[7]。戦前のミシンや双眼鏡の生産は，大企業による一貫生産であったが，戦後のこれらの生産は，特定の加工や部品の製造に専業化した専門中小企業による社会的分業システムに支えられるようになった。

　専門中小企業は，大企業の輸出を間接的に支え，日本の外貨獲得に貢献したのである。第12章で述べるように，長野・諏訪の精密機械工業の集積は，時計やカメラなどの精密部品製造に優れ，地域の競争力を高めていった。他にも，本田技研工業やソニー（詳しくは後述する），立石電機のように，戦後創業し，優れた技術力によって1950年代後半以降に急発展する企業も現れるようになった。いずれも，新技術，新製品の開発に取り組む企業であった。

2．高度経済成長期の中小企業—1950年代後半から1960年代—

　1950年代後半の準備期を経て，1960年代から，日本は高度経済成長政策のもとで，本格的な成長過程をたどった。この時期，労働力市場の需給逼迫傾向を背景とした賃金上昇傾向から，消費財関連産業の市場規模が拡大し，その分野で中小企業の市場シェアも拡大した[8]。具体的には，所得の向上に基づく個人消費需要が量的拡大から質的発展に進展し，繊維製品や雑貨の分野での多様化や高級化に対応できるような中小企業が成長した[9]。

　さらにこの時期，機械工業での部品点数の増加，化学工業における加工分野の拡大など，重化学工業分野での産業の高度化が進み，部品製造，加工組立工程に存立する中小企業が成長した。こうした産業構造の高度化を伴う経済成長を進めていくにあたって，大企業と中小企業との間の付加価値生産性や賃金での格差が問題となり，その縮小が是正されるような国の政策がとられるようになった。この政策は，1960年の貿易・為替自由化計画以降の日本経済の開放体制における国際競争力強化のための中小企業支援策として具現化された。その支援策は，1963年の中小企業基本法に盛り込まれ，大企業と中小企業との格差が是正されるような政策がとられた[10]。つまり，日本が国際競争力を発揮するには，大企業と中小企業という2本の柱が必要であるということが中小企業基本法の制定で明確になった。

　この時期に，産業構造面からの追い風が吹いた。すなわち，日本の産業の中心が重化学工業に転じ，大企業のみでは，重化学工業化に対応できず，中小企業との分業関係の拡大が必要になった[11]。例えば，電気機械，自動車産業には，完成品の部品を供給する中小企業が必要だった。この新たな事業機会を基盤に現れた革新的中小企業が，量産型中小企業であった[12]。この量産型中小企業は，電気機械や自動車製造といった当時の花形産業では，専門技術を持つ下請企業の上層部として発展した。このように発展した，量産型中小企業は，大企業の技術指導を受け，量産体制の確立，拡大，製品精度の向上と安定，部品のユニット化，コスト削減といったさまざまな経営課題を乗り越えていった。

　経営革新は，下請企業の上層部のみならず，底辺の零細企業でも進展した。

この時期に生まれた零細企業は，かつての低賃金で労働搾取型の経営を基盤とするのではなく，高い能力でその市場規模を拡大していった。このような高能力型零細企業の担い手の多くは，既存の中小企業で経験と技術力を備え，その能力の発揮を動機として独立した20歳代から30歳代の若い人たちだった。働き口がなくて，仕方なく開業した失業者型の経営者とは異なり，彼らの企業家精神や事業へのモチベーションは高かった[13]。中小企業では，需要の拡大に比して，労働力不足が深刻になっていた。そのため，大企業は下請不足になり，技術力のある零細企業に発注が殺到したのである。この高能力型零細企業の出現によって，低賃金依存型の零細企業は少なくなり，技術力を武器にした零細企業が，高度成長期の主流となった。

3．減速経済期の中小企業―1970年代から1980年代―

1973年の第一次石油危機以降，日本経済の成長率は鈍化し，減速経済が定着するとともに，産業構造の転換が進展した。すなわち，2度の石油危機によるエネルギー資源価格の上昇は，従来のエネルギーを無尽蔵に利用する産業から省エネルギー，省資源型産業への転換を促進した。そのほか，中進工業国や開発途上国の追い上げによる経済のグローバル化の進展，経済のサービス化，ソフト化といった，日本経済の基盤を揺るがす状況が立て続けに起こった[14]。

このような経済環境の変化の下で，中小企業は大きな5つの役割を果たしてきた[15]。第一次石油危機以降，経済が低成長に移行する中で，親企業から中小企業の発注において，設計，仕様変更の頻発化，多品種小ロット化，コストダウンといった経営合理化の流れが顕著になった[16]。こうした状況に対して，中小企業は，ME（マイクロ・エレクトロニクス）化[17]や情報ネットワーク化に積極的に取り組み，親企業との生産分業システムを維持し，親企業の高い生産効率性に貢献した。ME機器が普及することによって，プログラムを機器に読み込ませれば，未熟練者でなくても，熟練者並みの加工ができるようになった[18]。

さらに，高度成長期に引き続いて，消費需要の高度化，多様化が進展した。中小企業は，このような消費需要の質的転換に対して，消費者ニーズへの弾力

的な対応をはかり，消費材の多品種少量生産を行った。

1970年代前半に，中小企業のおける産業の苗床としての機能が顕著となった。いわゆるベンチャー・ビジネスが，この時期に芽吹きだした。研究開発型ベンチャー・ビジネスは，大企業組織にはない，機動性，柔軟性，旺盛な企業家精神を持ち合わせており，経済の活性化に貢献した。

そして，この時期の中小企業は，本格的に地域産業の高度化，高付加価値化に貢献するようになった。中小企業は，地域の原材料や労働力などの経営資源を活かし，地域に根づいた経営活動をする中で，産業集積の育成，地方財政への貢献，就業機会の拡大といった役割を果たした。

さらに中小企業は，経済のグローバル化に貢献した。中小企業の経営活動によって，特に，輸出，輸入を通じて多様な産品生産の国際分業が促進された。本格的に中小企業が海外に展開し始めたのもこの時期であり，技術移転を伴った海外直接投資が増加した。特に，開発途上国への直接投資は，資本と技術の移転，雇用機会の創出，関連産業の刺激という側面を有しており，投資先の経済発展を促す大きな要因となった。以上，1970年代から1980年代の中小企業

図表4－1　1970年代から1980年代の中小企業の経済的貢献

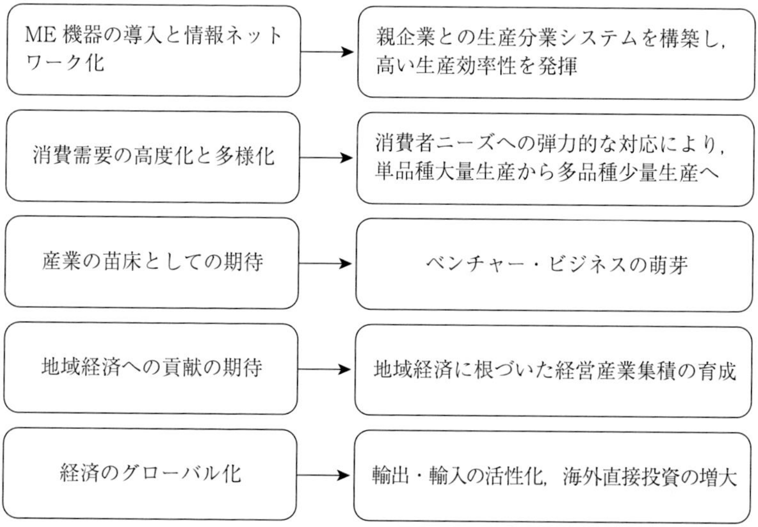

ME機器の導入と情報ネットワーク化	→ 親企業との生産分業システムを構築し，高い生産効率性を発揮
消費需要の高度化と多様化	→ 消費者ニーズへの弾力的な対応により，単品種大量生産から多品種少量生産へ
産業の苗床としての期待	→ ベンチャー・ビジネスの萌芽
地域経済への貢献の期待	→ 地域経済に根づいた経営産業集積の育成
経済のグローバル化	→ 輸出・輸入の活性化，海外直接投資の増大

出所：筆者作成。

の経済的貢献をまとめると図表4-1のようになる。

　1970年代から1980年代にかけての減速経済期，標準化製品の単品種大量生産という高度成長期のビジネスモデルは終焉した。それは，消費需要の飽和を意味しており，中小企業は知識集約的な意味合いの強い産業に境地を開き，占有度の高い情報資源を活かして，範囲の経済性を発揮できるような事業展開を行った。このようなビジネスモデルを構築した中小企業をソフト型中小企業という[19]。

4．転換期の中小企業—1990年代以降—

　1990年代に入り，日本の中枢産業としての電気機械工業の衰退によって，大企業からの中小企業への部品発注機能が失われた。さらに，東アジアへの垂直分業体制の構築により，国内にとどまる中小企業の経営は逼迫した。すでに，中小企業は大企業が作り上げた大市場に依存することはできなくなった。ゆえに，中小企業は，技術面での自立のみならず，販売面での自立をせざるを得ない状況に立たされていた。

　1990年代の産業の中心は，コンピュータ産業となり，アメリカでは生産のモジュール化[20]がコンピュータ産業で特に進み，集積回路やディスプレイなど，特定のモジュールの部品製造に特化する企業とモジュールを組み立てる企業との分業体制が形成された[21]。一方，日本のコンピュータ産業の中心は，総合電機機械メーカーが中心で，それらは，製品の企画から設計，部品製造，組み立て・販売までを1企業系列内で完結するインテグラル型ビジネスモデルをとっていた[22]。このようなインテグラル型性製造システムは，コスト面で不利になる上に，製品ライフサイクルの短縮化に対応できなかった。当然，このような産業構造下にある中小企業の存立基盤も厳しくなってきた。

　さらに，機械工業分野では東アジアにおける本格的な生産拠点の構築と，日本と東アジア間の分業関係の構築により，戦後の日本経済を支えてきた，国内完結型生産体制が崩壊し，東アジアの低賃金労働を目的とした，日本をその一部とする東アジアベースの生産体制が機能するようになった[23]。そのため，日本国内に残った，電気機械分野の中小企業の経営は厳しい状況になった。

このような経済の転換期において，一部の中小企業は大企業に依存せず，開発志向を促進させ，さらにみずからの手で市場を開拓し，みずからが価格付けできるという市場自立型のビジネスモデルへの転換にその生きる道を模索した。

第3節　中小企業のグローバル化

1．中小企業のグローバル化の史的展開

終戦の5年後に起きた朝鮮戦争は，日本企業に特需をもたらした。特に，中小企業の輸出は，外貨の獲得に貢献することになった。中小企業が輸出した製品は，繊維，日用雑貨，衣類，自転車，ミシン，カメラ，双眼鏡などの軽機械工業製品だった[24]。このような製品の製造を担った中小企業の特徴は，労働集約的な国際的競争力であった。軽機械工業では，戦時経済体制の軍需機械産業の下請として組み込まれていた企業が，戦後になってその設備や技術を民需機械工業に転用したことによって，発展していった。当時の中小企業は戦後の民需に対応するとともに，ブランド力がなかったため，OEM[25]の活路を開き，戦後復興期の輸出増大に貢献した。

先述したように，1960年代に入ると労働需給が逼迫するようになり，労働者の賃金は上昇傾向にあった。一方，韓国，台湾，香港，シンガポールなどの新興工業国は，低賃金労働力のメリットを活かして，軽機械工業製品の輸出を増大させた[26]。労働集約的な産業における国際競争力の低下によって，日本の中小企業の輸出額は低下していった。コスト削減では新興工業国に太刀打ちできなくなった日本の中小企業は，高付加価値製品の輸出に舵を切った。このような，輸出不振の下で日本の中小企業は，大企業の下請となり，自動車や電気機械を製造して，間接輸出を拡大するようになった。

1970年代以降は，中小企業の海外直接投資（海外進出）が増大した。この要因には2つの経営環境の変化がある[27]。1つは，開発途上国政府が自国の工業化を促進するために，一定比率以上の現地調達率を高めようとしたローカルコンテンツ規制である。すでに多くの大企業が海外に進出していた1970年代以

降,下請としての役割を担っていた中小企業は,日本から部品を輸出するのではなく,海外の現地に工場を構えるために,海外直接投資を増大させた。もう1つは,欧米との貿易摩擦の激化である。電気機械,自動車などの産業で対欧米の貿易収支の黒字が増加した。このような状況に欧米諸国と日本との関係が悪化し,これを打開するために,現地生産のための欧米への直接投資が増大した。

さらに,1985年のプラザ合意によって為替レートが円高方向に修正され,この円高によって打撃を受けた中小企業は,輸出から海外進出による現地生産にその経営の基盤を転換した[28]。

2. 中小企業から大企業へ

戦後復興期は機械製造の町工場であったが,現代では世界にその活躍の場を拡げた2社について考察していこう。

初めに考察するのは,本田技研工業(以下ホンダと略す)である。ホンダは1948年に浜松で設立された,従業員34人の会社であった。ホンダの前身は1921年に設立された本田技術研究所で,その製品第1号が旧陸軍6号無線機発電用エンジンを改良した自転車の補助エンジンだった[29]。このようなエンジン開発を手掛けていたホンダの設立者である本田宗一郎は,エンジンと車体が一体となった,モーターサイクルの開発に着手し,1949年にドリームD型が発売された。その後,本田宗一郎は藤沢武夫とともに,全国に5万店ある自転車店にモーターサイクルのカブFを売り込み,ホンダの販売店網を確立していった。1955年の通産省の国民車構想に刺激を受けた本田宗一郎は,1966年に「ホンダN360」という軽四輪自動車を発売し,その後,1970年代に「シビック」,「アコード」を発売した。これら2車種に搭載されたエンジンは,アメリカのマスキー法を世界で初めてクリアーした低公害型のエンジンであった。つまり,アメリカ市場を視野に入れた製品開発がなされていたのである。本田宗一郎は,距離を時間で置き換えるという経営哲学を持っていた。日本の高度成長期を駆け抜けた経営者,本田宗一郎は,時間で測ることのできる価値観を自動車に求めたのである。本田宗一郎は,1973年に社長を退任したが,

第 4 章　戦後経済の高度化と中小企業の発展プロセス　59

　その後もホンダは，次々と魅力的な四輪自動車やオートバイを発売していった。ホンダは，1982 年にアメリカで生産を始めて，グローバル化の段階に入った。2012 年時点でのホンダの生産拠点は 20 カ国，38 拠点に拡大し，四輪自動車の世界販売台数は，およそ 372 万台となり，世界の自動車企業のトップ 10 内に入っている。

　次に考察するのは，ソニーである。ソニーの前身，東京通信工業は，井深大，盛田昭夫をはじめとした数人の技術者によって 1946 年に設立された。創成期に開発したのはテープレコーダーとトランジスタラジオであった。テープレコーダーは現代のソニーのオーディオ，ビジュアル製品の始祖にあたる製品である。トランジスタラジオの開発は，1953 年のアメリカのウエスタン・エレクトリック社からの技術導入によって進展した。トランジスタラジオは，1955 年に TR-55 型として発売され，現代のウォークマンといった携帯型音楽プレーヤーにその製品コンセプトが引き継がれている。1958 年に東京通信工業は，ソニーに改名された。1964 年の東京オリンピックでカラーテレビが注目される中で，ソニーはこの分野での開発に出遅れていた。1966 年にトリニトロン[30]技術を活かしたカラーテレビを開発し，このテレビがソニーの名を高めるようになった。ソニーは，1994 年にカンパニー制[31]を導入して，各事業分野の独立性を高めるとともに，執行役員制の導入や外国人役員の導入を進め，欧米企業に引けを取らないグローバル化に対応できる組織構造を構築した。

3．ボーングローバル企業の出現

　ホンダ，ソニーとも，国内での活動から事業を始め，その後，事業所数や，販売数，組織面でのグローバル化をはかってきた。このようなグローバル化に対して，生まれながらのグローバル企業も出現している。このような企業をボーングローバル企業（Born Global Company，以下 BGC と略す）という[32]。従来，グローバルな事業展開の先陣をきるのは大企業で，中小企業は，その大企業を支えるため，あるいは技術的に競争力をつけ，その後からグローバル化に進むというのがグローバル経営研究における説明であった。そこでは，輸出から，

技術導入，技術のキャッチアップ，競争力の強化，海外進出という一連のグローバル化の筋書きが示されてきた。現代の経営環境においては，これらの一連のプロセスに従わなくても中小企業のグローバル化が可能になっている。その背景として，情報通信技術の発展が挙げられている[33]。情報通信技術は，2000年代に入り，急速に発展した。中小企業は，生産管理や販売管理をより効率的にするために，情報通信技術の価値連鎖を活用している。サプライチェーンマネジメント[34]がその例である。その結果，中小企業がみずから海外に工場を保有することなしに，外部企業との連携を情報ネットワークの中で構築できれば，グローバルな市場で原材料を調達し，グローバルな拠点で製造し，グローバルな市場に販売することができるようになる。特に，設備投資等の多額の初期投資が必要で，グローバル化ができないという中小企業にとって，このような経営環境の整備は，大きな力となっている。BGCのビジネスモデルの成功は，BGCみずからが持つ経営資源のスリム化にかかっている。グローバルな市場展開において，マーケティングが必要となるが，情報通信技術が発展した現代の経営環境においては，在庫管理というムダは削減され，工場からの直販という手法がとられている。さらに，販促においても，マスマーケティング手法から，インターネットによる個別対応にシフトしている。このようなメリットを活かして，BGCが生まれているのである。

第4節　中小企業研究の2つの視点

1．中小企業の問題性

　中小企業の存在を中心に，戦後の日本経済を考える上での問題とはどのようなところにあるのだろうか。その1つは，二重構造論という考え方である。二重構造論とは，1国の経済構造の内部において，近代的部門と前近代的部門が併存している状態の問題点を論じている議論である[35]。すなわち，大企業と中小企業間での技術力の格差，賃金の格差，労働環境の格差があり，それらが解消されることなく続いてきたということが問題として議論されてきた。多くの戦後の中小企業は，大企業の下請としてその存立基盤を確立し，経済的な

位置づけを明確にしてきた。大企業主導の経済構造の中で，中小企業は大企業の背中を追って，多様な製品規格に関する要求や，コスト削減に関する要求に応えてきたのである。つまり，中小企業なくして戦後の大企業の発展はありえないといえるだろう。さらに，戦後の経済変動の中で，中小企業は大企業の経営方針に翻弄されることもあった。1970年代後半から本格的となった，大企業の東アジア展開によって，日本国内の中小企業は，その供給先を失うという事態に陥ったこともあった。このような事態は，先述したように，開発途上国におけるローカルコンテンツ規制によって，現地企業からの部品供給を優先することに起因した。このような大企業のグローバル化に対しても，多くの中小企業が積極的な対応をし，輸出主導の部品供給から大企業が進出した現地での部品生産に転換したのである。

　経済活動の枠組みの中で2つの部門，つまり大企業と中小企業は有機的な関連構造を持つ結合体ととらえることができ，近代的大企業と非近代的中小企業は相補的関係にあるといえよう[36]。この相補的関係は，経済活動における近代的分野と非近代的分野の分業体制を意味しており，このような分業体制は経済的な意味から効率的であるという効率性評価論が議論されるようになった。

2．中小企業の発展性

　効率性評価論とは，独自の技能を有した中小企業がその専門分野での優位性を発揮し，このような専門中小企業とそれらから供給される部品を組み立てる大企業との間で社会的分業構造が構築され，そのような分業体制は，1つの企業が全生産過程をカバーするよりも効率的であるという議論である[37]。このような議論にもとづけば，独自の専門技術を確立して，専門部品メーカーとして，大企業と対峙できるような中小企業の存立基盤を説明することができる。大企業が，納期やコストの面で下請企業としての中小企業にプレッシャーをかけているという二重構造論について前項で述べたが，独自の専門技術を独占的に供給できるような中小企業は，優位な価格交渉力を持つことになり，さらに，その技術を持つ企業が1つしかないとすれば，納期について優位に交渉を進めることができるようになる。このような議論における中小企業の発展は，

大企業の下請としての中小企業経営の明るさを意味している。

　戦後の経済発展に柔軟に対応して，下請ではなく，独自の製品開発と販路拡大をして，大企業に発展したホンダとソニーの事例を第3節で述べた。ともに，設立当時は資金面，人的側面でも弱小であった。しかし，創業に加わった技術者たちの製品開発にかける熱意が，その後の発展につながったのである。ホンダの開発した自動車は，「時は金なり」という時代背景に後押しされて，国民の需要に応えていった。さらに，ホンダは自動車レースの最高峰F1レースに参戦し，その技術力の高さを世界にアピールした。ソニーは，トランジスタラジオのヒットを皮切りに世界市場に躍進した。トリニトロンテレビや携帯音楽プレーヤーのウォークマンのヒットによって，オーディオ・ビジュアルの分野でソニーは世界市場での地位を確立した。ソニーは多角化を進め，プレイステーション（ゲーム機）や携帯電話，音楽産業（ソニーミュージック），映画配給（ソニーピクチャーズ）などに参入し，世界を代表するエンターテイメント企業になった。このように，日本の中小企業の生きる道はさまざまであるが，中小企業の存在なくして日本の経済発展はなしえなかったといえよう。

第5節　おわりに

　図表4-2に，経営者の平均引退年齢の推移を示している。中小企業の経営者の引退年齢は上昇傾向にあり，経営者の高齢化が進んでいる。特に，高齢化が進んでいるのは小規模事業者（製造業，建設業，運輸業，その他の業種で常時雇用の従業員数が20人以下，卸売業，サービス業，小売業で5人以下の企業）である。経営者が高齢であると経常利益が減少傾向となる割合が大きくなるとされ，特に小規模事業者でその傾向が強い[38]。経営者が事業承継するのに最適のタイミングは43.7歳され，経営者の引退時期とは大きくかけ離れている[39]。このようなデータから，経営者の高齢化は中小企業の利益面でのブレーキとなり，廃業という結果につながる可能性がある。戦後の中小企業を支えてきた経営者の信念を若い世代に引き継ぎ，新たな事業展開をすることが日本の中小企業の将来にとって重要な課題である。

図表4-2　規模別・事業承継時期別経営者の平均引退年齢の推移

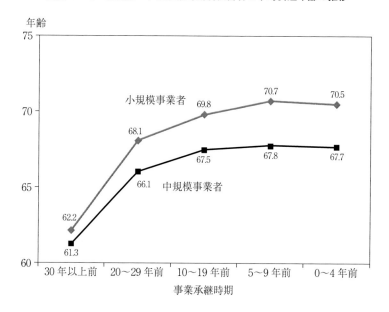

出所：中小企業庁編『2013年度中小企業白書』2013年, 125ページ。

　本章では, 戦後の日本経済を支えてきた中小企業について考察してきた。そこでは, さまざまな経済的なハードルを越えて, 事業をしてきた中小企業の存在感があった。2010年代に入り, さらなるグローバル化の進展, 情報技術の発展によって中小企業の活躍の場が増えている。中小企業はこのチャンスを活かして, 21世紀の日本経済を躍進させることこそ, その役割なのである。

【注】

（1）橋本寿朗『戦後の日本経済』岩波新書, 1995年, 13ページ。
（2）同上書, 14ページ。
（3）同上書, 103ページ。
（4）同上書, 169ページ。

（5）同上書，170 ページ。
（6）渡辺幸男・小川正博・黒瀬直宏・向山雅夫『21 世紀中小企業論：多様性と可能性を探る［新版］』有斐閣，2006 年，119 ページ。
（7）同上書，121 ページ。
（8）髙田亮爾『現代中小企業の動態分析：理論・実証・政策』ミネルヴァ書房，2012 年，73 ページ。
（9）同上書，73 ページ。
（10）同上書，74 ページ。
（11）渡辺幸男・小川正博・黒瀬直宏・向山雅夫，前掲書，123 ページ。
（12）同上書，123 ページ。
（13）同上書，126 ページ。
（14）髙田亮爾，前掲書，78 ページ。
（15）同上書，79〜81 ページ。
（16）同上書，80 ページ。
（17）ME 化とは，コンピュータの性能向上によって，自動機械などの産業分野で大きな影響を与えたことをいう。ME 化によって工場の現場では，産業用ロボットが普及した。
（18）渡辺幸男・小川正博・黒瀬直宏・向山雅夫，前掲書，131 ページ。
（19）設備などのハードの経営資源より，情報やそれに基づく知的労働といったソフトな資源が戦略的重要性を持つという意味で，ソフト型と呼ばれる（渡辺幸男・小川正博・黒瀬直宏・向山雅夫，前掲書，131 ページ）。
（20）モジュール化とは複雑な製品を，より小さな構成要素（モジュール）に分解し，それぞれ独立的に設計，生産するとともに，そのインターフェイスを規格化することにより，これらの部品を簡単に組み立て，製造を行えるようになることである。顕著な例は，個人がパソコンのパーツを購入し，それを組み立て，1 台のパソコンを完成させることができるケースである。
（21）黒瀬直宏『複眼的中小企業論：中小企業は発展性と問題性の統一物』同友館，2012 年，357 ページ。
（22）同上書，358 ページ。
（23）同上書，368 ページ。
（24）川上義明編著『現代中小企業経営論』税務経理協会，2006 年，20 ページ。
（25）OEM (Original Equipment Manufacturing) とは，相手先ブランドによる生産である。つまり，この時期の OEM は，海外企業の納入先ブランドによる受託生産を意味する。
（26）川上義明，前掲書，20 ページ。
（27）同上書，22 ページ。
（28）同上書，22 ページ。

(29) 村田修造『日本産業経営史』大学教育出版，2004 年，155 ページ。
(30) トリニトロンとはソニーが開発したアパーチャーグリル方式のブラウン管の商標名である。電子銃が発したビームが，アパーチャーグリルと呼ばれる縦方向のスリットを通り，蛍光面に当たり，従来のブラウン管テレビに比べ，コントラストが高く画面が明るいという長所がある。
(31) カンパニー制とは，企業内の多様な事業部をあたかも 1 つの会社のようにみなし，独立採算制を徹底させる組織形態である。
(32) 中村久人『ボーングローバル企業の経営理論：新しい国際的ベンチャー・中小企業の出現』八千代出版，2013 年，1 ページ。
(33) 同上書，179 ページ。
(34) サプライチェーンマネジメントとは，原材料の調達から生産を経て販売流通に至る一連のものの流れを総合的に管理する手法である。企業間関係の構築には，情報通信ネットワークが用いられる。
(35) 黒瀬直宏，前掲書，33 ページ。
(36) 髙田亮爾，前掲書，35 ページ。
(37) 同上書，48 ページ。
(38) 中小企業庁編『2013 年度中小企業白書』佐伯印刷，2013 年，126 ページ。
(39) 同上書，127 ページ。

◆参考文献◆

黒瀬直宏『複眼的中小企業論：中小企業は発展性と問題性の統一物』同友館，2012 年。
川上義明編著『現代中小企業経営論』税務経理協会，2006 年。
髙田亮爾『現代中小企業の動態分析：理論・実証・政策』ミネルヴァ書房，2012 年。
中小企業庁編『2013 年度中小企業白書』佐伯印刷，2013 年。
中村久人『ボーングローバル企業の経営理論：新しい国際的ベンチャー・中小企業の出現』八千代出版，2013 年。
橋本寿朗『戦後の日本経済』岩波新書，1995 年。
村田修造『日本産業経営史』大学教育出版，2004 年。
渡辺幸男・小川正博・黒瀬直宏・向山雅夫『21 世紀中小企業論：多様性と可能性を探る［新版］』有斐閣，2006 年。

第5章
下請構造の変容と中小工業

第1節　はじめに

　日本の中小製造業，すなわち中小工業は，生産分業体制の一翼を担うことによって主力産業を支え，経済発展に多大なる貢献をしてきた。こうした中小工業の発展において重要な役割を果たしたのが，「下請」と呼ばれる取引形態であり，売上高の多くを下請取引が占める下請企業[1]であった。

　下請取引自体は，戦前から存在する形態である。しかしながら，日本製造業の特徴と見なされてきた下請構造は，戦後の経済成長の中で独自のシステムとして形成された。下請取引は中小工業が関わるさまざまな取引形態の1つではあるが，一時は下請企業比率が6割を超えるなど，日本の中小工業は下請構造を中心に発展したといっても過言ではない。ところが近年では，その下請構造もさまざまな経営環境の激変に伴い，大きく変容している。

　本章では，高度経済成長期から今日に至るまでの下請構造の変遷・動態を検討することによって，中小工業について理解を深めることを目的とする。

　第2節では，高度経済成長期以降の下請構造の形成過程を見た後，安定成長期における下請構造の発展を検討する。第3節では，経済発展の中で形成された日本的な下請構造の特徴を見る。第4節では，1980年代後半から下請構造が変遷した要因である，経営環境の変化について述べる。そして第5節では，下請構造の変容とその中で生き残りを図る下請企業の方向性について考察する。

第2節　日本における下請構造の展開

1．高度経済成長期における下請構造の形成

　日本経済は戦後の復興期を経て，1950年代半ばから高度経済成長期に入った。1956年から1973年にかけて年平均9.2％の実質GDP成長率を達成するなど，急速な経済発展を遂げた時期であった。製造業においても，市場の拡大，技術革新，新素材の普及を背景として重化学工業が伸展し，経済成長の牽引役となった。重化学工業は，高度な技術を必要とし，大規模な設備投資による大量生産体制を構築することで高い生産性を挙げられる業種である。大規模設備や大量の素材投入が必要となった結果，製造業の中で，より多くの資本を必要とする資本集約的な産業が中心になった。

　経済発展のもとで市場の拡大が見込まれることから，大量生産体制を構築するための設備投資が進み，関連する幅広い産業で賃金が上昇すると同時に，量産効果によるコストダウンにより生産財や消費財が普及し，そのことが再び市場の拡大につながるといった，好循環が形成されたのである。

　このような背景のもとで，従来の鉄鋼や造船といった産業に加え，耐久消費財，各種機械，衣服などの産業が発展した。これらの産業の多くは，製品が複雑で多くの部品を必要とするという特徴を持っている。そのため完成品メーカーは，多数の部品を製造しなければならない。しかしながら，当時の急速な生産増大に応えるための設備や人員が不足していたので，すべての部品を自社で内製することが困難であるという事情があった。そこで，自社は完成品の組み立てと中核的な技術に特化しつつ，周辺的な部品や加工を外部の企業に発注する道を選択したのである。ところが，当時の中小企業の多くは，十分な生産能力や技術力が欠如していた。したがって中小企業の中から優良な企業を選別し，継続的な取引で受注量を確保させながら，技術向上について指導・育成するという系列化が進展した。

　同時に，この時期には，貿易自由化や資本自由化が進展するという，本格的な開放経済への移行期でもあったので，海外の企業に対抗しうる国際競争力を

獲得する必要性に迫られていた。また国内においては，企業間競争が次第に激しくなる中で，大企業は自社の生産体制のみならず，下請企業の合理化を進めていった。具体的には，品質・価格・納期（QCD）を基準に下請企業を格付けし，重視する企業に対して集中発注を行いつつ，技術指導や設備貸与，資金援助などを通じて育成を図ることで，下請構造を再編成していった。

　下請企業にとっても，安定的な受注量を確保できるため，量産化によるコストダウンや新設備導入による品質向上が見込めるほか，親企業からの指導によって技術向上が図れるというメリットあった。したがって下請企業側も，設備の近代化，量産化への対応，新技術の導入を進めることで親企業の要請に応えていった。対応できない場合は，親企業の選別から脱落し，受注量の減少や取引の停止に見舞われた。結果として，親企業からの厳しい要請に耐えられる企業が系列的下請企業として残った。

　自動車産業は，このような下請企業の系列化が進んだ典型例である。自動車メーカーは，下請企業の中から重点企業を選択し，ユニット部品を発注するようにした。すなわち，自社は完成品の組み立てに集中し，サブ・アッセンブリーを下請企業に任せるのである。さらに，ユニット部品を大量生産し完成品メーカーに納入する1次下請は，自社に不足する工程や技術を補うため，2次下請を整備した。このようにして，階層的な系列化が進行していった。下請関係の形成が受注拡大の見込みを生み，その要請に応えるための設備投資を行った結果，安定的生産につながり，コストダウンを生み出し，受注のさらなる拡大につながるという循環関係を形成していった[2]。

　さらに，高度経済成長期には，経済成長を背景とした大量生産体制の構築，ならびに技術革新や原材料の開発が進んだため，従来中小企業が得意としていた分野に大企業が進出するようになった。資本力や技術力で劣る中小企業は，資本や人員が少なくても生産可能な，素材の二次以降の加工，もしくは完成品生産の中間段階である部品生産・加工に集中した[3]。こうして，大企業と中小企業との棲み分けが進み，中小工業は大企業の補完的存在として発展したのである。

2．安定成長期における下請構造

　1973年に起きた第一次石油危機が引き金となり，急速な経済成長は終わりを遂げ，安定成長期に入った。二度にわたる石油危機は経済成長を鈍化させ，資源やエネルギー価格の高騰とも相俟って，企業に経営の効率化を迫った。そのため各企業は，減量経営とME（マイクロ・エレクトロニクス）化による技術革新を進めた[4]。

　減量経営は，高度成長期とは異なる次のような特徴を持っていた。第1に，高度成長期のように量産化によってではなく，原単位コストの管理によってコスト低減を図ったこと。第2に，企業全体，工場全体での生産体制の見直しおよび合理化を行ったこと。第3に，生産体制を下請や外注体制にまで拡大したこと。第4に，自動化，省力化を中心に生産合理化のための設備投資が行われたこと，である[5]。

　ME化は，製造に使用する機械の制御にマイクロ・エレクトロニクスを使用し，人間によって行われてきた作業をNC機器などの機械に代替させることである。MEの導入は，省力化を図ることでコストダウンを狙うとともに，熟練労働者の技能を機械に代行させることによって，加工精度や製品品質の向上を目的として進められた。下請企業においても，プレスロボットを利用することにより，1人の作業員で8工程のプレスを担当できたり，自動検査調整機を活用して通常7人で行う検査工程を1人で行えるようになるなど，大幅な省力化に成功する例も見られた[6]。

　以上のような安定成長期における動向は，下請企業にも大きな影響を与えた。大企業は急速な量的拡大が望めない環境下で，コスト低減や品質向上のため，生産の自動化と省力化を進めながら，品質管理および生産工程の見直しを行うことで，生産量の変動や製品の切り換えに対応できる生産システム（FMS）を構築した。その上で，自社内の合理化に加え，下請企業に対する合理化も行った。すなわち，下請企業に対してより一層のコスト削減，精度向上，納期短縮を要請し，工程の高度化に対応できない企業を系列から外していったのである。育成方針についても，既存の下請企業の中から優良企業を選び出し，限られた企業に対する技術指導を強化し，集中的に育成する方針が採

られた。さらに，NC 工作機械を保有するなど，設備投資や技術向上に精力的な下請企業への集中発注を行い，それらの選別された企業が図面から仕上げまでを一貫加工処理する場合もあった。

　下請企業側も，親企業からのコスト削減要請の強まりに応えるため，生産工程のエレクトロニクス化を推進し，コストの低減と技術の高度化に努めた。1980年代になると，時間単位の納期指定が進み，「必要なものを，必要な時に，必要な量だけ供給する」，いわゆるジャスト・イン・タイム方式が浸透したが，そうした厳しい時間管理にも対応することで，柔軟な多品種少量生産が可能になった。このように，一方では親企業の戦略や度重なる要請に影響を受けながらも，他方では積極的に技術革新や設備の高度化を図ることで，高い技術力を身に付けていった。その反面，2次・3次と下請構造の層が下がるにしたがって，資金や人材の不足から，技術改善・向上政策が困難な企業が多くなる。つまり，技術の向上ができる企業とそうでない企業との間で，「下請企業間格差」が生じたのである。

　1980年代を通じて，日本の製造業は国内完結型の生産体制をつくりあげた。特に自動車や電気機器などの機械工業では，図表5－1のように，産業全体で「山脈構造型社会的分業構造」と呼ばれる分業形態が形成された。すなわち，さまざまな完成品メーカーを頂点とし，その企業と取引する数多くの企業から成る分業構造を表現したものである。発注側である完成品メーカーには，大企業をはじめ，自社製品を販売する中堅・中小企業がある。そのもとに，下請取引，大企業間の分業，中小企業間の外注，既存の部品等の購買取引関係などの多様な取引関係が存在している。下請中小企業に限定してみても，一方では親企業との間で下請取引を行いながら，他方では他の複数の企業と対等な受発注取引関係を行ったり，あるいは一般販売部品の生産も行ったりするなど，さまざまな取引が内包される[7]。このように，山脈構造型社会的分業構造は，「日本の機械工業におけるさまざまな取引関係と，それにより成立している社会的分業の関係，そしてその背後にある競争関係」[8]を示しており，多様な取引関係の1つとして下請取引を位置づけている。

　こうして，原材料を外国から調達し，国内で大企業と下請企業を含む中小工

図表 5－1　山脈構造型社会的分業構造の概念図

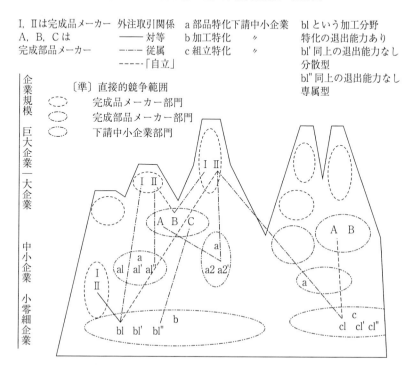

出所：渡辺幸男「日本中小製造業の 21 世紀―機械工業下請関係の変化を中心に―」前田重朗・石崎忠司編著『中小企業の現状とこれからの経営』中央大学出版部，1999 年，18 ページ。

業との分業によって低コストで高品質な工業製品を生産し，内需を賄うと同時に海外に輸出するという独自の構造が生まれた。少数の完成品メーカーから始まり下層の小規模下請企業にまで至る日本の下請構造は，「効率的」なシステムであると見なされ，日本経済の躍進や日本製造業の国際競争力の源泉であると考えられるようになった。

第3節　日本型下請構造の特徴

「下請」と一言でいえども，実際には業種や企業規模によって非常に多様であり，さまざまな形態と特徴を持っている。まず，高い下請企業比率を維持してきた代表的な4つの産業（繊維，造船，家電，自動車）を取り上げ，それぞれの産業におけるこの時代の下請企業の存立形態を見ていこう[9]。

繊維産業では，「問屋制下請」が用いられてきた。合繊メーカー，アパレルメーカー，総合商社などが親企業となり，原材料の調達や製品販売等を行うとともに，商品のデザインや企画，資金調達に深く関与し，多くの賃織業者を組織する形態が採られた。造船産業では，関連部品の製作や加工を行う「構外下請」と，造船所内に事務所を置き，溶接や配管，塗装などの業務に携わる「構内下請」の2種類の形態が採用された。家電産業と自動車産業では，「工場制下請」と呼ばれる形態が採用された。この形態では，完成品メーカーのもとに，部品の納入を行ったり必要な加工を請け負ったりする膨大な中小企業が連なる。

以下では，典型的な加工組立型の産業であり，日本の経済発展を主導してきた自動車産業を例に，その構造的特徴について検討しよう。

図表5－2に表されるように，1社の完成品メーカーから見た場合，そこを起点として多数の下請企業が裾野を形成している。まず，製品を組み立てるのに必要なユニット部品を完成品メーカーに直接納入する1次下請がある。1次下請の下には，ユニット部品の製造に使用する部品生産や加工に従事する2次下請があり，さらに2次下請の下に，より単純な部品生産や加工を行う3次下請があり…というように，層を下っていくにしたがって企業数が増え，かつ中小企業の占める割合が多くなる。すなわち，頂点の完成品メーカーから裾野の小規模企業まで，ピラミッド型の構造を成しているのである。1次下請や有力な2次下請は，大企業や中堅企業が担っている場合が多く，経営基盤が強固で高度な技術力を持っている。それに対し，2次，3次と階層が下っていくにつれ，企業規模が小さくなり，生産も単純加工型で，資金などの経営基盤が比較

的弱い傾向にある。

このような日本の下請構造には，次のような特徴がある。第1に，下請企業が比較的少数の親企業を相手に取引を行うことである。例えば1986年の調査では，下請取引に従事する中小企業のうち，「専属型」（親企業数が1社であり，かつ下請取引比率が90％以上）が34.5％，「準専属型」（親企業数が2～5社であり，かつ下請取引比率が90％以上）が38.6％であった[10]。第2に，主要な親企業との取引年数が長く，長期的に継続される取引である。前節で見たように，幾度も下請が再編成された経緯から，競争力のある下請中小企業が選抜され，その結果として，生き残った企業との取引関係が長期にわたるものとなった。第3に，売上高のうち上位数社の親企業からの受注が多くを占めることである[11]。よって，親企業からの要求が下請企業の技術開発や経営方針に大きな影響を与えることになる。第4に，親企業からの技術指導や，親企業との共同開発が行われることである。

下請構造の形成には，どのような要因があったのだろうか。言い換えるならば，下請企業を利用する親企業にとってのメリット，その反対に構造に組み込まれる下請企業にとってのメリットは，いかなるものであろうか。

親企業のメリットとして，以下の5点を挙げることができる。第1に，下請企業の設備や人員を利用することで，自社の設備投資や雇用を抑制することができるという，資本節約の効果。第2に，下請企業との取引量を調整することによって不況に対処するという，景気変動の調整弁としての役割。第3に，大企業と中小企業との間の賃金格差を背景に，自社ですべて賄うよりも下請に発注する方がコスト上有利になること。第4に，長期間にわたる取引関係がある場合，新たに下請を開拓するための探索コストを削減できたり，取引による失敗のリスクを抑えたりできる点。第5に，自社にはない専門技術や特殊設備を利用できること，である。

下請企業側には，次のようなメリットが考えられる。第1に，安定的な仕事量を受注できる点である。また，系列的下請関係に組み込まれた場合，特定の親企業との長期的な取引関係が期待できる。第2に，新規顧客を開拓するなど営業活動に割く時間や費用を削減でき，限られた経営資源を技術的な活動に注

図表5−2　自動車（乗用車）工業における部品別下請事業所数

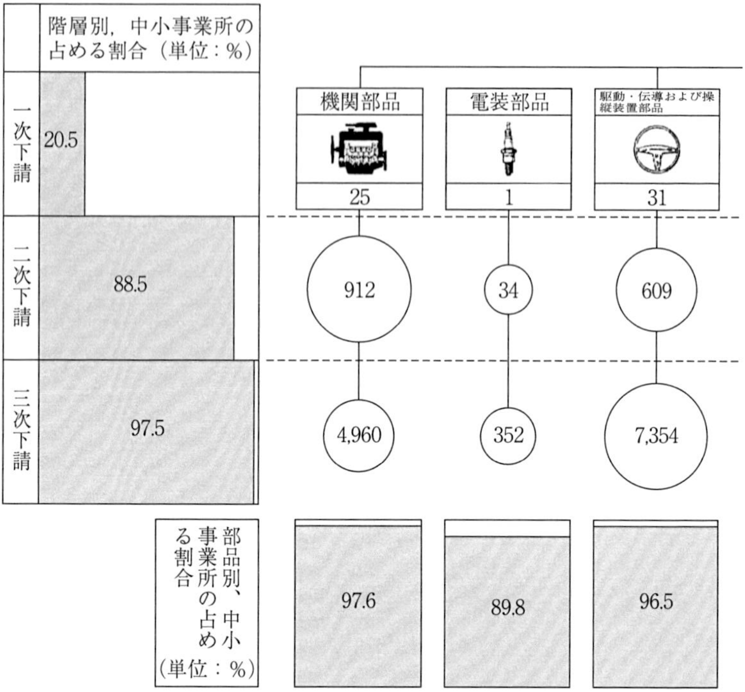

階層別，中小事業所の占める割合（単位：%）		機関部品	電装部品	駆動・伝導および操縦装置部品
一次下請	20.5	25	1	31
二次下請	88.5	912	34	609
三次下請	97.5	4,960	352	7,354
部品別，中小事業所の占める割合（単位：%）		97.6	89.8	96.5

力できるという利点である。第3に，親企業からの技術指導や共同開発によって，技術力を高める機会があるという点である。これらのメリットがある反面で，下請企業は非下請企業よりも利益率が少ないというデメリットも併せ持っている。

第 5 章　下請構造の変容と中小工業　75

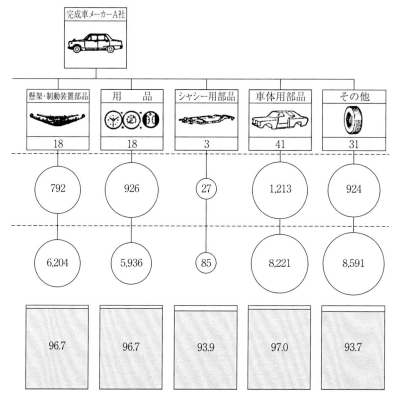

（注）1．事業所数は，1次下請けについては実数であり，2次下請，3次下請については延べ事業数であり，重複を整理すると，2次下請4,700事業所，3次下請31,600事業所程度と推計される。
　　　2．下請事業所にはいわゆる協力工場等を含む。
　　　3．作業内容別事業所割合については，四捨五入のため合計は必ずしも100になるとは限らない。
　　　4．数字は延べ事業所数。
原資料：中小企業庁「分業構造実態調査（自動車）」，1978年。
出所：『中小企業白書』1978年版，168〜169ページ。

第4節　1980年代後半以降の経営環境の変化

　これまで見てきたように，経済発展を通じて日本の製造業は，下請構造を中心に国内完結型の分業システムを形成し，中小工業はその中で重要な役割を担ってきた。しかしながら，下請中小企業は今日まで増加の一途を辿ってきたわけではない。図表5-3が示しているように，1981年をピークとして，下請中小企業数および下請企業比率ともに1987年にかけて急減していることがわかる。その後も，1990年代を通じて，下請企業比率は減少した[12]。すなわち，1980年代後半から，下請構造に大きな変化が起きたことが読み取れるのである。

　下請構造が変容する端緒は，1985年のプラザ合意を契機とする急激な円高にあった。円高や貿易摩擦など輸出に不利な条件が重なるようになると，大企業は海外生産へと切り替えるようになった。進出当初は必要な材料や部品を日本からの輸入で賄っていたが，現地企業の技術力が向上するにつれ，次第に現

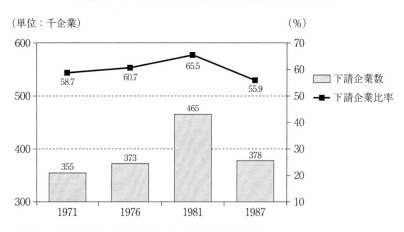

図表5-3　下請中小企業数および下請企業比率の推移

原資料：通商産業省・中小企業庁「工業実態基本調査」。
出所：中小企業庁『中小企業白書』1990年版，157ページ。

地からの調達を増やすようになった。それでも，新たに海外進出する企業が相次いだことにより，日本からの部品需要が途絶えなかったことや，この時期における国内景気の好況から，その影響が本格化するまでには至らなかった[13]。

　加えて，1990年代に生じた2つの大きな経営環境の変化を指摘しておかねばならない。1つ目は，1990年代初頭に起きたバブル経済の崩壊である。バブル経済の崩壊は，いわゆる「右肩上がり」の経済成長を終焉させ，国内需要の長期低迷を引き起こした。そのため，大企業は戦略上，リストラクチャリング（事業再構築）をせざるを得なくなり，既存事業の見直しや縮小，撤退を行うようになった。また，正社員にまで踏み込む大量の人員削減や余剰資源の活用を図るようになった。下請企業に対しては品質・コスト・納期に関する厳しい要求を行うとともに，コストダウンを目的として，自社内での内製化，部品のユニット化および共通化，部品点数の削減を進めるなど，下請構造に与えた影響は計り知れない。

　2つ目は，1990年代から進展した経済のグローバル化である。経済のグローバル化の重要な点は，単に輸出入の増大や対外・対内直接投資の増加という量的拡大を意味するだけでなく，多国籍企業が生産・販売・調達などの諸活動を世界の中で最も適した場所に再配置しつつ，外部資源を活用しながら，それらの活動を有機的に結合することで，まさにグローバル（地球）規模でネットワークを構築し，戦略的活動を行うようになるという質的変化にある。

　とりわけ中小工業にとっては，「東アジア化」と呼ばれる現象が重要である。すなわち，経済成長の中で形成された国内完結型の生産体制が，NIEs，ASEAN，中国を含む東アジア規模での地域分業生産体制へと地理的な拡がりを見せた。生産体制の地理的拡大は，「日本国内立地日系企業と日本以外の東アジア立地の日系企業の他に，日本以外の地元資本系企業，当該地域にとってのアジア外資系企業，米欧外資系企業が入り乱れて立地し，社会的分業構造を形成」[14]した。東アジアの中で構築された生産のネットワークを前提に，その中で大企業は最適地生産・調達を行うようになる。したがって，日本は東アジア大の生産ネットワークの1拠点にすぎなくなり，国内を中心とする「安定的取引関係を前提とした下請の育成といった，これまでの日本の機械工業を特徴

づけた関係」(15)を維持することはなくなった。

　さらなる要因として，製品のモジュール化を挙げておきたい。「モジュラー型（組み合わせ型）」の製品とは，共通の規格を前提に，複数の部分（モジュール）や部品に分解でき，それぞれのモジュールを組み合わせることで成り立つ製品を指す。各モジュールや部品は自己完結的で独立しているため，個々に設計したり開発したりすることが可能である。モジュール化の進展は，特に家電製品やIT機器で顕著である。これに対し，例えば自動車のように，各モジュールがある製品のために設計され，互いのモジュール同士が相互依存関係にあるような製品を「インテグラル型（擦り合わせ型）」という。モジュール化が進展した産業では，製品として完成させるための取引企業との擦り合わせや調整が必要でなくなる。よって，「各工程を分化・分業させて，それぞれの部品について個々に最適な調達を実現することのみ」が必要となり，「従来の長期安定的な取引関係を維持する必要性は低下する」(16)のである。

　これらの諸要因は互いに密接に絡み合っている。バブル経済崩壊の影響が見られた1991年から2001年の間に親企業が海外進出した下請企業は，1986年から1990年の間に親企業が海外進出した下請企業よりも，生産高の減少を経験した企業が多い。このことからも，複数の要因が関連する方が，より深刻な影響になることがわかる(17)。このようにして，1980年代までに形成された下請構造は，大きな変容を迫られることになった。

第5節　下請構造の変容と中小工業

　下請企業の親企業となる大企業は，国内市場の低迷やグローバル競争の激化により，いっそうのコスト削減に迫られており，品質も勘案しながら，自社にとって最もふさわしい場所から部品や素材を調達する「世界最適地調達」を進めている。先に述べたように，中小工業にとっては，東アジア規模での生産ネットワークの確立による影響が大きい。CAD／CAMなどの技術のデジタル化を背景に，汎用品や量産品だけでなく，従来高度な技術が必要とされた分野に至るまで，海外で生産・調達できるようになった。したがって，大企業に

とっては，系列企業に継続的かつ安定的に仕事を回すことが難しくなり，多くの下請企業を抱えておくメリットが低下している。

一方の下請企業においても，安定的な受注が困難になる中，下請企業であることのメリットの認識が，かつてのような安定的な仕事量の受注から「取引リスクの減少」と「技術指導の恩恵」へと移り変わった[18]。すなわち，系列内取引や下請取引を重視し，そこに生存の可能性を見出す利点が減少してきているのである。

こうして現在では，系列や国籍にとらわれないさまざまな企業との取引が進行している。2005年11月に行われた調査では，さまざまな業種および工程において，とりわけ1990年代後半以降から中小工業の取引先数が増加したことが報告されている。また，大口取引先との関係に注目すると，1995年の時点では，上位3社の大口取引先に総売上高の61％以上を依存する企業が過半数に上っていたが，2005年になると，自動車産業など一部を除き，多くの産業においてそのような企業は過半数を割った[19]。

国内完結型の生産体制が崩壊し，アジア各国との熾烈な価格競争に巻き込まれ，受注量や受注価格が低下する傾向にある中で，中小企業はどのように生き残りを図ろうとしているのであろうか。

1つ目は，中小企業による海外進出である。親企業の要請によって，あるいはコストダウンや新たな市場機会を目的として，市場の拡大が見込めない国内にとどまらず，成長する東アジアの国々を中心に海外進出する中小企業が増加している。しかも，単に安価な労働力を活用するという従来型の投資から，市場や将来性を見込んで，取引先や消費地から近い場所に立地する戦略へと変化している。とはいえ，大企業に比べ中小企業が海外進出する割合は少ない。また，企業規模が小さくなるにつれ資金や人的資源に余裕がなくなるため，実施することが難しいという問題もある。国際化により，労働生産性の増加や売上高の増加，企業の認知度・イメージの向上といった効果が期待されるが，同時に海外で操業を行うマネジメントの難しさもある。

2つ目は，国内にとどまりながらも，親企業の不可欠なパートナーとして存在感を示すことである。経済のグローバル化の中でも，その企業にしかできな

い強みやコア・コンピタンス（中核能力）を構築し，成功している中小企業が存在する。また，グローバル化の一方で，先端技術分野やインテグラル型の分野などの一部の産業を中心に，国内への投資回帰の動きもみられる。系列や国境を越えた受注を獲得するためには，他の企業にはない高度な技術，生産体制，開発力を研鑽する必要がある。

　3つ目は，市場の自立化である。研究開発や新製品開発を積極的に行うことで，独自の市場を構築する中小企業も現れている。市場の自立化に成功した企業は，次のような特徴を持っている[20]。第1に，「顧客創出のための市場への働きかけ」という意味でのマーケティングを中心としていることである。具体的には，中小企業であることを活かし，個々人のニーズを起点とし，情報の受発信を行うマーケティングの実行である。第2に，戦略的ネットワークの形成である。すなわち，さまざまな中小企業が有機的に連携することにより，各々の得意分野を活かし合ったり，経営資源を結合させたりすることで，新たな事業機会を探索する活動を意味する。戦略的ネットワークは，「経営資源の結合が特定企業の戦略に基づくものか，ネットワーク参加企業の共同戦略に基づくものか」そして「目的が主として開発活動による新市場開拓にあるのか，生産機能の充実にあるのか」という2つの軸から，①特定企業の戦略に基づく市場開拓ネットワーク，②特定企業の戦略に基づく生産ネットワーク，③共同戦略による市場開拓ネットワーク，④共同戦略に基づく生産ネットワーク，の4種類に分類できる[21]。ときには，業種を超えたネットワーク，公設試験研究機関・大学などを含めた産官学によるネットワークも見られる。

　以上に述べてきたさまざまな選択肢は，どれか1つに絞られるものではない。複数の方向性が同時に追求されることもある。1995年に下請受注を行っていた企業のうち，10年後の2005年時点において下請受注を行っていないと回答した企業はわずか1.4％しかなかったという調査[22]もあるように，下請構造から完全に抜け出すわけではない。

　しかし，いずれの方向性を選択するにせよ，市場のニーズを的確に把握しイノベーション活動に注力することで，他の企業にはない技術力や提案力，需要対応力を身に付け，差別化を図らなければ生き残っていけない時代になってい

ることは確かであろう。そもそも中小企業は，大企業にはない小回り性・機動性を発揮して発展し，独自の地位を確立してきた。大企業が規模の経済性を発揮できる分野を得意とする一方で，資本集約度が低く，多品種少量で需要変動の激しいニッチな市場で中小企業は活躍してきた[23]。現代の市場は，消費者ニーズが多様化しかつ変化が激しく，またニーズ自体が把握しづらいという特徴を持っている。このような時代にこそ，中小工業の新たな存在意義が見出されることを期待したい。

【注】

(1) 下請中小企業振興法によれば，下請企業とは，中小企業のうち，自社より大きい法人や個人から委託を受け，製造，修理，情報成果物の作成，役務提供の委託を受けること，とされている。なお本章では，特に断らない限り，下請中小企業を「下請企業」，中小製造業を「中小工業」，下請分業構造もしくは下請システムを「下請構造」に統一している。
(2) 植田浩史「日本における下請制の形成 —高度成長期を中心に—」植田浩史・粂野博行・駒形哲哉編著『日本中小企業研究の到達点 —下請制，社会的分業構造，産業集積，東アジア化—』同友館，2010年，65ページ。
(3) 中小企業庁『中小企業白書』1964年版，147〜148ページ。
(4) 黒瀬直弘『複眼的中小企業論』同友館，2012年，284ページ。
(5) 福島久一『現代中小企業の存立構造と動態』新評論，2006年，250ページ。
(6) 『中小企業白書』1982年版，175ページ。
(7) 渡辺幸男「下請関係と社会的分業構造」中小企業学会編『企業間関係と中小企業—中小企業理論の再検討』同友館，1992年，33〜37ページ。
(8) 渋井康弘「競争論を基礎とする中小企業論序説」植田浩史他編著，前掲書，271ページ。
(9) 『中小企業白書』1980年版，160〜163ページ，および1983年版，160〜162ページ。
(10) 『中小企業白書』1991年版，90ページ。
(11) 『中小企業白書』2006年版，109ページ。
(12) 『中小企業白書』2002年版，29ページ。
(13) 金型産業については，馬場敏幸・大西正曹「IT化社会における金型産業の変容」国民生活金融公庫総合研究所『調査季報』第59号，2001年，51ページ。
(14) 渡辺幸男「『日本機械工業の社会的分業構造』再論 —『中小企業白書』での『メッ

シュ化』論と山脈構造型社会的分業構造把握—」植田浩史他編著，前掲書，343 ページ。
- (15) 渡辺幸男「日本中小製造業の 21 世紀」前田重朗・石崎忠司編著『中小企業の現状とこれからの経営』中央大学出版部，1999 年，28 ページ。
- (16) 『中小企業白書』2006 年版，122 ページ。
- (17) 『中小企業白書』2002 年版，43 ページ。
- (18) 『中小企業白書』2003 年版，184 ページ。
- (19) 『中小企業白書』2006 年版，108 ～ 110 ページ。なお，調査は，三菱 UFJ リサーチ＆コンサルティング（株）「最近の製造業を巡る取引環境変化の実態にかかるアンケート調査」2005 年 11 月，による。
- (20) 黒瀬直弘，前掲書，422 ～ 436 ページ。
- (21) 同上書，432 ～ 436 ページ。
- (22) 『中小企業白書』2006 年版，133 ページ。なお，調査は，三菱 UFJ リサーチ＆コンサルティング（株）「最近の製造業を巡る取引環境変化の実態にかかるアンケート調査」2005 年 11 月，による。
- (23) 『中小企業白書』2003 年版，57 ページ。

◆参考文献◆

池田　潔『現代中小企業の自律化と競争戦略』ミネルヴァ書房，2012 年。
植田浩史・粂野博行・駒形哲哉編著『日本中小企業研究の到達点』同友館，2010 年。
黒瀬直宏『複眼的中小企業論』同友館，2012 年。
髙田亮爾『現代中小企業の動態分析』ミネルヴァ書房，2012 年。
福島久一『現代中小企業の存立構造と動態』新評論，2006 年。
渡辺幸男『日本機械工業の社会的分業構造』有斐閣，1997 年。
中小企業庁『中小企業白書』各年版。

第6章
中小商業の構造変化
―ICTを活用した小売・卸売業の事業展開―

第1節　はじめに

　ビッグデータ[1]時代をどう生き抜いていくか，これが現在わが国の企業にとっての重要な課題の1つになっている。というのも，わが国の情報化の進展は止まることを知らず，特にこれからのICT[2]はビッグデータをスマート化した簡易なツールで操り，企業はそのビッグデータを経営強化のデータとして，日常的に活用する時代が来たからである。加えてこのビッグデータは企業の浮沈に大きく関わっているといえる。その意味で，ICTに影響を受けやすい小売業・卸売業をはじめとする流通業は，スマート化したツールを駆使し，このビッグデータを取り込めるかが問われているのである[3]。
　しかも，この流通業の中で特にICTの影響を受けているのは中小商業といわれる中小小売業と中小卸売業である。実際，中小小売業と中小卸売業は他の業界と比べ倒産率が非常に高い。というのも，ICTを具現化するインターネットでの取引が身近なものとなり，一般の小売店に消費者が足を運ばなくなったからである。
　言い換えれば，これまでICTの活用は，中小企業の危機を打開するものと考えられていたが，むしろ中小商業ではこのICTが危機を招いているといっても過言ではないのだ。
　しかしながら，このICTは流通業界にとっては構造変化を促してきた一面もある。本章ではこういった点を踏まえ中小商業を歴史的に概観し，その上で

ビッグデータを駆使する ICT の進展に関わる今後の中小商業についても併せて学んでいく。

第2節　中小商業の小売業・卸売業の現状

　中小商業は中小小売業と中小卸売業を意味するが，その背景には，大企業である小売業と卸売業である大商業との対比で用いられる[4]。とりわけ，中小小売業は一体性と多様性といった特徴を持っている[5]。

　一般的に，一体性は資本金と常時雇用する従業員数の範囲によって規定される。中小企業基本法では中小商業だけでなく，中小製造業，中小サービス業について範囲の面で一体性を表している。

　図表6-1は中小企業基本法の制定の年代によって，中小製造業，中小卸売業，中小小売業，中小サービス業の一体性の範囲が変化していくことを示したものである。また，中小卸売業と中小小売業は密接な関係にあるが，昭和48年の中小企業基本法の改定において，中小卸売業の規定は資本金が3,000万円以下の会社または常時雇用する従業員が100人以下の会社および個人に対して，中小小売業は資本金が1,000万円以下の会社ならびに常時雇用する従業員が50人以下の会社および個人といった範囲となって，それぞれの範囲の違い

図表6-1　中小企業基本法上の中小企業者の範囲

産　業	昭和38年制定	昭和48年制定	平成11年制定
製造業その他	5,000万円以下 または300人以下	1億円以下 または300人以下	3億円以下 または300人以下
卸売業	1,000万円以下 または50人以下	3,000万円以下 または100人以下	1億円以下 または100人以下
小売業	1,000万円以下 または50人以下	1,000万円以下 または50人以下	5,000万円以下 または50人以下
サービス業	1,000万円以下 または50人以下	1,000万円以下 または50人以下	5,000万円以下 または100人以下

出所：筆者作成。

が鮮明になっていった。さらに，平成11年に改定された中小企業基本法においては，中小卸売業は資本金が1億円以下の会社ならびに常時雇用する従業員数が100人以下の会社および個人に対し，中小小売業は資本金が5,000万円以下の会社ならびに常時雇用する従業員が50人以下の会社および個人といった範囲を示している。

一方，多様性であるが図表6－2の円グラフから明らかなように中小企業の事業者の業種は多岐にわたっている。とりわけ，中小企業の約4分の1は中小小売業と中小卸売業が占めている[6]。

こういった中小商業は経済の影響を受けやすく，前述した通り非常に厳しい

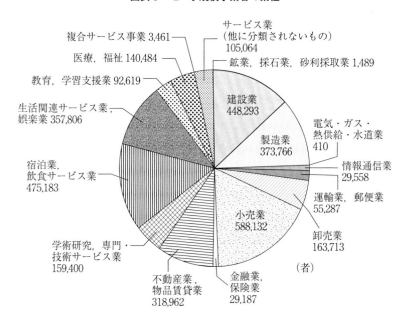

図表6－2　小規模事業者の業種

（注）企業数＝会社数＋個人事業所（単独事業所および本所・本社・本店事業所とする）。
資料：総務省・経済産業省「平成24年経済センサス―活動調査」再編加工。
出所：中小企業庁編『2014年版　中小企業白書』日経出版，2014年，131ページ。

状況にある。図表6－3は中小企業の規模別業種別の開業と廃業の件数を示したものである。ここで小規模の中小企業は従業員数が5人以下，中規模はそれ以外となっている。そのうち開業を示しているのがグラフの0から上の部分であり，廃業を示しているのは0から下の部分である。増減は開業と廃業の差を折れ線で示している。

　この中で特に廃業が目立つのは中小小売業，中小宿泊・飲食サービス業，そして中小建設業である[7]。

　さらに，図表6－4から大企業と中小企業をあわせた卸売業と小売業の倒産状況を確認してみると，卸売業は2000年から2002年にかけて3,000件を超え

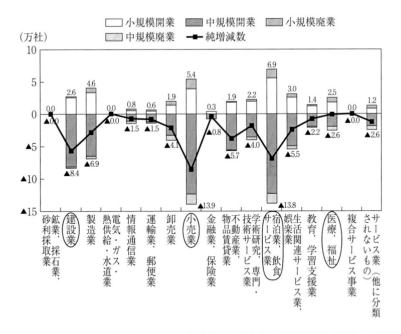

資料：総務省「平成21年経済センサス─基礎調査」総務省・経済産業省「平成24年経済センサス─活動調査」再編加工。
出所：中小企業庁編『2014年版　中小企業白書』日経出版，2014年，132ページ。

第 6 章　中小商業の構造変化―ICT を活用した小売・卸売業の事業展開―　87

図表 6－4　卸売業および小売業の倒産状況

(件数)

年	1999	2000	2001	2002	2003	2004	2005	2006
卸売業	2,504	3,102	3,338	3,358	2,744	2,150	1,837	1,880
小売業	1,923	2,346	2,197	2,053	1,829	1,661	1,675	1,784

年	2007	2008	2009	2010	2011	2012	2013
卸売業	2,054	2,226	2,192	1,743	1,641	1,790	1,561
小売業	1,839	1,842	1,693	1,515	1,489	1,431	1,408

出所：東京商工リサーチ『全国企業倒産白書 2013（平成 25 年）』2013 年，5 ページ，筆者加工。

る倒産件数であった。小売業も 2000 年から 2002 年にかけて高い倒産件数を出しており，その意味でこの 2000 年は卸売業，小売業にとって厳しい年であった。

　実はこの 2000 年という年は IT 基本法が施行され企業の ICT 化が活発化してきた時期であり，したがって，この時期の倒産件数の増加はこれから述べる卸売業と小売業の構造転換のきっかけになった年でもあった。つまり，中小卸売業や中小小売業にとっても当然のことながらさらに厳しい構造転換を迫られたのである。というのも，この IT 基本法により ICT 環境が急激に整い，わが国の産業が ICT 化に大きくシフトしていくことになったからである。

　それは，図表 6－5 の対個人向け EC 市場規模の推移からわかるように，中小小売業と中小サービス業においても EC といわれる電子商取引市場は確実に伸びて，ICT 化も顕在化してきた。このように考えると，中小小売業と中小卸売業においてもこの ICT を活用した EC 市場はもはや看過できない大きな存在になっている。

　ところが，大企業の小売業や卸売業においては，この ICT 化は進展しているが，中小小売業や中小卸売業においては ICT の活用はごく一部に止まっているのが現状である。

　こういった情報化の遅れは実は中小小売業や中小卸売業といった中小商業の

問題だけでなく，中小企業の製造業においても往々にして見られる。加えて，このような情報化の遅れはわが国の大企業においても決して珍しいことではない。この点で大企業のICT化は全体として成功しているとはいえず，極端に成功しているか，あるいはICTを駆使できないかの二面性を持つ。

こういった現状を今井賢一（2009）は，わが国はICTといった情報技術を効果的に活用する社会基盤が整っていないと説明している。この解決として，今井は情報化の流れに沿って仕事の枠組みを造っていくことがわが国の企業にとって必要だと述べている[8]。

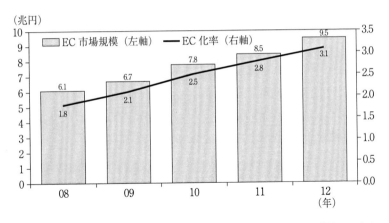

図表6－5　対個人向けEC市場規模の推移

（注）1．「EC化率」とは，すべての商取引金額に占める電子商取引金額の割合のことをいう。
　　 2．EC市場規模およびEC化率は小売業・サービス業における数値。
資料：経済産業省「平成24年度我が国情報経済社会における基盤整備（電子商取引における基盤整備）」。
出所：中小企業庁編『2014年版　中小企業白書』日経出版，2014年，81ページ。

第3節　中小商業の歴史的変遷

本節では第二次世界大戦後のわが国の中小小売業を中心とした中小商業の歴史的展開を確認する[9]。

・1945 年から 1960 年まで

　戦後の小売業，特に中小小売業はこれまで政府による厳しい統制下におかれたひずみをどのような形で解消していくかといった課題を担っていた。実際，当時の日本では極度の供給不足が噴出しており，したがって物価も急激に上昇していた。このような背景には需給の極端なアンバランスがあり，実態として違法に存在していた闇市を解体させ，価格統制を行うだけではもはや問題を解決することはできなかった。そこでこの解決には正規流通を実現する必要があった。その中心的な役割を果たしたのが公設市場である。

　この公設市場は，大阪，京都，名古屋，神戸などで開催された。これらはすでに戦前期において公設市場の一部が発達していたので，この市場の復旧が一早く実現したのである。これに引き続き他の地域でも公設市場は開催されたが，さらに私設市場も開催されていく。この公設市場や私設市場により，物資の供給や価格が安定していくことになる。さらに，ここで多くの労働者に雇用の機会が与えられ，それが好循環をよび，戦後の小売業の市場は活性化していく。

　しかしながら，1950 年代中頃，これまでの市場は飽和状態となり，これを機に市場の開設は次第に郊外に拡大していく。その結果，それぞれの中小小売業を含めた小売業の競争は加速され，市場数も店舗数も増加の一途を辿っていく。そして，1959 年，小売商業特別措置法が制定され，中小小売業は新たな段階へ進んでいく。

・1960 年から 1970 年まで

　1960 年，当時の首相であった池田勇人が所得倍増計画を打ち出し，大量生産体制が確立し，わが国は高度成長期にはいっていく。それは同時に物価上昇をもたらしたが，所得の上昇が物価上昇に勝り，結果として大衆消費社会が誕生することになる。このような大衆消費社会は中小商業である中小小売業に多くの機会を提供していく。また，この高度成長は「流通革命」といわれる小売・流通業の革新につながり，スーパーマーケットやメーカー主導の流通系列化へと進展していく。特にこういったスーパーマーケットは消費の拡大によっ

てカバーされ，また，家電品や化粧品などにおけるメーカーの流通系列化はテリトリー制による競争の緩和や各種のインセンティブの供与を通して中小小売業の経営の維持に貢献した。つまり，中小の小売業はこのようにスーパーやメーカーと共存，共栄を歩むことになったのである。

・1970年から1990年

　高度成長は大企業の急速な成長をもたらしたものの，中小商業に存続の機会を提供し，前述の通り，共存，共栄をしていた。しかし，1973年に発生した第一次石油危機は高度成長の終わりを告げ，わが国の経済を安定成長へと向かわせていく。同時にこの時期には，中小商業，特に中小小売業が減少し始め，業種の構造変化を迎えることになる。実際，流通革命は進展していたが，減少傾向に陥っていたのは従業員数が4人以下の中小小売業であって，それ以外の中小小売業は店舗数の増加も見込まれていた。ここで小売業の中心であった中小小売業にとって代わり，小売業は大規模化へと移行していくのである。

　このきっかけになったのは，1973年に制定された大規模小売店舗法が1980年代に入り運用の強化が図られたことによる。特に1970年代は40％以上の商店街が繁栄しており，大型店は既存の商業地において出店することは反対運動等もあり不可能に近かった。したがって，自ずと大型店は反対運動の少ない郊外に出店していくことになる。折しも，モータリゼーションとして自家用車を持つ消費者も増え，郊外型のショッピングセンターの開発が進行していく。この結果，商店街は衰退し小売業の大規模化は加速していく。加えて，この時期にはコンビニエンスストアも登場し，中小小売業はさらに厳しい状況に追い込まれていく。

・1990年から2000年

　郊外型のショッピングセンターの進展は商店街の衰退を招いたが，これは商業集積地域の魅力を低下させ，地域商業の基盤を根底から奪い去っていった。さらに，こういった郊外型のショッピングセンターはますます巨大化し，人口の郊外化を誘発していく。この現象は都市が持つ中心部としての魅力が失われ

つつあることを意味し，都市部の中小小売業は迷走していく。商店街の「空き店舗」はその最たるものといえた。

　実際，中小小売業は単独では消費者のニーズになかなか応えることができない。したがって，中小小売業は大型店を含め周辺の多数の小売業やサービス業と依存しあい，商業集積を形成することによって初めてその機能を達成できるのである。しかし，1990年代に入ると中心部と同時に周辺部の商業集積も解体され，それに伴って小売業，特に中小小売業は深刻な事態に陥っていく。

　折しも，この1990年からバブルが崩壊し経済不況が長期にわたり続いたため，その不況が大型店だけでなく中小小売業をも厳しい状況に追い込めていったのである。

・2000年から現在[10]

　この不況は10年にも及び，2000年にこの不況を打破する切り札としてIT基本法が施行されることになる。これによりインターネットが普及し，インターネット販売が展開されることになった。このインターネット販売は図表6－5で示したEC市場のことでもあるが，この時期に一般家庭にコンピュータが普及したことに伴い日常的にインターネット販売は拡大していく。

　近年，スマート化が進み，コンピュータはノート型よりもタブレット型が主流になりつつある。これはインターネット販売をますます加速させた。さらに，アマゾン，楽天など，このインターネット販売をコントロールする企業が独占状態にあり，その結果，中小小売業どころか大企業の小売業までもインターネット販売に侵食されていくのである。

第4節　中小小売業と中小卸売業の構造変化とICT

　前節では中小小売業を中心に小売業の歴史的展開を確認したが，本節ではこの流れを踏まえ中小商業である中小小売業と中小卸売業とがICTによって，時間的経過とともにどのような形で構造変化を遂げていったかを確認する。

1．ICT による中小小売業の構造変化

　わが国の中小小売業の特徴は店舗の過小・過多であるが，特に第二次世界大戦後の中小小売業の果たした役割は雇用を吸収し高度成長期までその機能を持続していくことであった。それは図表 6 - 6 の a に示すように商店街などの商業集積や公設市場によって顕在化し，都市の形成にも大きな影響を与えることになる。

　しかし，図表 6 - 6 の b にあるように大規模小売店舗法の運用強化とモータリゼーションの進展により，ショッピングセンターなどの大型店や公設市場は郊外に展開されていく。そのため商店街は弱体化し，空き店舗の増加により商店街の空洞化が進んだ。

　加えて，小売業が郊外型に展開される中で，バブルが崩壊し，その打開策として ICT 化が進展した。その結果，中小小売業だけではなく小売業そのものの構造が大きく変わっていった。アマゾンや楽天などの出現は，その最たるものであり，多くの消費者の行動は変化していくことになる。例えば，消費者は小売の店舗に行くが商品を確認するだけで，商品はインターネットで購入するか，または，小売の店舗に行くことなく，インターネットにより商品を購入するのである。

　とはいえ，現在の高齢化社会の中でインターネットでの購入に依拠できない消費者もいる。そのため小規模の商店街ができつつあるのだ。

　このような流れは図表 6 - 6 の c にあるように郊外型のように分散化していった小売業，とりわけ中小小売業がさらに ICT の利用によって拡散化し，自律化していくグループと，小規模ではあるが再集中化した商店街をつくっていくグループに分かれていくことを示している。

　こういった拡散化と再集中化といった構造変化が生まれるのも，ICT という情報技術が経営者の自律化を促す機能を備えているからであり，アマゾンや楽天の急激な成長は，ICT の持つ潜在的な力をみずからの経営強化に結びつけたところにあるのだ。ただし，この ICT の活用で成功するためには，情報化の流れに沿って仕事の仕組みをつくることができる自律化した組織と個人が必要となる。

第 6 章　中小商業の構造変化―ICT を活用した小売・卸売業の事業展開―

図表 6 − 6　小売業の構造変化と情報化の進展

a．集中化する小売業（商店街）・・・・・・メインフレーム時代

b．分散化する小売業（郊外型）・・・・・・クライアントサーバー時代

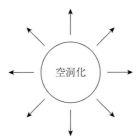

c．小規模に集中化し，大規模に拡散化する小売業・・・クラウドコンピューティング時代

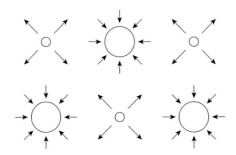

出所：筆者作成。

2．中小小売業のICTの関係性

　一般的に情報技術は1970年代ごろから注目され，その結果，情報化社会という言葉が流布された。しかし，この情報化社会の特徴は情報化という言葉に期待するあまり情報技術に経営が翻弄されてきた歴史でもある。つまり，わが国の情報化は産業界において合理化という側面で有効に働いたのであって，意思決定にはむしろ混乱を招くことになった。

　とはいえ，この情報化の流れには1つの特徴がある。それは社会構造と「合わせ鏡」ということであって，社会の動きと情報化の流れは一体なのである。というのも，情報化とはその社会構造を補完するものであるからである。

　このように考えると，前項でICTによる中小小売業の構造変化を図表6－6で確認したが，中小小売業は情報技術の面で次のように分析することができる。

　中小小売業は図表6－6に示した小売業の展開に追随する形で存在している。このaの段階においても商店街といった形で商業集積を示しているが，これは情報技術のメインフレーム（中央処理システム）の形態を示している。つまり，核となる場が商店街にあり，そこにデータが集約され処理されていく形は，メインコンピュータがあって端末とつながっているメインフレーム技術そのものといえる。

　一方，bは各小売業が郊外型に展開していくことを意味するが，これはインターネットが普及していく中で展開されてきた構造を示すものである。これができるのも郊外型の地域が独自の産業集積をつくるもので，それぞれが独立した存在となっているのだ。これはインターネットの持つクライアントサーバーといったメインフレームから脱却した構造である。

　最後にcであるが，cは前項でも述べたが，インターネット社会の成熟を意味するものであり，同時にビッグデータ時代を示すものでもある。というのも，現在このビッグデータを有効に活用したものが産業界の覇者になると言われているからである。とはいえ，一般的にビッグデータというものはその名の示す通り「量（Volume）」だけでなく，その「種類（Variety）」と併せて「速度（Velocity）」をいかに効率良く自社の経営強化のデータに変えていくことでもあ

るが，このビッグデータを活用することは容易なことではない。それはそのビッグデータを操るために「収集」，「蓄積」，「処理」，「分析」といった過程が必要であり，そのために新たな技術を駆使する能力が必要だからである[11]。

そのため，このビッグデータを中小小売業が有効に活用するには一定の段階を経なければならず，それができた時中小小売業はビッグデータを経営強化のデータにすることができるのである。これはかつてａの段階でメインフレームを中心にした情報活用が結局のところデータ処理機能だけに終わり，その膨大なデータを意思決定に活用できなかった経験に基づくものである。実際，先に述べたビッグデータを操るための収集，蓄積，処理，分析を行うことがいかに困難であるか，特に膨大なデータをどのように処理し，分析していくかはこれまで経験してきた暗黙知が活かされなければ最終的に経営の混乱を招くだけになってしまうからだ。

では，この情報技術の暗黙知を習得した中小小売業が，なぜ個別に拡散し独自のICT展開を可能にするのか。例えば，中小小売業がICTによって成功している事例をみると，決して高度な情報ツールを活用しているわけではなく，むしろスマート化された簡易なツールの利用に止まっている。それはこのビッグデータ時代を支えるクラウドコンピューティングに他ならない。クラウドコンピューティングはその言葉通り「雲」のように我々が知ることのできない場所にメインサーバーを置き，そこで一括処理を行っていくことを意味する。つまり，ツールが簡易なものであったとしても，ネットワークによってクラウド化されたメインサーバーにビッグデータといった大量のデータが飛ぶことで，自分の思い通りのデータ処理をより簡易にそして安価に行うことができるのである。したがって，ｃで示した拡散されていく中小小売業はクラウドなどのICTによって経営をより拡大していくのである[12]。

3．中小卸売業の構造変化

これまで中小小売業の歴史的展開やそのICTとの関係を確認したが，ここでは中小卸売業の構造変化をまず歴史的にとらえていきたい。

一般的に，卸売業は図表6－7のａで示した通り，製造業者である生産者か

ら小売業へ,さらに消費者に商品が届く過程でより合理的に商品が流通するために必要な機能といえる。

　ここで卸売業が生産者と小売業の間に介在する合理的な理由を,マーガレット・ホール[13]（Margaret Hall）の理論である「総取引数極小の原理」と「不確実性プールの原理」に依拠し説明する。

　まず,総取引数極小の原理は生産者と小売業が多数で分散的であればあるほど,卸売業の媒介による取引数単純化の効果は大きく,そのため卸売業が多く介在するというものである[14]。

　この原理をホールはまず卸売業を介在させない10人の生産者と100人の小売業の取引で説明した。この取引は10×100であり,生産者と小売業の取引総数は1,000になる。しかし,ここで卸売業が2人介在した場合,生産者はそれぞれ2人の卸売業に1回の積送で間に合うので,この段階で取引総数は20になる。また,2人の卸売業はそれぞれ50の荷物を小売業に発送するので,必要な取引総数は生産者と卸売業との20の取引と,卸売業と小売業の100の取引（50×2）となり,総計120の取引ですんでしまう。つまり,卸売業が生産者と小売業の間に介在することで1,000あった取引が120に減るというのである。

　また,不確実性プールの原理は在庫を小売業が分散的に保有するよりも,卸売業が集中的に保有した方が少ない在庫ですむというものである[15]。

　この考え方は現在の卸売業にとっても極めて重要である。例えば,在庫の考え方は顧客の需要に応ずるために必要であるとはいえ,在庫管理の意味で小売業にとっては過重な負担になる。したがって,顧客がいつ来るかわからないといった不確実な中でこの在庫管理の問題を処理してくれる卸売業の存在は極めて重要であるとホールは述べているのだ。その意味でホールはこの卸売業を2つの原理に依拠し,卸売業の地位が強固であるといった論証を行った[16]。

　しかし,卸売業の限界も同時にホールは述べている。それはこの2つの原理が主に中小商業の流通システムの間で成り立つものであり,これが大企業であればこの原理は大企業が吸収してしまうのである[17]。

　とはいえ,考えてみればこのホールの理論は第二次世界大戦が終わった3年

図表6－7 卸売業の構造変化

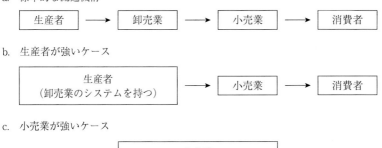

出所：筆者作成。

後に示されたものであるが、この理論は我々に古さを感じさせない。むしろ、現在の卸売業の危機的な状況はすでにホールによって予言されていたのかもしれない。

折しも、同時期にわが国では林周二を中心に卸売業を排除する考え方も出ていた[18]。そのように考えると、現在まで卸売業が存在してきたのにはそれぞれの卸売業が総取引数極小の原理と不確実性プールの原理だけでなく、彼らの持つ情報量や関係性の差別化などが卸売業としての存在意義を示してきたのではないかと考える。

しかし、ここにきて事情は大きく変わってきた。それはICT化がより生産者や小売業を強固にさせてしまったからに他ならない。

ここで改めて卸売業の特徴を述べてみたい。林は卸売業の機能を次の6つから説明している。それは、①金融的機能、②サービス的諸機能、③品揃え機能、④倉庫貯蔵機能、⑤運輸機能、⑥情報機能である。

実は、ICTは、①、②、⑥の機能を備えている。言い換えれば、ビッグデータをクラウド化によって活用することで、卸売業の機能は極端に狭められてしまったのである。

したがって，卸売業は③の多彩な商品を持ち，④の在庫を抱え，さらに細かく仕分けをし，そして⑥の商品を小売業に届けるロジスティック機能で生き延びる術を考えていくしかないのである。つまり，すでにICTの普及によって①の決済する機能，②のさまざまな業者との関係性，さらには⑥の情報は中小小売業であってもICTで済んでしまう。それは，今後の卸売業の生き残り策がロジスティック機能以外にはどうにもならないことを意味している。というのも，物理的に商品を集めそれを届ける機能はICTのネット上の世界では実現不可能だからである。

　以上，ホールと林から中小卸売業を含めた卸売業全般の流れをICTと絡めて確認してきたが，地域の中小卸売業にあっては，このロジスティック機能は重要であり，その意味で地域の中小卸売業が生き残っているのもこのロジスティック機能が影響しているからだ。

　しかし，現在のようなビッグデータ時代にあってはロジスティック機能は外注され，図表6-7のb，cに示した通り，卸売業，特に中小卸売業は生産者に吸収されるか，あるいは小売業に吸収されるか，ICTを自社に活かしそのまま生き残るかのいずれかの道を辿るのである。

第5節　これからの中小商業の展開

　もともと中小企業は企業規模でその特性を示す企業性基準，また，立地する場所の需要面と供給面とによって経営のスタンスを示す立地基準，さらに，大企業との依存関係の度合をしめす独立性基準の3つで整理されてきた。

　しかし，現在ビッグデータを装備したICTを活用することにより，中小企業の基準が揺らいでいる。というのもICTの活用により新たなビジネスモデルが日々出現し，生産者から消費者へと商品が直接流通するシステムが日常化してきているからだ。したがって，ベンチャー企業として開業した中小企業が数年のうちに大企業へと変貌することは決して珍しいことではない。その例がわが国においては楽天であろう。

　だからこそ，中小商業は楽天になるチャンスを常に持っているといえる。そ

れはクラウドコンピューティングといった機能が定着しつつあるからである。というのも，企業はこれまでICT機能を装備するために莫大な初期投資を必要としたが，このクラウドコンピューティングであれば，みずからの企画をもってすればツールがスマートフォンであっても自分の思い描くビジネスモデルを実現することは可能であるからだ。

　加えて，中小卸売業は経営者がICTをいかに駆使できるかが問題であって，これまでの中小卸売業の培った経験をICTに注入できるかが問われるのである。実際，もともと卸売業は小売業に情報を伝える役割を担っており，したがって，ビッグデータといわれる大量データを独自のノウハウで分析，加工することは卸売業の本分だからである。

第6節　おわりに

　中小商業である中小小売業と中小卸売業は中小製造業のようにICTの恩恵を享受しているとはいえない。だが，ICTは中小小売業と中小卸売業に関していえば，中小製造業よりも大企業から独立でき，さらに同業他社との競争力を強化させる機能を持っているのである。しかし，現在，ICTは大企業の経営能力をますます強化させ，それにより独占力を高め，結果として中小の小売業・卸売業を縮小させてしまった。

　確かに，1980年代から始まった大規模小売店舗法の運用強化，1990年代の規制緩和は小売市場に刺激を与え，多くの消費者はその恩恵に与った。ICTも時間の制約をなくし，商品の低廉化を実現した意味で消費者の購買力を高める結果となった。だからこそ，ICTの活用は企業の浮沈を占う意味で重要なのである。

　しかし，このICTの機能を自社の経営能力として自由に操作するには一定の時間とそのものを自社の力に変えていくための「悪夢の時代[19]」を過ごす必要がある。そしてその経験がフィードバックされ，成功へと進んでいくのである。そして，それこそが中小商業にとってビッグデータ時代を生き延びる重要な考え方になるのである。

【注】

(1) ビッグデータとは,「量(Volume)」,「種類(Variety)」,「速度(Velocity)」の3つの特徴から説明できる大量データのこと。
(2) 一般的に,IT は総務省,ICT は経済産業省で使われている。本章では中小商業といった産業に関わる意味で,ICT を使用する。
(3) 今井賢一『創造的破壊とは何か 日本産業の再挑戦』東洋経済新報社,2009 年,3 ページ。
 今井賢一はアメリカとわが国の情報化の成果を比較すると,わが国の情報化は著しく見劣りし,危機的な状況にあると警告している。その理由はわが国の経済が情報化の時代に上手く適応できていないという。
(4) 鈴木安昭『昭和初期の小売商問題』日本経済新聞社,1980 年,223 ページ。鈴木によると向井鹿松が昭和 13(1938)年に『日本商業政策』で使ったのが最初としている。本章では中小商業と中小小売業,中小卸売業をそれぞれのフェーズに従い使い分けていく。
(5) 同上書,223 ページ。
(6) 中小企業庁編『2014 年 中小企業白書』日経印刷,2014 年,131 ページ。
(7) 同上書,132 ページ。
(8) 『創造的破壊とは何か 日本産業の再挑戦』,3 ページ。
(9) 石原武政・矢作敏行編『日本の流通 100 年』有斐閣,2012 年,279 ~ 295 ページ。
 本節では石原の中小小売業の第二次世界大戦後から 2000 年までの歴史を若干の修正を加え確認した。
(10) 筆者は 20 年間中小企業の IT 化に関わってきた。この経験からまとめた。
(11) 情報通信総合研究所編『情報通信アウトルック 2013 ビッグデータが社会を変える』NTT 出版,2012 年,344 ページ。
(12) 佐久間信夫編著『経営学原理』創成社,2014 年,259 ~ 261 ページ。
(13) マーガレット・ホールはオックスフォード大学ソマーヴィル・カレッジ特別研究員である。マーガレットは商業学や配給論で評価された。
(14) Margaret Hall "Distributive Trading – an Economic Analysis", London, Hutchinson's University Library, 1948, pp.80-81(片岡一郎訳『商業の経済理論』東洋経済新報社,1959 年,108 ~ 109 ページ)。
(15) Ibid., pp.81-82(上掲訳書,109 ~ 110 ページ)。
(16) Ibid., pp.97-99(上掲訳書,130 ~ 132 ページ)。
(17) Ibid., pp.106-107(上掲訳書,140 ~ 141 ページ)。
(18) 林 周二『流通革命』中央公論社,1996 年,163 ~ 173 ページ。

林はここで問屋減亡論について説明している。また，この問屋減亡論については，伊藤元重が『流通大変動』で言及している。また，伊藤は『新流通産業』において問屋の再編について論じ，今後の卸売業の可能性についても示唆している。
(19) 吉川弘之・内藤　耕『「産業技術科学」の哲学』東京大学出版会，2005年。
今井賢一は吉川弘之の「悪夢の時代」の経験を重視し，産業発展の可能性を説明している。

◆参考文献◆

石原武政・矢作敏行編『日本の流通100年』有斐閣，2012年。
伊藤元重『流通大変動』NHK出版，2014年。
伊藤元重『新流通産業』NTT出版，2005年。
今井賢一『創造的破壊とは何か　日本産業の再挑戦』東洋経済新報社，2009年。
吉川弘之・内藤　耕『「産業技術科学」の哲学』東京大学出版会，2005年。
佐久間信夫編著『経営学原理』創成社，2014年。
情報通信総合研究所編『情報通信アウトルック2013 ビッグデータが社会を変える』NTT出版，2012年。
鈴木安昭『昭和初期の小売商問題』日本経済新聞社，1980年。
東京商工リサーチ『全国企業倒産白書2013（平成25年）』2013年。
中小企業庁編『2014年 中小企業白書』日経印刷，2014年。
林　周二『流通革命』中央公論社，1996年。
Margaret Hall "Distributive Trading – an Economic Analysis", London, Hutchinson's University Library, 1948（片岡一郎訳『商業の経済理論』東洋経済新報社，1959年）．

第7章
中小企業におけるコスト意識
―原価管理の視点から―

第1節　経営管理のための原価計算

1．事業システム変革の道標―コスト情報―

　企業の成長メカニズムの解明は難しい。企業は小さな芽から出発して，それぞれの企業環境における課題を解決しながら事業を発展させていく。特に顕著な成長もせず存在しつづける場合もあるが，企業環境の変化に適応できない企業の多くは，通常，業績不振のために消滅してしまう。そうだとすると，新しい事業に挑戦する企業の破綻確率は高くなるが，今日の激しい企業競争を勝ち抜くためには，絶えず革新的な手を打ち続ける必要がある。それは現状になんらかの変化を起こすということである。挑戦しない企業に成長はなく，そうした企業は，次第に顧客ニーズと事業システムに不適合が生じはじめ衰退し消滅していく。顧客や競争企業の反応の中で，事業システムを絶えず改革していくプロセスが，企業を成長させていくのである（渡辺幸男他『21世紀中小企業論』有斐閣，2001年，46～51ページ）。経営を任されている管理者は，その場合，すべてある種の危険を前にして経営上の決定にせまられることになる。

　価格の引き下げ，品質の向上，納期の短縮，アフターサービスの充実など，可能な限り業務システムを再構築しつづけることが必要である。予測不能で不確実な環境を前にして，近代経営におけるそこでの経営管理者の判断は，経験やカンだけに頼ったものではなく，科学的な根拠を示しうる情報に基づくことが必要である。コストは，企業の持続的な発展・維持のための科学的な根拠を

示しうる重要な情報の1つとなりうるのである（今坂朔久『改訂新原価の魔術』白桃書房，1985年，2ページ）。

2．経営管理者の判断に必要なコスト―原価計算―

　原価計算というと，貸借対照表や損益計算書などで構成される財務諸表を作成し，当期はいくら儲かったのか，在庫金額はいくらあるのかを計算し，その結果を報告するためだけにあると考えていないだろうか。確かに会計担当者は，日常業務の多くを，そのことに割かざるをえないという事実があるかもしれない。しかし，原価計算で測定された数値は，企業の経営内容の結果を株主や債権者などの利害関係者に報告するためだけではなく，企業の経営者や管理者が，未来に向かって効果的な企業経営を行うためにも有用な情報を提供することができるのである。むしろ，原価計算の今日的な意義の多くは後者にあるといってもいいのではないだろうか（図表7－1参照）。

　そもそもコストあるいは原価とはいったい何であろうか？　原価とは，なんらかの活動をしたときに発生する財貨・サービスの消費量を貨幣価値で測定したものをいうとされる[1]。

図表7－1　原価計算の目的

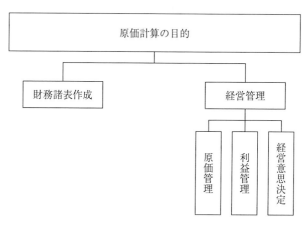

出所：筆者作成。

これをどのように集計・計算するかはさまざまで，簡単ではないのであるが，いずれにしても，現状を変化させようとすれば，なんらかの活動が必要となり，その結果として原価は発生することになるのである。このことから，原価を管理することは，経営を管理することでもあるということができる。したがって，原価を計算するのは，面倒くさい計算手続きがあるので，会計担当者や原価計算担当者にまかせておけばよいというものではない。経営を任された管理者は，原価の発生額をどのように集計・測定すれば，最もよく経営管理のために役立つのか，よくよく考えてみなければならないのである。

　「原価計算はその成立の当初から今日にいたるまで，企業経営の実践の必要に応えながら発達してきた。つまり，それぞれの時代における企業環境の変化は，必要に応じて原価計算に課する目的を変容せしめ，・・・・時代によって異なるのであるが，それはまた同一時代における個々の企業についても，必ずしも同じというわけではない。企業の環境は，同一時代にあっても，個々の企業において異なっているからである。」(山田庫平・吉村　聡編著『原価計算の基礎』東京経済情報出版，2008年，4ページ)。

　時代によっても，さらには個々の企業によっても企業環境は異なるのであるから，それぞれに直面する経営課題も異なることになる。当然，必要となる経営管理のための原価計算も異なる。異なる目的には異なる原価を計算する必要があるのである[2]。それでは，今日における効果的な企業経営のために展開されるべき原価計算とはどんなものであろうか。それに答えるためには，まず現代の企業環境の特徴を明らかにし，そこで直面している経営課題を明らかにすることから始めなければならない。

第2節　現代の企業環境の特徴と原価計算

1．企業環境の特徴と原価管理

　需要が供給を上回るモノ不足の時代における製造業は，市場や顧客とまったく無関係な状況で製品を作り出す。そのような時代の製造業は，安定的な少品種大量生産型企業が支配的であり，きめ細かい分業制と多くの階層構造で組織

されていた。製品は，市場で相当長いライフサイクルを持ち，製品の原価構造は直接費[3]が中心であった。これまでの原価計算はこうした環境に基づいて開発・展開されてきたものである。

　しかし，今日における製造業の環境は，それとは根本的に異なる。製造領域は自動化され，弾力性と多種多様性が常態となり，製品のライフサイクルは急速に短縮化している。グローバル化と顧客ニーズの多様化に対応するため，企業は分業制よりも，市場に向けたフラットな組織構造を選択する。しかし，激しい競争で，価格は下降傾向にあり，それに伴い利益も減少する。こうした環境で生き残るために，現代の企業は，内外の環境変化に絶えず注意を向け，競合企業との競争に打ち勝ち，それを持続していくための経営戦略を形成し実行していくことが重要な課題となる。「グローバリゼーション，価値観の多様化と工場自動化，および情報技術が飛躍的に進展した過去四半世紀における収益，原価の構造を分析すると，次の2つのことが明らかになる。第1は，間接費の飛躍的増加である。第2は，間接費増加の結果としての経営効率の悪化

図表7-2　価値連鎖の基本形

支援活動	全般管理（インフラストラクチャー）					マージン
	人事・労務管理					
	技術開発					
	調達活動					
	購買物流	製造	出荷物流	販売・マーケティング	サービス	
	主活動					

出所：Michael E. Porter, Competitive strategy：Techniques for Analyzing Industries and Competitors, New York：Free Press. 1980. p.37 (M. E. ポーター著，土岐　坤・中辻萬治・小野寺武夫訳『競争優位の戦略　いかに高業績を持続させるか』ダイヤモンド社，1985年，49ページ)．

（その結果，資本利益率が低下）である」（櫻井通晴『間接費の管理』中央経済社，1995年，4ページ）。

こうした企業環境の変化は，製造業における原価管理の眼を製造部門の直接費から補助部門の間接費に向けることになった。さらには，一工場内の間接部門に限らず組織全体として，もっと広範囲な原価管理の重要性を認識するに至ったのである。企業の競争優位は，製造部門だけで達成するのではないと気づいたのである。例えば，それは製造前の購買物流，製造後の出荷物流，販売・マーケティング，アフターサービスなどであったり，人事・労務管理，技術開発などの支援活動であったりする（図表7-2参照）。企業が，この価値連鎖に競争優位の原因を求め，原価管理の眼を向けることになったのは明らかである。それはまた，原価計算といえば，製造業がもっぱら必要とする計算だという認識から，それ以外のサービス産業にも有用な管理手法となるのではないかという認識変化をもたらした。

新たに展開されるべき原価計算は，こうした経営課題に直面する企業にたいして，原価管理，とりわけコストマネジメントとの密接な結びつきの中で戦略的な情報を提供することに重要な意義を見出すことになるのである。これまでの原価計算は，「原価の把握と計算に多く関わりすぎ，（経営に）影響力を及ぼすということに配慮しなさすぎたのである。」（Thomas Joos-Sachse, *Cntrolling, Kostenrechnung und Kostenmanagement,* Gabler,Wiesbaden, 2001, S.11）（山田庫平・吉村聡編著『原価計算の基礎』東京経済情報出版，2008年，230ページ）。

2．原価管理とは

ここで，原価を管理すること，つまり，原価管理という言葉について若干の説明をしておこう。原価管理という言葉には，多様な解釈がみられるが[4]，広狭2つに分類して解釈しておきたい（図表7-3参照）。

狭義の原価管理は，コスト・コントロール（cost control）と呼ばれ，経営諸条件（生産設備や製造方法，使用材料など）を所与のものとし，そのもとに科学的・統計的調査にもとづいて設定された原価標準の達成に向けて，執行活動を指導，規制し，そのことにより原価を標準にまで引き下げることを目的としてい

第 7 章　中小企業におけるコスト意識—原価管理の視点から—

図表 7 − 3　広狭原価管理の意義とその手法

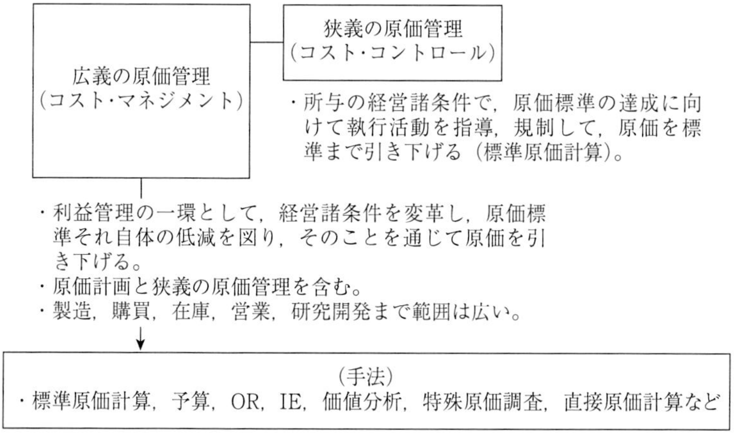

```
┌─────────────────┐   ┌─────────────────────┐
│                 │───│  狭義の原価管理      │
│  広義の原価管理  │   │（コスト・コントロール）│
│（コスト・マネジメント）│   └─────────────────────┘
│                 │    ・所与の経営諸条件で，原価標準の達成に向
└─────────────────┘      けて執行活動を指導，規制して，原価を標
          │              準まで引き下げる（標準原価計算）。
          │
          ・利益管理の一環として，経営諸条件を変革し，原価標
            準それ自体の低減を図り，そのことを通じて原価を引
            き下げる。
          ・原価計画と狭義の原価管理を含む。
          ・製造，購買，在庫，営業，研究開発まで範囲は広い。

                              （手法）
          ・標準原価計算，予算，OR，IE，価値分析，特殊原価調査，直接原価計算など
```

出所：筆者作成。

る。この意味での原価管理は主に製造活動を対象に変動予算を伴う標準原価計算を手段として現場管理者により遂行される業務管理である。また狭義の原価管理は，原価による執行活動の統制を意味していることから，「原価統制」ということが適当とされる（山田庫平・吉村　聡編著『経営管理会計の基礎』東京経済情報出版，2006 年，79 ページ）。

広義の原価管理は，コストマネジメント（cost management）と呼ばれ，利益管理の一環として，経営諸条件を変革することにより原価標準それ自体の低減を図り，そのことを通じて原価を引き下げる，いわゆる経営構造や業務の改善を含む原価計画と，狭義の原価管理とからなる。この意味での原価管理は製造だけでなく，購買，在庫，営業，研究開発など広範囲におよび，標準原価計算，予算，OR（operations research：オペレーションズ・リサーチ），IE（industrial engineering：経営工学），価値分析，特殊原価調査，直接原価計算などの手法が用いられることになる（山田庫平・吉村　聡編著『経営管理会計の基礎』東京経済情報出版，2006 年，78 〜 79 ページ）。

3．原価要素とその分類視点からみる原価管理

図表7－4　原価構成の基本図

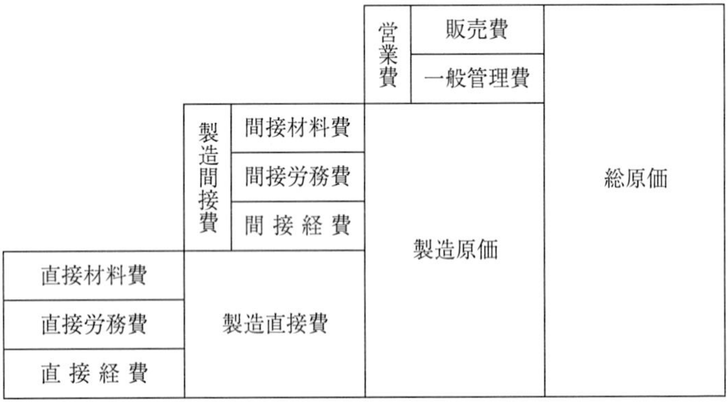

				販売費	
			営業費	一般管理費	
		間接材料費			
	製造間接費	間接労務費		製造原価	総原価
		間接経費			
直接材料費					
直接労務費	製造直接費				
直接経費					

出所：筆者作成。

　原価計算の目的を果たすために，原価は，それぞれの視点から，いくつかの要素に分類することができる。原価は，まず，製造活動，販売活動，一般管理活動という企業における活動領域にもとづき，製造原価要素，販売費および一般管理費の要素に分類される。製造原価の最も基本的な分類は，発生形態にもとづくもので，材料費，労務費，経費にわかれる。これをさらに，その発生が一定単位の製品の生産に関して直接的に認識されるか否かにより，直接費と間接費とに分類する。前述の分類と結びつけて，直接材料費，直接労務費，直接経費，間接材料費，間接労務費，間接経費とし，前3つを製造直接費，後3つを製造間接費という（図表7－4参照）。

　管理のために重要な原価分類を，操業度の視点から，もうひとつとりあげておく。操業度とは生産設備能力の利用度をいうが，その尺度として機械運転時間などのほかに，生産量や売上高なども用いられる。操業度の増減に伴って比例的に増減する変動費と，操業度の増減とは関係なく，発生額が一定のままの固定費という分類である（図表7－5参照）。

　直接材料費は変動費であり，減価償却費（経費），および，給料，広告宣伝費

第7章　中小企業におけるコスト意識―原価管理の視点から―　109

図表7－5　操業度と原価の関係

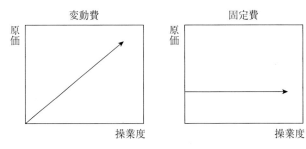

出所：筆者作成。

図表7－6　各種視点からの原価分類の例

	発生形態別	製品関連別	操業度関連別
売上原価			
	商品仕入原価	直接費	変動費
	材料費	直接費・間接費	
	労務費		固定費
	外注費	直接費	変動費
	減価償却費	間接費	固定費
	その他の売上原価		
販売費および一般管理費			
	人件費	間接費	固定費
	地代家賃		
	水道光熱費		
	運賃荷造費		変動費
	販売手数料		
	広告宣伝費		固定費
	交際費		
	減価償却費		
	従業員教育費		
	租税公課		
	その他の経費		

出所：筆者作成。

などの販売費および一般管理費に含まれる多くの費用は固定費である。図表7－6の例は，中小企業実態基本調査の統計資料を，発生形態別，製品関連別，操業度別で原価をわけたものである。この図表の例示によって，前述の原価と分類視点の関係が，より一層明らかとなるであろう。

第3節　わが国の中小企業の原価の実態と原価管理

　さて，近年のわが国の中小企業の原価構造の実態はどのようになっているのだろうか。平成24年度決算実績に対する中小企業実態基本調査の統計資料を分析した。総原価のうち，全産業平均でみると，売上高に対して売上原価比率74.8％で，内訳は商品仕入原価比率37.4％，製造原価も同じ37.4％である。販売費および一般管理費23.1％に比して高い比率を示している。ここから，やはり売上原価は原価管理の中心課題であることは，今も昔も変わらない。もう少し詳細に，産業別でみてみよう。売上高に対する売上原価比率が最も高いのは，卸売業84.0％で，建設業81.1％，製造業78.2％，運輸業・郵便業74.7％とつづく。他方で，全産業平均と比して，宿泊業，飲食サービス業は35.9％と全産業平均に比してかなり低い。

　売上原価のうち商品仕入原価の売上高に対する比率をみると，卸売業77.8％，小売業68.9％，生活関連，サービス業，娯楽業63.1％と高い。製造原価の比率は，建設業73.9％，運輸業・郵便業70.1％，製造業63.7％が高い。

　次に，販売費・一般管理費の売上高に対する比率を見てみると，全産業平均で23.1％である。産業別では，宿泊業・飲食サービス業63.1％，専門・技術サービス業42.8％，その他サービス業42.3％，不動産・物品賃貸業41.6％，情報・通信39.3％が，全産業平均と比較してかなり高い。売上原価および販売費の一部は，売上高とのあいだに個別的，直接的な因果関係が確認できる費用である。これに対して販売費の一部と一般管理費は，売上高とは個別的な因果関係は確認できないが，総体として期間的に因果関係を認めざるをえない費用であり間接費である。人件費，広告宣伝費，交際費，減価償却費などがこれにあてはまる。

図7−7　中小企業の産業別百分比損益計算書

百分比損益計算書	全産業	建設業	製造業	情報通信	運輸業,郵便業	卸売業	小売業	不動産,物品賃貸業	学術研究,専門,技術サービス業	宿泊業,飲食サービス業	生活関連サービス業,娯楽業	サービス業(他に分類されないもの)
売上高	100.0	100.0	100.0	100.0	100.0	100.0	100.0	100.0	100.0	100.0	100.0	100.0
売上原価	74.8	81.1	78.2	56.6	74.7	84.0	73.1	50.5	53.7	35.9	71.3	55.5
商品仕入原価	37.4	7.2	14.5	11.7	4.6	77.5	68.9	23.9	15.4	30.0	63.1	10.9
製造原価	37.4	73.9	63.7	44.9	70.1	6.2	4.2	26.6	38.3	5.9	8.2	44.6
売上総利益	25.2	18.9	21.8	43.4	25.3	16.0	26.9	49.5	46.3	64.1	28.7	44.5
販売費および一般管理費	23.1	17.3	18.9	39.3	24.3	14.8	26.0	41.6	42.8	63.1	26.4	42.3
営業利益	2.1	2.1	2.9	4.1	1.0	1.2	0.9	7.9	3.5	1.0	2.3	2.1

出所：中小企業実態基本調査（平成24年決算実績）の統計資料を百分比に加工・修正。

　以上のように，少し詳しく産業別に見てみると，産業特性によって，それぞれ異なる経営環境に直面していることが，原価構造の相違に見てとれる。したがって，原価管理の重点となる対象も方法も，産業によって異なることがわかる。例えば，卸売業では売上原価を原価管理の主たる対象とし，宿泊業・飲食サービス業においては，売上原価よりも販売費・一般管理費を原価管理の主たる対象とすることが，経営効率が高いといえるだろう。売上原価は，商品仕入原価や材料費の主要部分，外注費などの変動費部分と減価償却費などの固定費でもある部分が含まれているので，それぞれの原価特性を考えた上で管理方法を工夫する必要がある。他方，販売費および一般管理費の多くは，固定費であると同時に間接費でもあり，それぞれの原価特性から管理の方法が難しくなる。今日の企業経営では，後者の原価管理が非常に重要になってきている。

第4節　原価管理のための手法

1．変動費，固定費区分による原価管理—損益分岐点分析—

　損益分岐点分析とは，売上高と総原価とが一致し，利益も損失も生じない点を計算し，原価・営業量・利益の関係を分析することである。損益分岐点関連

図表7－8　損益分岐点図表による原価，営業量，利益の関係

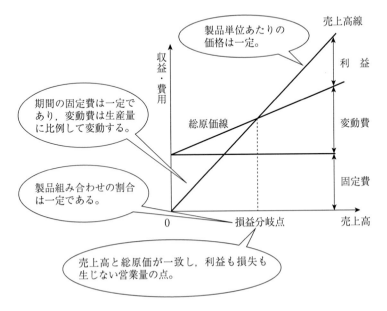

出所：筆者作成。

指標を図表にまとめたものを，損益分岐点図表という（図表7－8参照）。

　わが国の中小企業実態基本調査（平成24年決算報告）によれば，製造業，建設業は原材料・部品調達によって，卸売業，小売業は，商品仕入原価によって，変動費の売上高に占める比率は高い。他方，宿泊業・飲食サービス業，専門・技術サービス業，不動産・物品賃貸業，その他サービス業，情報通信業などは，販売費および一般管理費の売上高に対する比率が高いが，その多くは固定費である。

　売上高の増大を図るとともに，変動費および固定費を引き下げることで，経営効率が高まり利益が増大することになるが，そうすることができれば，それにこしたことはない。しかし，固定費が多い原価構造の企業と変動費が多い原価構造の企業では，管理の重点が異なる。固定費の多い原価構造の企業は，一定水準の売上高を維持することが，まず経営上の基本的課題となる。固定費の

第7章　中小企業におけるコスト意識—原価管理の視点から—　113

図表7-9　原価構造からみる原価管理

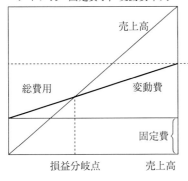
タイプA：固定費小，変動費率大

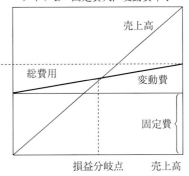
タイプB：固定費大，変動費率小

タイプAは，損益分岐点売上高が低いため，売上高が減少しても，すぐに損失になることもないが，損益分岐点を超えても，すぐに大きな利益が出ることもない。売上規模の拡大と変動費率の引き下げが重要。

タイプBは，損益分岐点売上高が高いため，売上高がかなり高くなるまで利益が出ないが，損益分岐点を超えたら大きな利益が出る。他方で，損益分岐点以下となったら，損失が大きくなる。売上高の維持と固定費削減が重要。

出所：筆者作成。

多い企業は，売上高が減少することで大きな損失を被ることになるからである。他方，変動費の多い原価構造の企業は，売上高の拡大はもちろんであるが，売上高に対する変動費の比率である変動費率を低くすることを経営上の基本的課題とすべきであろう（図表7-9参照）。

　変動費は，短期的な経営判断で管理が可能である。例えば，商品仕入れ，材料・部品の購入原価の引き下げ，製品単位当たりの材料消費量の引き下げ，不良品率の引き下げなどである。前者は，納入業者との取引関係の見直し，後者は製造プロセスの改善検討ということになる。

　他方，製造原価の内訳である労務費は，固定費の性格が強いが，多くの産業で上昇傾向にある。労働力の適正配分，省力化設備投資，作業管理の徹底などの有効活用を考える必要があるだろう。

　販売費および一般管理費に含まれている運賃荷造費は，変動費の性格が強

い。物流コストの管理は，生産コストや販売コストの管理に比べて大幅に遅れている企業が多いことから，この原価の管理も重要である（『中小企業実態基本調査に基づく経営・原価指標（平成24年発行）』同友館，2012年，84～86ページ）。

　販売費および一般管理費の多くは固定費である。そのうち，発生原因が過去の経営判断によって決定していて，短期的には削減が難しく管理不能な長期的な原価をコミテッド・コストという。人件費，減価償却費，賃借料などがあてはまる。わが国の中小企業実態基本調査によれば，間接部門の人件費は，宿泊業・飲食サービス業，専門・技術サービス業，情報通信業の比率が高い。こうした人件費の削減には，サービス提供・販売活動の適正配置・適正配分，省力化を絶えず検討する必要がある（『中小企業実態基本調査に基づく経営・原価指標（平成24年発行）』同友館，2012年，86ページ）。減価償却費や賃借料は，宿泊業・飲食サービス業などでは集客の観点から立地条件が成功の重要な鍵となるので費用に対して十分な効果が上がっているかは検討しておく必要があるだろう。

　他方で，経営判断で発生額が決定されている原価であるが，短期的な予算によって管理可能な固定費がある。これをマネジド・コストという。マネジド・コストは，さらに，操業度と直接の関連性を持たない交際費，広告宣伝費，従業員訓練費，研究開発費などのポリシー・コストと，一定の操業度を維持するために必要な販売促進費，品質管理費，監督者給料などのオペレーティング・コストにわけることができる。それぞれの特性によって，管理の方法や削減の工夫をする必要がある。ポリシー・コストは，長期的な業績維持・向上を考慮した支出であるのでなかなか判断は難しいが，削減は可能である。オペレーティング・コストは，操業度を維持するための支出であるが，工夫・改善によって短期的な引き下げは可能である。全体としては，まず短期的な原価引き下げを変動費で検討し，その後，長期的な視点で固定費の引き下げが可能かを考えることになろう。固定費の部分を，アウトソーシングして変動費化し，損益分岐点を引き下げることで，企業の安定化をはかることは最近の経営判断のひとつである。

2．標準原価による原価管理―標準原価計算―

標準原価計算は，特に原価管理のための原価計算として発達したもので，1910年代にアメリカにおいて，テイラー（F.W. Taylor）によって提唱された科学的管理法の考え方[5]を原価計算に導入することによって誕生した。

この標準原価計算の手続きは，次のようになる。

① 原価標準の設定
② 標準原価の計算
③ 実際原価の計算
④ 標準原価と実際原価の比較，差異の分析
⑤ 経営管理者への報告
⑥ 標準原価差異の会計処理

標準原価計算は，企業が，ある経営目的を達成するための活動によって発生する原価を，事前に予想した原価，つまり標準原価を設定し，のちに，実際に発生した原価と比較し，その差異を分析し，その原因を発見・改善していくことで能率改善を図っていくために利用される。

手続きについて順を追って説明しよう。

① 原価標準は，後に，標準と比較して，非効率であった部分を特定し，改善する必要があるため，問題の所在がわかるように，直接材料費標準，直接労務費標準および製造間接費標準に分けて設定される。一定の製品にたいして直接材料費標準を設定する場合，3つの様相がある。品質，消費数量，価格である。材料品質を決めることは，必要な消費数量，価格，加工時間，加工に際しての監視範囲と監視回数に影響を及ぼすので重要である。直接労務費は，関係する作業，製品の複雑性，作業者のスキル，製造プロセスの性質，利用すべき設備によってさまざまである。これらの諸要素を考慮して，直接労務に要する標準作業量を決定する。人事部では，作業内容によって標準賃率を決定し採用人事を実施する。直接材料費標準も直接労務費標準も，科学的・統計的調査によって決定されることになる。

直接材料費標準＝製品単位当たり標準材料消費量×標準価格
　　　直接労務費標準＝製品単位当たり標準作業消費量×標準賃率

　製造間接費標準は，直接材料費標準や直接労務費標準とは異なり，まず部門別の製造間接費標準が科学的・統計的調査によって定められ，部門別の製造間接費予算として算定される。この予算額と基準となる操業度から製品単位当たりに配賦する標準配賦率を計算して，製造間接費標準を決定する。

② 標準製品原価は，製品の一定単位について，標準直接材料費，標準直接労務費を集計し，これに標準製造間接費を加えて算定する。
③ 他方，実際原価は，通常どおりに計算される。
④ 実際原価が把握できたら，実際原価と標準原価を，それぞれ直接材料費，直接労務費，製造間接費に区分して差異分析を行う（図表7－10，図表7－11，図表7－12参照）。

　・直接材料費差異の計算は，
　　　直接材料費差異＝標準直接材料費－実際直接材料費
　さらに，直接材料費差異は，価格差異と数量差異に分ける。
　　　価格差異＝（標準消費価格－実際消費価格）×実際消費数量
　　　数量差異＝（標準消費数量－実際消費数量）×標準消費価格
　・直接労務費差異の計算は，
　　　直接労務費差異＝標準直接労務費－実際直接労務費
　さらに，直接労務費差異は，賃率差異と作業時間差異に分ける。
　　　賃率差異　　＝（標準賃率－実際賃率）×実際作業時間
　　　作業時間差異＝（標準作業時間－実際作業時間）×標準賃率
　・製造間接費差異の計算は，
　　　製造間接費差異＝製造間接費標準配賦額－実際製造間接費
　さらに，製造間接費差異は，予算差異，能率差異，操業度差異（3分法）などに分類される。

⑤ 原価計算係および工場責任者とのあいだで差異分析をし，その原因調

第7章 中小企業におけるコスト意識―原価管理の視点から― 117

図表7-10 事例：直接材料費の差異分析

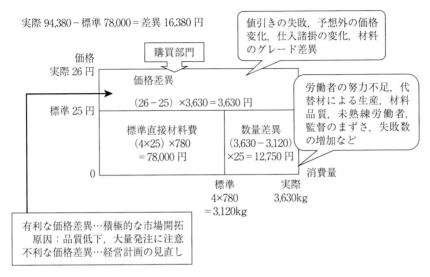

出所：筆者作成。

図表7-11 事例：直接労務費の差異分析

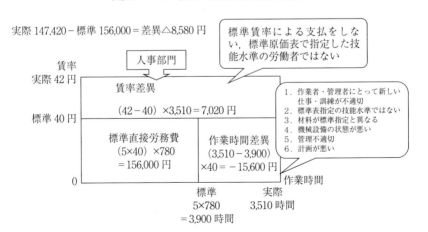

出所：筆者作成。

図表７－12　製造間接費の差異分析（変動予算）

製造間接費差異＝製造間接費標準配賦額－実際製造間接費

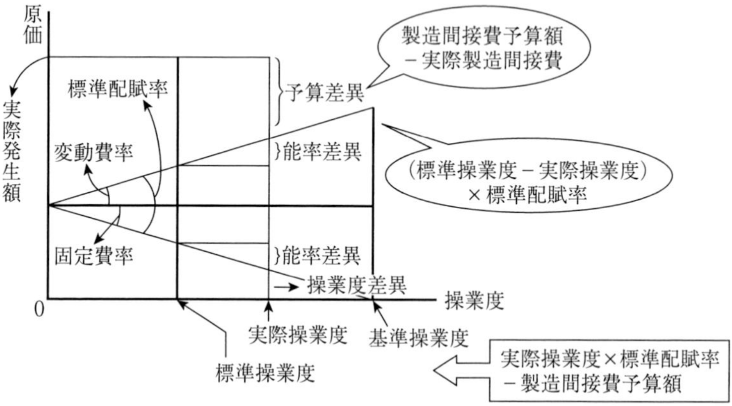
原価
実際発生額
標準配賦率
変動費率
固定費率
予算差異
能率差異
能率差異
操業度差異
製造間接費予算額
－実際製造間接費
（標準操業度－実際操業度）
×標準配賦率
0
操業度
実際操業度
基準操業度
標準操業度
実際操業度×標準配賦率
－製造間接費予算額

出所：筆者作成。

査，検討，改善措置をとったことがらは，原価差異報告書によって，各層の管理責任者に報告されることになる。

⑥　あとは，会計的な処理を実施して一連の手続きを終了することとなる。

以上であるが，標準原価計算における原価差異の分析では，その原価差異がどのような原因によって発生したものであるかを明らかにすることもできないし，したがってどのような修正行動をとるべきかを決定することもできない。標準原価差異の分析は，原価差異の発生した原因を調査する出発点を示すものにすぎない。原因分析を行ってはじめて，標準原価計算が原価管理に役立つことになるのである（山田庫平・吉村　聡編著『原価計算の基礎』東京経済情報出版，2008年，179ページ）。

3．活動原価による原価管理―活動基準原価計算（Activity Based Costing：ABC）―

標準原価計算システムは，直接材料費および直接労務費が生産の主要な要素であり，技術が安定的で，少品種大量生産型企業で適用することに適している。この手法は，生産量に資源消費量を比例的に割り当てて，製品原価を測定

する。しかし，今日の企業環境は，多様な顧客ニーズに応えるために，弾力性と多種多様性が常態となる多品種少量生産に耐えうる工場自動化をすすめてきている。工場自動化に関係する原価の多くは，減価償却費や保険料，専門技能者の給料，研究開発費であり，かつ，またこのような多品種製造には，段取りや材料運搬のためのような間接活動で発生するものである。これらの活動によって消費される資源は，生産された物理量とは関係性を持たない固定製造間接費である。このような企業環境においては，伝統的な生産量などの操業度基準によって原価を製品に割り当てて，製品原価とすることは，誤った経営判断のもととなる。

　そこで注目されたのが活動基準原価計算（Activity Based Costing：以後ABCという）である。ABCとは，原価を，活動によって引き起こされる資源消費に基づいて製品・サービスに割当てる原価計算方法である。この原価計算方法の前提は，企業の製品・サービスは，活動によって製造される，あるいは実行されるということ，そして，この活動は，原価を生ずる資源を利用するということである。資源は，活動に割当てられ，それから，活動は，利用に基づいて製品・サービスに割当てられる。ABCは，原価に変化を引き起こす要素（コストドライバー）として活動を利用して製品・サービスに割り当て計算をするのである（図表7－13参照）。

　ABCでは，製造間接費を伝統的な意味での製造部門あるいは補助部門に集計しないで，その代わり，製造間接費は活動センターを通過させ，細分化したコスト・プールに原価を集計する（櫻井通晴『間接費の管理』中央経済社，1995年，50ページ）。

　このABCシステムを設計する3つの主要な手続きは，

① 資源コストを調べ，活動を分析する，
② 資源コストを活動に割当てる，
③ 活動コストを製品・サービスに割当てる，

である。この手続きをすすめる段階に，原価管理の要素が含まれている。そこで，ABCは，ABM（Activity Based Management：以後ABMという）へと展開して

いくのである。

　この手続きを，具体的にみていくことにしよう。

　ABCでは，資源コストを調べることから始める。資源コストとは，材料費，消耗品費，仕入費，材料運搬費，在庫費，事務所代，什器備品費，建物費，設備費，水道光熱費，給料手当のような総勘定元帳の経費勘定にあるものである。これらの資源コストを活動が消費するので，活動について調べる必要がある。活動については，通常，会計部門などでは把握していないので，人事部門・総務部門に加えて現場の各部門の責任者や従業員の協力を得ながら分析していく。

図表7－13　伝統的な原価計算と活動基準原価計算の手続き

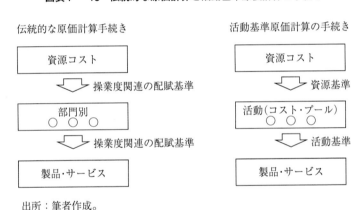

出所：筆者作成。

　次に，活動が資源コストを発生させるので，その資源コストを活動に割り当てるための基準を選択する。例えば，(1) 水道光熱費のメータ，(2) 支払給与関係の活動に対する従業員数，(3) 機械セットアップ活動に対するセットアップ数，(4) 材料運搬活動に対する運搬回数，(5) 機械運転活動に対する機械運転時間，(6) 管理人の清掃活動に対する清掃面積などである。

　最後に，活動コストを製品・サービスに割当てて，製品原価を計算する。割り当てる基準は，発注回数，受領数，検査報告回数あるいは検査報告時間数，

在庫部品数，支払い回数，直接作業時間，機械運転時間，セットアップ回数などである。

ABMは，コストドライバー分析，活動分析，業績測定を行う。コストドライバー分析とは，原価を発生させる要因であるコストドライバー効果の調査，定量化，説明である。コストドライバー分析の目的は，活動コストの根源的な原因を探索することにある。そのための手法として，ベンチマーキング，特性要因図，パレート分析などが利用される。

活動分析は，組織における活動について，文書，面談，観察などを通じて情報収集をすることになる。

業績測定は，活動，プロセス，組織単位において実行される仕事と達成される結果の指標を識別する。例は，産出単位あたりのコスト，売上高利益率，顧客満足度の調査結果，納期順守数などである。

ABMは，これらを通じて，付加価値活動と非付加価値活動を識別し，非付加価値活動を削減する対策をとることになるのである。非付加価値活動とは，段取り，移動，待ち，修理，検査，貯蔵などである。

第5節　肯定的コスト意識を持つ組織づくり―動機づけの重要性

原価管理の効率性を高めるためには，組織全体が，肯定的にコスト意識を持って活動しているかどうかということが重要な要素となる。既述の標準原価計算およびABC／ABMの利用にもいえるだろう。ある仕事を任された人間が肯定的にコスト意識を持って実行する場合とそうでない場合とを比較すれば，肯定的にコスト意識を持った場合のほうがよい結果をもたらすといわれている。コスト意識とは，本来，組織の構成員が有する心理的作用因であり，実体があるものではない。人間行動の動機づけの問題である。コストの重要性の意識づけをするためには，企業内の人間関係，職場環境，報酬などの配慮はもとより，原価計算で報告する原価管理内容についての正しい理解も要求とされることになる（角谷光一編『原価計算用語辞典』同文館，1997年，86ページ）。いくら優れた原価計算システムを導入して原価管理を実行しようとしても，組織を構

成する人々に，その意識がなければ，実効性は，思ったほど，上がらないことになるだろう。

　組織内に肯定的なコスト意識を醸成するためには，コストを正しく理解できる教育があることを前提として，原価計算担当者あるいは会計担当者は，管理情報を経営管理者に報告をするだけで，その差異の修正行動にまで権限を及ぼさないことも必要だろう。修正行動は，現場の経営管理者の責任であるからである。

　標準原価計算による原価管理の場合について例示をしておく。標準原価計算は，経営活動および業績評価のための指標ないし基準を提供する。この標準を設定する場合，トップダウンで無理な標準を設定したり，設定標準を明示しなかったりするよりも，従業員参加型の標準設定の方が，標準を無理だとみなす機会を減らし，自分のものとして達成しようと努力する動機づけとなりうる。また，結果として発生した標準との差異は，発生場所の担当者を特定し責任を追求し，厳しく罰することではなく，積極的な活動改善のために利用されるべきである。トップダウンによって設定された標準に対する上層部の統制，罰則のような過剰な圧力，コミュニケーション不足，硬直化した取り扱い，不公平な報酬システム，利益への過度な強調などは，コストに対する否定的な動機づけとなる。その結果，経営管理者や従業員に防御的な行動をとらせることになり，うまく機能しない原因となる。水増し予算，製品・サービスの品質劣化，常習的な欠勤，やる気のない態度，率先した行動はとらない，などは，そのような行動例である。

　本章，冒頭で述べたように，原価計算は，経営管理者のためにあるのであるから，そのために役立つ手法の開発・選択・運用はいうまでもない。それとともに，経営管理者は，それらをうまく機能させるため，肯定的なコスト意識を醸成する組織についても考える必要があることがわかるであろう。

【注】

（1）最近では，原価は財務上の結果を持つ情報だけではなく，生産性，品質，その他の重

要成功要因についての非財務情報についても含めた広義の解釈をすることも増えてきている。

財務情報だけでは経営を誤る可能性として次のようなことが言われている。「なぜなら，それは短期的な焦点をもっている傾向があるからである。競争上の成功のために，企業は，製品・製造の進歩，製品品質，顧客の忠実性のような主に長期的な要素に焦点をあてる必要がある。たとえば，財務情報だけへの強調は，経営管理者が，品質基準（非財務的尺度）を無視したり，低下させたりしても，原価引下げ（原価は財務尺度）を強調することをもたらすことがあるだろう。この決定は，重要な誤りである長期的な顧客および市場占有率を失うことをもたらすことがありうる。」(Blocher, Edward J., Kung H. Chen and Thomas W. Lin, *Cost Management A Strategic Emphasis*, Irwin McGraw-Hill, 1999, p.3)

（2）ホーングレン（Charles T. Horngren）らは「1つの靴では，すべての足に合わない」ということと同じであるとして次のような例をあげて，外部の利害関係者と内部の企業関係者とは異なる情報が有用であることを示している。通常，新製品発売のための広告費は，その発生年次の費用として損益計算書に一括計上される。しかし，経営管理上の視点では，この広告費は新製品が認知され販売に結びつく数年間に配分されることに妥当性がある（Charles T. Horngren, George Foster and Srikant M. Datar, *Cost Accounting-A managerial Emphasis-*, Prentice Hall International, Inc., 1987, pp.10-11）。

（3）原価を構成している要素は，さまざまな視点から分類できるが，ここでは原価の発生が一定単位の製品の生産に関して直接的に認識されるか否かでわけている。直接的に認識できる原価を直接費，そうでないものを間接費という。主要材料費，直接賃金，外注加工賃などが直接費に属し，補助材料費，間接工賃金，電力料などが間接費に属す。ただし，直接費であっても，費用対効果の視点から，間接費に分類される原価もある。

（4）例えば，角谷光一『現代原価管理の基礎』同文舘，1987年，4～10ページを参照せよ。

（5）労働者の作業の動作研究と時間研究から，①1日の仕事量，②仕事量を達成するための環境・用具，③成功報酬，④不成功にたいする罰則という基準を設定して，それにもとづいた管理方法。

◆参考文献◆

今坂朔久『改訂新原価の魔術』白桃書房，1985年。
櫻井通晴『間接費の管理』中央経済社，1995年。
角谷光一『現代原価管理の基礎』同文舘，1987年。
角谷光一編『原価計算用語辞典』同文舘，1997年。

田中隆雄編著『マーケティングの管理会計』中央経済社,1998年。
中小企業実態基本調査に基づく経営・原価指標,同友館,2012年。
山田庫平・吉村　聡編著『経営管理会計の基礎』東京経済情報出版,2006年。
山田庫平・吉村　聡編著『原価計算の基礎』東京経済情報出版,2008年。
渡辺幸男・小川正博・黒瀬直宏・向山雅夫『21世紀中小企業論』有斐閣,2001年。
Blocher, Edward J., Kung H. Chen and Thomas W. Lin (1999), *Cost Management A Strategic Emphasis*, Irwin McGraw-Hill.
Hilton, Ronald W., Michael W. Maher and Frank H. Selto (2000), Cost Management Strategies for Business Decisions, Mcgraw-Hill.
Horngren, Charles T., George Foster and Srikant M. Datar (1987), *Cost Accouting-A managerial Emphasis-*, Prentice Hall International, Inc.

第8章
中小企業の財務構造と経営分析

第1節　中小企業財務の構造

1．中小企業財務の実態

　1985年のプラザ合意以降，日本の大企業は急速な円高ドル安が進む金融環境の変化に対応して，積極的に海外投資を展開してきた。具体的には欧米金融市場でのエクイティファイナンス（転換社債・ワラント債の発行による資金調達）を実行し，低コストの資金を国内の銀行借入金の返済資金に充当して金融費用の縮小を図ってきた。また政府は円高不況対策として公共事業の拡大と金融緩和政策を推進した。ところがこの政策は国内金融市場に過剰な流動資金を集中させた。この結果，大企業の海外での低コスト資金調達は，国内で「銀行離れ」現象を進めたのである。これに対応して都市銀行は，大企業向け融資の低減によって生じた余剰資金を中小企業向け融資の拡大へ営業戦略を転換した。この結果，都市銀行と地域金融機関の間で激しい貸出競争が展開された。この融資活動の過当競争が融資資金を不動産購入や株式投資に偏向したため，国内の不動産価格や株価を急激に高騰させ，資産インフレの経済状態を引き起こした。東京株式市場では日経平均を，39,815円（1989年12月）まで高騰させて史上最高値をつけた。すなわち過激な融資競争が，バブル経済を引き起こしたのである。

　バブル崩壊以降，景気が低迷しているにも拘わらず円高ドル安傾向は持続し，95年4月には1ドル80円を切った。政府は，輸出産業を支える下請中小企業の救済対策として中小企業向け融資の保証限度額を30兆円に拡大した。

中小企業の金融機関借入金比率の推移を見ると，76年度は30％程度であったがバブル期には40％を上回り，バブル崩壊後も40％半ば台で推移してきた。特に中小企業救済制度が導入された98年度には48.6％に達した。また中小企業の総資産の推移をみると，76年度に160兆円程度であったが，バブル期には3倍強の500兆円に増大した。そしてバブル崩壊後の95年度には600兆円を超えたが負債の縮小が進み，2011年度には約403兆円に減少している。このように借入金残高の増加は，借入金比率の上昇および総資産を増加させ，自己資本比率の伸び率を抑制したのである。自己資本比率は，75年度からバブル崩壊後まで12～15％の範囲で推移し，借入金比率がピークとなった98年度には9.4％に低下した。バブル崩壊後の不況対策であった中小企業救済制度が導入されたことで，バブル期に増加した借入金の返済は進んでいないのである。中小企業金融政策は，借入過多の中小企業を延命する効果はあったが，中小企業の脆弱な財務体質を改善する成果は得られなかったのである。

　2000年代に入って以降，金融機関の不良債権償却が進むに伴って中小企業の金融機関借入金比率は低下した。借入金比率は，ピーク時の98年度に48.6％から2005年度には32.1％に急速に低下している。すなわち負債の削減は，自己資本比率を上昇させる効果をもたらすので，資本構成を是正したことを意味する。98年度末に9.4％であった自己資本比率は，2005年度に2倍強の20.8％に上昇したが，2008年のリーマンショックによる景気低迷で中小企業金融円滑化法が施行されたことで借入金が増加し，自己資本比率は上昇していない。2010年以降は負債と資産の圧縮によって，中小企業の財務体質は少しずつ改善の方向に進んでいる（図表8－1参照）。

　ところが，大企業の財務体質は2000年以降急速に改善した。経営諸比率を比較すると中小企業との格差は大きい。90年代後半に30％であった大企業の金融機関借入金比率は，2000年以降急速に低減し，2005年度末には18.0％に低下している。この比率は，中小企業の借入金比率を14.1％も下回っている。また，総資産は90年代以降2005年度末までほぼ横ばいで推移している。ところが，1995年度末には20％程度であった自己資本比率が，2000年以降急速に上昇し，2005年度末には36.3％に上昇している。この比率は，中小企業の1.7

図表8－1　中小企業の資金調達構成

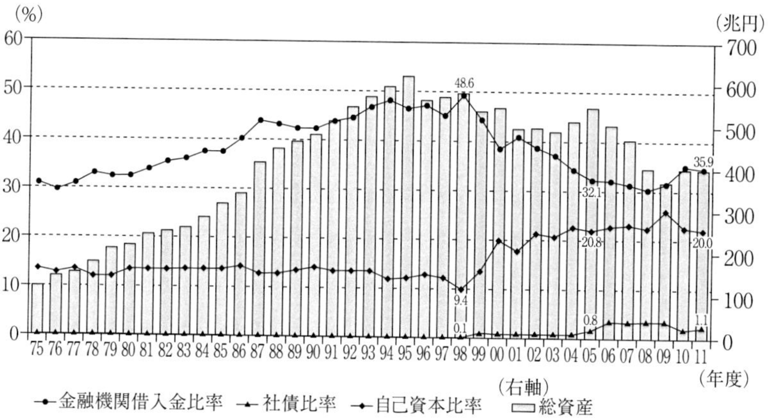

(注) 1　資本金1億円未満を中小企業として定義している。
　　 2　金融機関借入金比率＝短期・長期金融機関借入金／総資産
　　 3　社債比率＝社債／総資産
　　 4　自己資本比率＝自己資本／総資産
資料：財務省「法人企業統計年報」。
出所：中小企業庁編『中小企業白書（2007年版，2013年版）』から作成。

倍強である。こうした財務体質の改善は，固定資産の流動化やオフバランス化によって利息支払債務を削減した成果である。

2．中小企業財務の特徴
(1) 閉鎖的な株主構成による過小資本

　法務省の調査（2005年11月現在）によれば，わが国に現存する会社数は約319万6,900社である。会社形態別にみると，株式会社が115万6,900社，有限会社は193万3,800社，合名会社は1万8,900社，合資会社は8万7,300社である。株式会社の中で資本金5,000万円未満の会社は，105万9,400社である。これに有限会社，合名会社，合資会社の数を加算すると中小企業の範囲と考えられる会社の数は，全会社数の99.7％を占める。これらの会社は，大半が地縁・血縁関係を中心とした出資者によって設立され，出資者がみずから経営し

ている中小規模の会社である。すなわち中小企業は，出資者が同族関係に限定されており閉鎖的な出資者構成で経営者と出資者が分離されていないことが特徴である。

　このために事業規模の拡大に伴って所要資金が増大した場合，地縁・血縁者のみで現金の払い込みによって資本金を増加させることは困難である。限定された出資者が会社の成長に伴って個人資金を追加出資することは，個人資産の蓄積状況からみて限度があるからである。ところが会社の資金調達が困難になったときには，経営者が個人金融資産を会社に融通して資金繰りをつけている場合が少なくない。このために事業が順調に進展して多額の利益が計上される段階になっても利益を最大限に圧縮する対策を考える。さらに適正に利益計上しても配当金を支払わずに内部留保して自己資本を拡充する方法を選択する。内部留保金は，資本準備金への組み入れを法定限度の最低限にとどめて，利益剰余金への積み立てを優先する。同族経営の中小企業では，株式分割による増資対策を取る会社はほとんど見られない。

　特に小規模企業の経営者は，利益が増大しても配当しないで内部留保することで自己資本の増大を図るという選択肢も取らない。会社の利益と経営者の報酬・給与とのバランスを考えて安定した個人所得を確保できることを優先するのである。したがってこうした小規模企業は，過小自己資本からの脱却は困難である。この理由は，業況が悪化した場合，金融機関から担保の追加差し入れを強請される場合や「貸し渋り」「貸し剥がし」を通告される事態が生じるからである。こうした事態に備えて，経営者は会社への貸付金を蓄積することが必要であり，同族会社に対する税制上の優遇措置を活用できるからである。

（2）借入金依存度の高い資本構成

　従業員規模別の資金調達構造をみると，従業員規模が小さい企業ほど借入金による調達比率が高い。従業員が5人以下の会社は54.3％，21－50人では37.1％，51人以上は29.6％である。一方，自己資本による調達比率は，従業員規模が大きい企業ほど高い。従業員が5人以下の会社は23.3％，21－50人では36.3％，51人以上は37.7％である。また，企業間信用による営業債務も，

51人以上では25.3%を占めている。一方、従業員規模が5人以下の企業が16.9%で最も低い割合を占めている。このように中小企業財務の特質を従業員規模別の資金調達構造でみると、従業員規模が小さいほど資金調達を借入金に依存している割合が高い（図表8-2を参照）。また、取引金融機関の数と借入依存度の相関関係を見ると、いずれの従業員規模においても取引金融機関数の多い企業ほど、借入依存度が高いことが報告されている。

中小企業が大企業に比べて借入金による資金調達の割合が高い理由は、①過小資本であること、②借入金利息が経費で処理できること、③株式・社債よりも調達コストが低いこと、④事務負担経費が軽減できることなどが指摘されている。特に中小企業の場合は、月間の資金計画に変更が生じて取引金融機関と断続的、回転的に借り入れが発生するケースが少なくない。最近では売掛債権を担保に当座借越契約を締結して、借越限度額の範囲内で随時に資金調達できるようになった。IT（情報技術）の向上によって、企業間の資金決済が手形決済から銀行口座への振込みによる方法に変更する企業が増加したことも借入形態が多様化している要因である。従来は受取手形を金融機関に売却（手形割引）して資金化していたが、最近はノンバンクを利用して売掛債権を流動化（ファクタリング）する方法も普及している。

図表8-2 従業員規模別の資金調達の構造比

単位（%）

従業員数	短期借入金	長期借入金	社　債	営業債務	その他の債務	自己資本
5人以下	17.3	37.0	0.6	16.9	4.9	23.3
6～20人	12.4	32.3	0.7	20.4	3.6	30.6
21～50人	10.6	26.5	1.2	22.0	3.4	36.3
51人以上	10.2	19.4	1.4	25.3	6.0	37.7

出所：『中小企業白書（2013年版）』を資料として作成。

（3）会社所有の担保用資産不足

中小企業が金融機関から資金調達する場合、一般的に担保物件（物的担保）の提供および代表者個人の保証書（人的担保）を差し入れている。特に創業後

の期間が短く業績も不安定な企業の場合は，担保物件や個人保証が提供できても融資の申し込みを拒否されることも少なくない。銀行と融資取引する場合には，基本契約である銀行取引約定書を手交する。その約定書は，融資先企業が借入金の返済，借入利息の支払いが約定どおり履行できない事態や倒産した場合，銀行が貸出債権の管理・回収を他の債権者より優位な立場で進めるために不可欠な条件を提示している。

中小企業が担保用資産を取得できる財務基盤を築くまでには，創業後少なくても数年は必要である。したがって，一般的に中小企業は創業時から成長段階までの期間，経営者の個人資産や信用補完制度の利用に依存することになる。経営者の個人資産がない場合は，政府系金融機関を利用する場合が一般的である。この場合でも，当然経営者の経営能力や経営計画の見通しなどを審査して融資判断が決定される。金融機関は，担保物件さえあれば融資申し込みを受理してくれるわけではない。創業後，数年を経て業容が拡大する中小企業の経営者は，資金調達能力を強化するために担保用資産を取得するか否か，の経営課題に直面する。

こうした中小企業財務の脆弱性を補完する制度として，中小企業信用補完制度がある。担保用資産や信用力がない中小企業は，信用補完のために信用保証制度を利用している。この制度は，各都道府県に設置されている信用保証協会が，銀行借入金に対する弁済保証を引き受ける仕組みである。この制度を利用すると，金融機関からの借り入れは可能となるが，借入金利のほかに1％程度の保証委託手数料を負担する必要があり，資金調達コストは高くなる。このほかにも政府は，中小企業政策に基づいてさまざまな種類の融資制度を創設している。特に政府系金融機関である日本政策金融公庫では，中小企業政策に基づいた融資制度を取り扱っており，融資額，融資条件，借入金利など融資条件がきめ細かく設定されているので，利用する企業が多い。

3．中小企業の資金調達手段

企業の資金調達手段は，一般的に①間接金融，②直接金融，③自己金融の3つの方法がある。間接金融とは，金融機関からの借入れによる資金調達の方法

をいい，直接金融は株式・債券などの有価証券を発行して証券市場から資金調達する方法のことである。また自己金融は経営活動を通して得た利益を内部留保して純資産を増加させること，あるいは減価償却・引当金などの資金を社外に流出させない費用として計上する資金調達のことをいう。

（1）間接金融

　銀行から借入する方法には，一般的に「手形割引」，「手形借入」，「当座借越」，「証書借入」などの方法が利用されている。企業が借入する資金の使途は，運転資金か設備資金である。運転資金は，通常は短期資金（1年以内に返済する借入金）として借入する。また設備資金は長期資金（1年超の長期期間にわたって返済する借入金）として借入する。短期資金の調達は，手形割引，手形借入，当座借越等の借入形態を利用する。そして長期資金は比較的多額の資金を個別に借入れる場合に適した借入形態である証書借入（金銭消費貸借契約証書を差し入れる）を利用する。

　わが国の銀行は，原則として中小企業に無担保・無保証で融資することはない。例外として，業績優良で多額の担保見返り資産を保有する主力取引先に対しては無担保・無保証で融資する場合もあるが，業績が悪化すれば担保物件の提供や代表者個人の保証書の差し入れを要求する。わが国の銀行が担保主義を厳守する理由は，銀行経営者が「貸出債権は確実に管理・回収しなければならない」という「安全性の原則」を伝統的経営理念として継承しているからである。なお担保物件としては，一般的に不動産，有価証券，預金等が使用されているが，最近は売掛債権，商品・在庫などの流動資産や知的財産などの無形固定資産も担保物件として利用するケースも増えている。

（2）直接金融

　直接金融とは，金融機関を通さないで直接投資家から資金を調達することをいう。具体的には，会社が株式（資本金の増加）や債券（債務の増加）を発行し，個人投資家や機関投資家などに販売して所要資金を調達する方法である。中小企業の場合は株式市場に上場していないので，新株を発行（増資）する場合に

は，既存の株主（株主割当）や会社の役員・従業員や取引先など特定の関係にある者（第三者割当）を対象に新株の引受けを募集（私募）する。また債券を発行する場合には，取引金融機関や特定の関係者を引受者とする少人数の投資家（資金提供者）から資金を調達する方法を取る。こうした募集方法で発行する債券のことを「私募債」と呼んでいる。

（3）自己金融

自己金融とは，会社がみずからの貯蓄によって所要資金を賄う金融方式のことをいうが，具体的には経営活動によって得た利益を蓄積した資金がこれに相当する。会社の利益のうち内部に留保される資金および減価償却引当金などが資金源となる。借入金や株式発行に比べて資金の安定性，コスト面から会社にとって最も望ましい資金調達方法であるとされている。会社が設備投資をする場合，一般的に所要資金の一部を自己金融で賄う方法が取られている。

（4）民間銀行の経営戦略の転換

金融機関の 2006 年末中小企業向け総貸出残高は，256.9 兆円である。98 年末と比較すると 10 年間で 88 兆円（△25.5％）減少している。その後，さらに減少して 2012 年末には 243 兆円（06 年比△5％）となっている。金融機関別の内訳は，民間金融機関が 221.1 兆円に対して，政府系金融機関は 22.5 兆円で 9.1％を占めている。民間金融機関の貸出残高が減少した主な要因は，「貸し渋り」，「貸し剥がし」および不良債権の償却，大手金融機関，第二地方銀行，信用組合等の破綻・救済合併によって貸出資産が圧縮されたことである。バブル経済崩壊以後の不況期間に政府系金融機関は，中小企業政策に基づいて積極的に補完融資を行ってきた。その結果，中小企業向け総貸出残高に占める割合は，9.2％に上昇（0.8％増加）したが，2000 年代に入って借入金残高が減少し財務状態の改善が進んでいる。

2003 年 3 月，金融庁は，地域経済の活性化に向けた金融機関の具体的支援策としてリレーションシップバンキングの機能強化に向けた「アクションプログラム」を公表した。その主な項目の内容は，①創業・新事業支援機能の強化

を図る，②取引先企業に対する経営相談・支援機能の強化を図る，③早期事業再生に向けた積極的取り組みを促進する，④新しい中小企業金融への取り組みの強化を図る，⑤顧客への説明態勢への整備，相談・苦情処理機能の強化を図るなどである。アクションプログラムは，さらに地域金融機関が中小企業の将来性や技術力を的確に評価できる人材の育成，融資審査体制の強化を図るとともに，産学官ネットワークの構築・活用，ビジネスマッチング情報を提供する仕組みなど組織体制の整備・確立を求めている。そして中小企業の過剰債務構造を解消し，事業再生への早期着手を図ること，中小企業再生支援協議会の機能を積極的に活用すること，キャッシュフローを重視し，担保・保証に過度に依存しない健全な財務構造を確保することを促している。

第2節　中小企業の経営分析

1．経営分析とは何か

　金融庁は金融機関に対して，「アクションプログラム」を実行するうえで，企業の経営実態を的確に把握することの必要性を強調している。この経営実態を把握する手法として，一般的に経営分析という手法が活用されている。経営分析とは，一般的に貸借対照表，損益計算書，製造原価明細書などの財務諸表を資料として，それらの資料にある数字を分析，検討して，経営内容がどのような状態になっているのかを判断することをいう。具体的には，算出した経営諸比率や金額の増減を，前期と比較したり，同業他社や業界水準と比較することによって，業績の推移を判断したり，業績の良否を判断することである。

　経営分析の手法は，米国の銀行で融資先，投資先の信用状態を判断するために開発された手法だと言われている。その後，企業の利害関係者である株主，仕入れ先・販売先，債権者，労働組合，税務当局などが，それぞれの立場で会社の経営実態を把握する手法として普及し，その分析方法も高度化してきた。現在では企業の外部者ばかりでなく社内の経営者・管理者も経営計画・収益管理のために必要不可欠な手法として活用されている。

　企業は，1年以内に経営活動の結果をまとめて報告書（財務諸表）として作成

することが，会社法・税法，会計法規などによって義務付けられている。財務諸表を作成する目的は，経営者が株主（出資者），金融機関，税務署など企業の利害関係者に財務情報を報告するために作成される。すなわち財務諸表とは，決算時に作成される貸借対照表，損益計算書，製造原価報告書の他，株主資本等変動計算書，キャッシュフロー計算書などの財務情報を記入した書類の総称である。

（1）貸借対照表（b/s：balance/sheet）

貸借対照表は，会社の一定時点（決算日当日）の財務状態を表している有益な資料である。その構成は，左側に資産の項目，右側に負債（他人資本）と純資産の部（自己資本）の項目が配置されている。資産の項目は，流動資産，固定資産，繰延資産に区分され，これらの合計額を総資産という。一方，右側にある負債の項目は流動負債と固定負債に区分される。この負債の合計額と純資産の部の金額を合計したものを総資本（負債および資本の合計）と呼んでいる。貸借対照表の左側の総資産と右側の総資本の金額は一致している。

貸借対照表の右側にある負債を「他人資本」，純資産の部を「自己資本」と呼ぶ。これらの項目は企業の資金調達の内訳を表している。具体的には他人資本である流動負債は1年以内に返済・支払する資金を調達する勘定科目が配置されており，固定負債は1年超・長期にわたって返済する長期資金の調達の内訳を表している。また純資産の部は資本の項目（自己資本）とも称して，資本金，資本準備金，利益剰余金，自己株式等の科目で構成されている。純資産の部の割合（自己資本比率）が，総資本の額の過半数を上回れば負債の返済能力に余裕があり安全であると判断されている。

他方，貸借対照表の左側に配置されている総資産の項目は，会社が所有する資産をどのような方法で運用しているか，その内訳を表している。すなわち流動資産は，1年以内に資金化できる資産のことであり，固定資産は1年超・長期にわたって資金化が可能な資産であることを意味している。したがって流動資産の金額が流動負債の金額の1.5倍～2倍の割合であれば短期の支払能力は余裕があると評価できる。このように貸借対照表は，企業の資金調達および資

図表 8 − 3　貸借対照表の資金的側面（要約）

(借方) 資金の運用		(貸方) 資金の調達	
流動資金	流動資産 （短期回収） 〔受取 a/c, 在庫などのうち, 恒常的な残高は, 実質的な運用のかたちとしては, 固定資金である。〕	流動負債（短期支払） 〔支払 a/c, などのうち, 恒常的な残高は, 実質的な調達のかたちとしては, 固定資金である。〕	流動資金（動の部分）
		固定負債 （長期返済）	固定資金（静の部分）
固定資金（静の部分）	固定資産 （長期回収）	引当金 （返済不要）	
		自己資本 （返済不要） 〔厳密には, 未処分利益中の社外流出分（配当・役員賞与など）を控除しなければならない。〕	
	繰延資産		

（集めた資金をどのようなかたちで運用しているかを勘定科目名で表している。）
（資金をどのようなかたちで集めているかを勘定科目名で表している。）

出所：足立文夫『銀行員の新経営分析』ビジネス教育出版社，1990 年，212 ページ。

産運用の内訳を表しているので，これらの項目を比較・分析することによってバランスの取れた財務状態であるかどうか，を診断するのである。

（2）損益計算書（P/L：profit and loss statement）

損益計算書は，一定期間の会社の収益と費用の明細が表示されている。すなわち収入がどれだけあって，費用にどれだけ使ったかがわかるので，その結果いくら儲かったかがわかる。

売上高は，会社が販売活動によってこの1年間に取引先に商品を納入し，販売代金を請求した総額である。この中には，まだ代金を回収できないため売掛金として計上している売上代金も含まれている。また売上原価は，会社が販売活動するためにこの1年間に仕入先から商品を仕入れた代金の総額である。この中には，まだ仕入代金を支払わないで買掛金として計上している仕入代金も

図表 8 − 4　損益計算書（要約）

	科　目	金　額 （百万円）	構成比 （％）	対前期増 減率（％）
経常損益の部	売　上　高	6,331	100.0	15.5
	営　業　費　用			
	売　上　原　価	4,878	77.0	17.0
	販売費および一般管理費	1,014	16.0	11.8
	合　　　計	5,892	93.0	16.0
	営　業　利　益	439	7.0	10.0
	営　業　外　収　益	169	2.7	△ 1.2
	営　業　外　費　用	498	7.9	24.8
	経　常　利　益	110	1.7	△ 37.2
特別損益の部	特　別　利　益			
	固定資産売却益	100	1.6	1,000.0
	特　別　損　失			
	固定資産売却除却損	89	1.4	64.8
	税引前当期利益	121	1.9	△ 7.6
法　人　税　等　引　当　額		69	1.0	△ 13.8
当　　期　　利　　益		52	0.9	2.0
前　期　繰　越　利　益		5	−	−
当　期　未　処　分　利　益		57	0.9	2.0

出所：足立文夫『銀行員の新経営分析』ビジネス教育出版社，1990年，229
　　　ページを（一部）修正。

含まれている。なお，製造業の場合は，製品の生産にかかった費用の総額およびその内訳を記入した製造原価明細書が作成される。この売上原価は，営業費用の中で最も大きな割合を占める費用であり，製造業や卸・小売業では売上高の 60 〜 80 ％を占める。すなわち，資金は仕入代金の支払いのために最も多く使われているのである。年間売上高から売上原価を差し引くと売上総利益（粗利益）が算出できる。

　売上原価の次に資金を多く使うのは，販売費および一般管理費という項目で呼ばれる営業費用である。これは会社が経営活動するために必要な費用の総称である。したがって販売費および一般管理費の項目には，多くの種類の費用科目がある。その中でも大きい金額を占めるのが人件費である。具体的には役員

報酬や従業員の給料・賞与などである。さらに従業員の健康管理や社宅・独身寮および保養施設等の管理費用である福利厚生費等も含まれる。これら人件費と呼ばれる費用が，一般的には販売費および一般管理費の約半分を占めている。

　会社が新商品を開発して新しい市場を開拓しようとするときには，顧客に新製品の特徴を知ってもらうために宣伝活動を行う（広告宣伝費）。また会社は取引先と友好な関係を維持していかないと業績の発展が期待できないので，社長や役員および営業担当者が，主要な取引先と親交を深めるために会食したり，ゴルフを接待したり，観劇に招待することがある。これらの費用は交際費・接待費として会社の資金で支払われる。こうした費用のほかに，まだ多くの費用科目がある。いずれも会社が営業活動するために必要な経費であるので営業費用として会社の資金で支払っているのである。したがって，売上高総利益から販売費および一般管理費を差し引くと営業利益（営業損失）を算出できる。

　また，会社が営業活動に必要な資金を金融機関から借入れする場合には，借入利息を支払わなければならない。この金融費用は，営業外費用として営業費用と区分して計上しているが，資金が社外に流出していることに変わりはない。一方，余裕資金で定期預金や株式を購入すると預金利息や配当金等を受け取る。これらの収入は営業外収益として計上される。したがって，営業利益に営業外収益を加えて営業外費用を差し引くと経常利益（経常損失）を算出できる。

（3）キャッシュフロー計算書

　キャッシュフロー計算書とは，「資金（現金・預金）がどれだけ，どういう理由で増減したかを明らかにしたもの」である。このキャッシュフロー計算書は，大企業に法定化されたものであるが，中小企業の財務状況をみる上で有益な財務情報である。キャッシュフロー計算書は，資金の出入計算であるが，①「営業活動によるキャッシュフロー」（営業収入，原材料・商品の仕入支出，人件費支出，その他の営業支出，利息および配当金の受取額，利息の支払額など），②「投資活動によるキャッシュフロー」（有形固定資産の取得による支出など），③「財務活動によるキャッシュフロー」（長期借入れによる収入，長期借入金の返済による支出など）の3区分に分けて表示する仕組みである。

なお，実務的には，営業キャッシュフローから投資キャッシュフローを差し引いたものをフリーキャッシュフローといっている。フリーキャッシュフローとは，経営者が見て自由に使うことのできる資金という意味で用いられている。すなわち，経営者が自分の意志で設備投資をしたり，借入金の返済をしたりすることのできる資金のことである。したがって，キャッシュフロー計算書を分析する場合には，営業キャッシュフロー，投資キャッシュフロー，フリー

図表 8 − 5　キャッシュフロー計算書（要約）

自 平成××年××月××日　至 平成××年××月××日（単位：千円）

Ⅰ	営業活動によるキャッシュフロー	
	営業収入	2,800
	原材料または商品の仕入れによる支出	− 850
	人件費の支出	− 350
	その他の営業支出	− 600
	営業活動によるキャッシュフロー	＋ 1,000
Ⅱ	投資活動によるキャッシュフロー	
	有価証券の取得による支出	− 1,000
	有価証券の売却による収入	1,200
	有形固定資産の取得による支出	− 2,500
	有形固定資産の売却による収入	1,500
	投資活動によるキャッシュフロー	− 800
Ⅲ	財務活動によるキャッシュフロー	
	短期借入れによる収入	50
	短期借入金の返済による支出	− 1,500
	株式の発行による収入	3,000
	配当金の支払額	− 1,700
	財務活動によるキャッシュフロー	− 150
Ⅳ	現金および現金同等物の増加額（または減少額）	＋ 50

（営業キャッシュフロー部分）仕入や人件費支出を上回る営業収入があったため，営業キャッシュフローはプラスになっている。

（投資キャッシュフロー部分）当期，新規事業開発のために有形固定資産の取得による支出が大きかったため，投資活動によるキャッシュフローはマイナスになっている。

（財務キャッシュフロー部分）株式の発行による収入が大きかったが短期借入金の返済や配当金の支払額の支出が大きかったため，財務活動によるキャッシュフローはマイナスになっている。

（合計部分）3区分のキャッシュフローで投資・財務のキャッシュフローがマイナスだったが，営業キャッシュフローがプラスだったため，トータルはプラスとなった。

出所：澤　昭人『図解・キャッシュフロー早わかり』中経出版，2003年，151ページを（一部）修正。

キャッシュフロー（FCF），財務キャッシュフローの最終的な増減額のプラス・マイナスを書き込み，そのバランスを見ることがポイントである。

2．収益性の分析

　会社が存続・発展するためには，それにふさわしい利益をあげなければならない。そのためには会社の収益状況がどのような状態になっているのかを財務諸表を分析，検討する必要がある。すなわち収益性の分析は，企業の財務構造の良否，経営活動の適否を総合的に判断するための有効な手段である。

　投下した資本に対して利益がどれだけあったかを示す経営比率として，資本利益率の点から会社を見る。各種資本に対する利益の割合は，以下の経営比率を算出すればよい。

（ア）資本金対純利益率（％）＝当期純利益÷資本金×100
（イ）自己資本対経常利益率（％）＝経常利益÷自己資本×100
（ウ）経営資本対営業利益率（％）＝営業利益÷経営資本×100
（エ）総資本（総資産）対経常利益率（％）＝経常利益÷総資本（総資産）×100

　収益性の分析は，一期間だけの比率で経営内容を判断することは困難である。2期間または3〜5期間の比率を算出して，それぞれの比率の推移を見たり，所期の経営計画と比較したり，同業他社あるいは業界水準の指標と比較することが必要である。

　なお，総資本（総資産）経常利益率は，収益性を表す総合的な指標である。したがって総資本経常利益率は，企業の収益性を見る主要な指標ということができる。その理由は，以下の算式で表すことができるからである。

総資本対経常利益率（％）＝総資本回転率（回）×売上高経常利益率（％）
　　　↓　　　　　　　　　　　　↓　　　　　　　　↓
経常利益／総資本×100（％）　売上高／総資本（回）　経常利益／売上高×100（％）

　総資本経常利益率は，総資本回転率と売上高経常利益率の増減によって変化するので，収益性を上げるためにこれらの経営比率を改善することが必要である。

3. 安全性の分析

　安全性の分析の目的は，資金の運用と資金の調達の関係から，財務構造の健全性，会社の支払能力を分析，検討することである。それは会社が黒字であっても資金繰りが不安定であれば資金不足の事態を引き起こし，支払不能に陥って「黒字倒産」することがあるからである。

　安全性を分析，判断するためには以下の3つの視点から分析・検討する。

　（ア）短期資金の支払い能力を見る経営比率
　　　① 流動比率（％）＝流動資産 ÷ 流動負債×100
　　　② 当座比率（％）＝当座資産 ÷ 流動負債×100
　　流動比率は150％〜200％，当座比率は100％以上が適正な水準である。

　（イ）固定資産の設備投資資金が適正な方法で調達されているかを見る経営比率
　　　① 固定比率（％）＝固定資産÷自己資本×100
　　　② 固定長期適合率（％）固定資産÷（自己資本＋固定負債）×100
　　固定比率は100％以下，固定長期適合率は50％以下が適正な水準である。

　（ウ）負債の返済能力を見る経営比率
　　　① 自己資本比率（％）＝自己資本÷総資本×100
　　自己資本比率は50％以上が適正な水準である。

　　　② インタレスト・カバレッジレシオ（倍）＝（営業利益＋受取利息・配当金）÷支払利息・割引料
　　借入金利息の支払い能力を見る指標で，2倍以上が適正な水準である。

4. 成長性の分析

　会社は，長期持続的な成長・発展をすることが期待されている。そのためには産業構造の将来を見通して将来性を検討するとか，過去の業績の伸び具合を

考えて将来を予測するとかして,会社の成長性を把握することが必要である。成長性の分析は,業界の地位や企業スケール,収益,費用の増減率がバランスのとれた変化をしているかを判断するうえで大切である。成長性の分析は,以下の諸比率を算出して検討する。

(ア) 売上高増加率 (%) = 当期の売上高÷前期の売上高×100
(イ) 売上高総利益増加率 (%) = 当期の売上高総利益÷前期の売上高総利益×100
(ウ) 営業利益増加率 (%) = 当期営業利益÷前期営業利益×100
(エ) 総資本増加率 (%) = 当期の総資本÷前期の総資本×100
(オ) 一人あたりの売上高増加率 (%) = 当期の一人当たり売上高÷前期の一人当たり売上高×100

これらの諸比率は,相互に関連しているので,増加率(伸び率)がほぼ同程度で推移していることが望ましい。前期の比率と比較して各比率がどのように変化したか,を見ることが大切である。また,売上高の伸び率(増加率)を利益率の伸び率(増加率)が上回ることは,収益性の改善を意味するので望ましい傾向である。

◆参考文献◆

足立文夫『銀行員の新経営分析』ビジネス教育出版社,1990年。
坂本恒夫・鳥邊晋司編著『スモールビジネスの財務』中央経済社,2009年。
澤 昭人『図解・キャッシュフロー早わかり』中経出版,2003年。
国民金融公庫総合研究所編『ポストビッグバンの中小企業金融』中小企業リサーチセンター,1999年。
中小企業庁編『中小企業白書2007年版,2013年度版』ぎょうせい,2007年。
金融庁「リレーションシップバンキングの機能強化に関するアクションプログラム」2003年。
金融庁「金融改革プログラム―金融サービス立国への挑戦」2004年。
都銀懇話会「『金融ビッグバン』構想後10年の規制緩和等に関する検証」2007年。

第9章
中小企業経営と資金調達

第1節　中小企業と財務

　中小企業経営における諸問題の1つに必要な資金をいかに調達するかという問題がある。企業経営においては,「ヒト・モノ・カネ・情報」の経営資源をいかに獲得し,活用するのかが問題である。その中でも,ヒト・モノ・情報を獲得するに先だって必要となるカネの問題はとても重要な経営上の課題である。

　中小企業の多くは,資金が潤沢ではないし,必要な資金を調達するにもいくつかの制約がある。大企業の場合は,株式や社債を発行することによって資金調達を行うことができる。しかし,中小企業の場合は,株式や社債といった広く一般から資金を集めることは難しい。そのため,必要な資金は金融機関からの借入が中心となり,借入金への依存度が高くなる傾向にある。

　資金調達に占める借入金の依存度が高いということは,総資本に占める自己資本の割合（自己資本比率）が低いということになる。しかし,その一方で,資金調達に占める自己資本の割合が近年上昇傾向にあるというデータもある。図表-1は,2000年以降の大企業と中小企業の自己資本比率の推移を示している。このグラフをみると,双方ともに若干の変動は見られるものの,おおむね自己資本比率が上昇している傾向がわかる。

　この自己資本比率の改善については,次のように解釈することができる[1]。90年代の半ば以降,中小企業に対する資金融資の貸し渋りが大きな課題になり,その対策が産業政策においても重要課題となった。この時期,貸し手であ

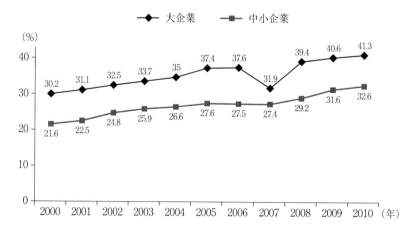

図表9－1　企業の自己資本比率の推移

（注）中小企業は「中小企業基本法」の定義。大企業は中小企業以外。
出所：渡辺幸男ほか『21世紀中小企業論』第3版，有斐閣，2013年，266ページ。

る銀行は，自身の経営の健全化を図ることを求められ，融資先への審査を厳格に行い，不良債権を整理回収しなければならなくなっていた。このため，融資を絞り込み，貸出資金を回収することによって自己資本の充実を図りながら，不良債権の処理を進めた。このような状況下で，企業としてもこれまでの借入への高い依存度を改め，自己資本を充実させることで，財務体質の健全化に努めなければならなかった。というのも，みずからも経営の健全化を求められていた金融機関にとって，業績の悪化した企業や安全性に問題のある企業への融資は困難であったからである。したがって，自己資本を充実させることができない企業では，必要な資金を調達することができず，倒産や廃業につながってしまう。

　この結果，2000年以降の中小企業の自己資本比率は上昇を続けることになった。大企業でも同様の傾向を示しているが，これも金融機関からの借り入れが厳しくなったことに加え，借入依存からの脱却，業績回復による自己資本の充実などの結果と考えられる。また，このように，自己資本の充実を通じた財務体質の健全化が，借入等の資金調達を得るための必要条件となっていたといえ

る。

　大企業であれば市場を通じた資金調達により，必要な資金を調達することもできる。しかし，中小企業の場合，増資や社債などの金融機関からの借入以外の方法で外部資金を調達する手段が限られていた。そのため，中小企業では自己資本の充実が遅れており，負債への特に金融機関への借入へ過度に依存する体質という財務的特徴が生じている。

第2節　中小企業の資金調達の特徴

　資金調達の方法には複数の選択肢が存在する。その内容は図表9－2のように，いくつかの視点から分類することができる。

　資金調達を分類する方法としてはまず，資金をだれが提供するのかという観点から，他人資本（負債）と自己資本（株主資本）とに分類できる。他人資本は資金の提供者に返済する必要のある資金であり，資金利用のコストとして利息の支払いが必要となる。一方，自己資本は出資者（株式会社であれば株主）に帰属するものであり，返済する必要がない資金である。

図表9－2　企業の主な資金調達手段

外部金融	間接金融 （借入金）	手形借入 証書借入 手形割引 当座借越	他人資本
	企業間信用	買掛金 支払手形	
	直接金融	社　債 コマーシャル・ペーパー（CP）	
		株　式	自己資本
内部金融		内部留保 減価償却	

出所：筆者作成。

また，資金がどのようなルートをたどって調達されるのかという観点からは，直接金融と間接金融という分類ができる。直接金融とは，企業が資本市場を通じて投資家から直接資金を調達するもので，株式や社債による調達が代表的なものである。これに対して，間接金融とは，企業と投資家との間に金融機関が介在する資金調達手段であり，金融機関からの借入が代表的なものである。

さらには，資金の源泉が企業の外部か内部かによって，外部金融と内部金融に分類される。直接金融や間接金融による資金調達の場合は，いずれも企業から見て「外部」の主体から調達することになるので外部金融ということになる。これに対して内部金融は，自己金融ともいわれ，企業内部に蓄積された資金を活用するものである。内部留保や減価償却がこれにあたるが，これらは企業活動の成果として発生する資金であり，外部金融のように必要に応じていつでも調達できる資金ではない。

図表9－3の資本金規模別にみた資金調達構造から，中小企業の資金調達の現状を概観したい。

まず，指摘できるのは，資本金が小さくなるほど自己資本の割合が小さくなっていることである。特に，資本金が10百万円未満の小規模企業では，7.6％と極めて小さい数字になっている。

図表9－3　資本金規模別の資金調達構造

(単位：％)

資本金 (百万円)	企業間 信用	短期 借入金	長期 借入金	社　債	その他 負債	自己資本
1,000 以上	10.0	9.2	13.0	6.6	18.9	42.3
100~1,000 未満	18.7	13.3	12.4	0.8	20.2	34.5
50~100 未満	16.0	11.4	19.4	1.2	17.8	35.2
10~50 未満	12.2	12.9	31.1	1.3	14.5	28.9
10 未満	5.7	14.3	45.4	0.1	26.9	7.6

出所：「法人企業統計年報（平成23年版）」に基づき作成。

反対に，資本金規模が小さくなるほど他人資本の割合は増加する。特に規模が小さくなるほど短期と長期を合わせた借入金の割合が高くなり，資本金10百万円未満の企業では6割近くに達する。しかし，同じ他人資本であっても，社債の利用は極めて少なく，小規模の企業ではほとんど利用されていない。

1．借入金による資金調達

　前述したとおり，中小企業では資金調達における金融機関からの借入への依存度が高い。中小企業の借入先には民間金融機関と政府系金融機関がある。民間金融機関には，都市銀行，地方銀行，第二地方銀行，信用金庫，信用組合などがある。このうち，信用金庫，信用組合，政府系金融機関の3つを特に中小企業専門金融機関という。

　信用金庫は，1951年の信用金庫法により設立されたものであり，信用協同組合が発達した金融機関である。預金はだれからでも受入可能であるが，貸出に関しては会員である中小企業や個人を対象とし，同一人に対する貸出の制限がある。会員になる条件には，従業員が300人以下，資本金9億円以下などがある。

　信用組合は，1949年の中小企業等協同組合法により設立されたものである。預金の受入は組合員限定となっており，貸出も組合員である中小企業限定となっている。また，同一人に対する貸出制限がある。組合員になる条件には，従業員が300人以下または資本金3億円以下の事業者などの規定がある。

　政府系金融機関は，中小企業の保護・育成などの政策を行うために設立された金融機関である。民間金融機関では融資が困難な中小企業に対して，設備投資資金などの長期資金の供給を行う，民間金融機関の補完的機能を持つ。商工組合中央金庫は中小企業等協同組合およびその構成員を対象として業務を行っており，日本政策金融公庫[2]は，一般の金融機関が行う金融を補完し，中小企業者などが資金調達を円滑に行うことができるよう設立された。小口の事業資金金融などを行う国民生活事業や中小企業への長期事業資金の融資などを行う中小企業事業などが主な業務である。

2．直接金融による資金調達

　直接金融による資金調達としては，社債やコマーシャル・ペーパー（CP），株式の発行がある。社債は確定利子つきの有価証券を発行して，債券市場で販売することで資金を調達する方法である。負債であるため，一定期間後には償還する必要がある。CP は短期資金を調達するための有価証券である。

　社債や CP の発行は，借入よりも有利な条件で多額の資金を調達できるという利点がある。しかし，それには発行する企業の知名度や信用が必要になる。それらが低ければ，債権者は高い利回りを要求することになり，資本コストは高くなる。また，発行に際しては企業経営状況の開示や格付け機関からの評価も必要になる。このため，一部の優良企業を除いて，一般の中小企業ではこれらの資金調達方法を用いることは困難である。この状況は，図表9－3のデータでも確認できる。

　株式による資金調達は，企業の資金調達の中でも最も基本的な方法である。株式で調達資金は返済する必要がなく，企業が最も安定した形で利用できる資金である。そのため自己資本ともいわれる。しかし，資金を提供する側からみると，キャピタルゲイン（株式の値上がり益）や配当収入（インカムゲイン）がなければ出資はしにくい。

　だが，中小企業の株式が株式市場で売買されることは少ない。そのため中小企業に出資し，株式を所有したとしても自由に売買できない。また，収益性も低いことが多く，高い配当や安定した配当などは期待できない。このようなことから，中小企業では株式による資金調達を広く一般から行うことが難しくなる。

　実際，中小企業の多くでは，中小企業の経営者と所有者が同一であるか，あるいは経営者の血縁者・関係者が所有者となることが多い。株式会社という制度は本来，所有権である株式が自由に売買できることと，所有者の会社債務に対する責任が出資額を限度に制限されること（有限責任制）を通じて，広く一般から資金を集める仕組みとして発達した。しかし，中小企業の多くが株式会社という制度を採用しているにもかかわらず，広く一般から資金を集めるというその機能を活用しているとはいえない。つまり，多くの中小企業では，株式会

社とは名ばかりで，個人企業と同じような状況にあるといってよい。

　社債や CP による資金調達も難しく，株式の発行による資金調達も難しいため，間接金融つまり金融機関からの借入に依存せざるをえない。

3．内部金融
　企業内部に蓄積された資金を活用するのが内部金融である。これには内部留保と減価償却費がある。

　企業はその活動を通じて売上高などの収益を得る。そこから売上原価や販売管理費などの費用を差し引き，利益が計算される。この利益から法人税や住民税などが差し引かれ，残りが当期純利益となる。この純利益が内部留保や配当の源泉となる。

　企業が保有する資産で，使用や時の経過とともに価値が減少する資産は，その減少分を減価償却費として減額して資産計上する。このとき計上される減価償却費は，実際に費用として誰かに支払われるのではなく，支払うべき相手が存在しない。そのため，費用として計上されても企業外に流出せずに減価償却費として企業内に蓄積され，資金として活用できる。

　内部留保と減価償却費は企業の営業活動が順調であれば，企業内に蓄積され，それは設備資金や運転資金などに活用することができる。しかし，企業が損失を出すと内部留保が減少してしまい，資金として活用できなくなる。また，外部金融のように，資金需要に応じて，資金を増やすことも困難である。

第3節　中小企業の金融の課題

1．自己資本の不十分さ
　わが国には約 300 万社の企業があるといわれているが，そのほとんどは中小企業だと考えられる。これらの会社の多くは，血族関係・地縁関係を中心とした出資者によって設立され，出資者みずからが経営する企業である。つまり，中小企業の多くが，同族経営で閉鎖的な出資者構成になっているといってよい。

地縁・血縁関係に限定された出資者である場合、例えば事業拡大のため、大規模な投資資金が必要になったときに、その資金需要に応えることができるかどうかは疑問である。というのも、限られた出資者の個人的な資金には限界があり、会社の成長資金を十分カバーできるとは限らないからである。

一方、前節でも指摘したが、中小企業では株式による資金調達を広く一般の投資家から募ることも難しい。というのも、中小企業向けの直接金融市場がまだ整備されていないからである。また、広く一般の投資家からの出資を受け入れた場合、経営権の確保が難しくなることに対する懸念というのも考えられる。特に同族的な経営の場合、一族以外の支配権が拡大することは、歓迎すべき状況ではないだろう。こうした理由から、中小企業における自己資本の充実が遅れているものと考えられる。

しかし、企業の長期的な安全性を考えると、過少すぎる自己資本（＝低い自己資本比率）は、経営のリスクを高めることにつながり、経営者のみならず金融機関を含む投資家にとっても好ましい状態ではない。将来の環境変化に柔軟に対応するためにも、自己資本の充実が求められる。

2．借入依存度の高さ

前項でもふれたとおり、大企業であれば、株式や社債の発行といった直接金融による資金調達が可能である。しかし、中小企業の多くは証券市場から株式や社債といったコストが低くかつ広く一般の投資家から資金を調達する手段を利用するのは難しい。そのため、特に金融機関からの借入への依存度が高くなることは、図表9-3からも明らかである。

中小企業が大企業に比べて借入金が高い理由は、①過少資本であること、②借入金利息が経費で処理できること、③株式・社債よりも調達コストが低いこと、④事務負担経費が低減できることなどが指摘されている[3]。

資金調達が借入への依存度が高い状態では、資金繰りの悪化や倒産や債務を返済できないリスクも高くなる。仮に、支払能力に不安があると見なされれば、金融機関をはじめとする債権者は一斉に返済を求めるようになる。このような状況では、借入を長期で安定した資金とみなして利用することが難しくな

る。さらに，長期で安定した資金を調達できなければ，設備投資など長期的な戦略を立てることも難しくなる。そのため，収益性を高めることができなければ内部留保の増加も望めず，自己資本の充実も困難になる。高すぎる借入依存度は，さまざまな面から中小企業の経営を圧迫する要因になるといえよう。

3．物的担保の不足

前項で取り上げたとおり，中小企業の資金調達手段の中心は，金融機関からの借入である。その際，特に不動産を担保にした借入や経営者を保証人とした借入が行われる。担保とは資金を借りる企業（債務者）が負債を返済できなくなる（債務の不履行）場合に備えて，借手と貸手の間に設定されるものである。債務の不履行になった場合，債権者（金融機関）はその担保によって返済に充てることになる。担保として利用されるのは，不動産や動産など企業が所有する資産や経営者が所有する資産である。これらを物的担保という。

金融機関から借入をする場合，不動産や有価証券などを物的担保として提供したり，経営者やその親族が保証人になることを求められる場合が多い。このとき，経営者個人の名義の不動産を担保に提供することや経営者自身やその関係者が保証人となることを個人保証という。これも中小企業金融における問題の1つと指摘されている[4]。

中小企業の多くは十分な資産を保有していない場合も多く，借入の際に求められる担保を提供できず，借入ができないこともある。このようなケースで金融機関が求めるのが個人保証である。これは，仮に企業が借入金を返済できないときには，経営者がその個人財産を提供して返済しなければならないということである。

前節でも述べたが，中小企業の多くが採用している会社制度である株式会社制度は，出資者の有限責任が保障されている。つまり，会社の債務に対して出資額を限度とするというものである。しかし，中小企業の経営者は，この個人保証によって，有限責任の範囲を超える債務に対する責任を負うことを求められる。

第4節　新たな中小企業金融の方向性

1．ABL（Asset Based Lending）：動産・流動資産担保融資

　これまでの借入は，有担保原則のもと何らかの担保を提供する必要があり，一般的には土地などの不動産や有価証券などが多く使われる。しかし，企業や経営者に担保として提供できる資産がなかったり，すでに担保として提供されているなど，新たな借入が困難な企業も少なくない。そこで，企業の保有する資産のうち，売上債権や棚卸資産（在庫），商標権などの動産・流動資産を担保として融資をする仕組みが利用できるようになった。

　従来は売上債権を担保とした融資として行われていたが，次第に担保とする資産が拡大され，棚卸資産や各種債権なども含まれるようになり，利用が拡大している。土地などの担保のない企業や信用力が乏しい企業でも融資を受けられるようになり，利用の拡大が期待される。

　これらの新たな融資の仕組みは，信用保証組合が金融機関に対して中小企業者の債務を保証する「信用保証制度」や，信用保証協会が日本政策金融公庫に対して再保険を行う「信用補完制度」[5]と並んで，中小企業の物的担保不足を補い，資金調達の円滑化を進めるための有効な手段となる。

2．社債の活用

　これまでみてきたように，中小企業の直接金融の活用はかなり制限されており，ほとんど利用されていない。特に，社債は中小企業の利用がほとんどないに等しい状況である。

　社債は，株式と同様に投資家から直接資金を調達する直接金融の1つであるが，社債を購入した社債権者は会社の所有者ではなく，株主総会の議決権ではないため，経営者の支配権が損なわれる恐れはない。

　一方，社債は社債権者に対してあらかじめ定められた期日である償還日に資金を返済（償還）する必要があり，償還までの間利息を返済する有利子債務であり，借入金の一種である。しかし，特定の金融機関からの借入とは異なるの

で，社債の活用は，企業にとって資金調達手段の多様化につながる。さらには，金融機関からの借入とは異なり，償還日に一括返済するものが多く，この間の支払いは毎期の利息だけである。つまり，償還日までは借り続けていられる長期かつ安定した資金として利用できる。

中小企業にとって利用しやすい社債として「少人数私募債」がある。これは，不特定多数の投資家に「公募」するのではなく，限られた投資家から資金を調達する「私募」の形をとる。募集総額が1億円未満で，募集対象者が証券会社や銀行などではないこと，募集対象者が50人未満であることなどの制約はあるが，この条件を満たせば有価証券届出書の提出が免除されて発行手続きが簡素化できる。無担保，無保証で発行できるため，中小企業の資金調達の多様化に役立つと考えられる。

3．自己資本の充実に向けて

中小企業が財務基盤を健全化し，経営を安定化するには自己資本に充実が必要である。しかし，これまでみてきたように，中小企業の自己資本は不十分であり，閉鎖的な出資者構成であること，直接金融を利用して広く一般から資金を集めにくいことなどの問題がある。そのため，特に所有者と経営者が同一である企業では，出資者が限定されることもあり，企業成長に伴って必要となる追加の資金を出資によって確保することは難しい。

一方，仮に利益が増加したとしても，その利益を最大限に圧縮することを考える企業が多い。そのままでは内部留保の蓄積を通じた自己資本の充実は困難であり，いつまでも過小資本の状態で不安定なリスクの高い経営をつづけることになってしまう。また，そのリスクの高さが投資家の信用を損ない，必要な資金を調達できない可能性を高めることにもなる。

そのためには，これまでみられたような売上高重視の企業経営から，利益率・収益性を高めることを重視した経営への意識の転換も必要になるだろう。利益の確保は内部留保の拡大となり，それが自己資本の充実につながる。それは，そのまま企業の財務状態の健全化となる。将来の不確実な環境の変化に対応するためには，財政基盤を整え，さまざまな資金調達手段を活用できる状態

にすることが必要であろう。

【注】

（1）渡辺幸男・小川正博・黒瀬直宏・向山雅夫『21世紀中小企業論』有斐閣, 2013年, 266～267ページ参照。
（2）2008年10月に国民生活金融公庫と中小企業金融公庫が農林漁業公庫, 国際協力銀行も含めて統合され日本政策金融公庫となった。
（3）坂本恒夫・鳥邊晋司編著『スモールビジネスの財務』中央経済社, 2009年, 40ページ参照。
（4）植田浩史ほか『中小企業・ベンチャー企業［新版］―グローバルと地域のはざまで』有斐閣, 2014年, 206ページ参照。
（5）「信用保証制度」と信用補完制度については, 植田ほか『同書』207～209ページ参照。

◆参考文献◆

植田浩史ほか『中小企業・ベンチャー企業［新版］―グローバルと地域のはざまで』有斐閣, 2014年。
今 喜典『中小企業金融と地域振興』東洋経済新報社, 2012年。
財務省「法人企業統計」。
坂本恒夫編, 現代財務研究会著『テキスト財務管理論（第4版）』中央経済社, 2011年。
坂本恒夫・鳥邊晋司編著『スモールビジネスの財務』中央経済社, 2009年。
中小企業庁『中小企業白書』。
藪下史郎・武士俣友生編著『中小企業金融入門（第2版）』東洋経済新報社, 2009年。
吉野直行・渡辺幸男編著『中小企業の現状と中小企業金融』慶応義塾大学出版会, 2006年。
渡辺幸男・小川正博・黒瀬直宏・向山雅夫『21世紀中小企業論』有斐閣, 2013年。

第10章
中小企業における人材育成・能力開発と雇用の外部化

第1節　はじめに―中小企業の人的資源の問題

　企業は，ヒト（人的資源）・モノ（生産設備）・カネ・情報の主に4つの経営資源を駆使して事業活動の最大化を目指す。そして，その実行のためにさまざまな資源管理活動を行う。本章で考察するのは，これら経営資源のヒトに関する管理，すなわち人的資源管理であり，特にその育成・開発と外部からの調達を取りあげる。

　企業は人的資源を活用して事業活動を営むが，既存の人的資源では対応できないことがある。必要な人的資源と保有する人的資源の能力にギャップが生じることがあるからである。そこで企業はギャップ解消に努力する。ギャップ解消の方法は大きく2つ考えられる。既存の従業員を育成・能力開発する方法と，外部から人材を調達する方法の2つである。これらが，必要な人材と保有人的資源のギャップを解消する主な方法といえるが，現実の企業経営では従業員の能力と能力開発意欲，外部労働市場[1]の状況などを勘案して解消に努めている。

　本章では人材育成・能力開発について次のように考える。企業が従業員を雇用するのは，能力を利用して事業活動に貢献してほしいからである。そして，現在および将来の事業活動において有用な従業員を確保するために，雇用した従業員を育てることを人材育成とする。人材育成には，学び続ける職場風土の整備やマネージャーの部下指導スキル訓練，従業員の教育，人事異動や処遇変

更など多くの手段がある。本章は，そのうちの企業が用意する従業員の教育に関する部分に絞って考察する。他方，人はさまざまな能力[2]を保有するが，その程度は利用を通して明らかとなる。人が持つ能力の可能性を潜在能力といい，潜在能力を利用して役に立つことが目に見える能力を顕在能力と呼ぶ。そして，企業が用意した人材育成の機会を従業員が利用して，潜在能力を顕在能力へ変える取り組みを能力開発とする。

概して大企業に比べ資本力や設備投資機会に乏しい中小企業では，刻々と変わる経営環境に適応するため，経営者を含めた従業員1人ひとりの業務遂行能力が重要となる。しかし，ノウハウの不足や，時間的あるいはコストの問題などから，中小企業の人材育成・能力開発は不十分となりやすい（労働政策研究・研修機構，2010：3）。

中小企業で働く人々は，大企業と比較して同じ企業に勤め続ける「定着率」が低い。この実情から，中小企業経営者の中には人材育成や能力開発に消極的な考えを持つ者もいる。企業が費用負担して育成しても，他社へ転職して（自社にとって）損失となってしまうのでは取り組む意味がない，という考え方である。中小企業は従業員が育たないという意見もこの考えに起因する。しかし，人材育成や能力開発を軽視するならば，それは企業にとって誤った経営戦略となろう。なぜなら，従業員は事業活動する際に不可欠な資源であり，特に中小企業の生産性は最前線で働く従業員の能力に大きく影響を受けることから，転職による損失の可能性があったとしても，そのリスクを認識したうえで人材育成・能力開発に取り組むことが必要なのである。

わが国の企業の多くが，事業性の見込める事業領域への迅速な対応や人件費の変動費化[3]などのために，新しい人的資源管理の道を模索している。その1つの取り組みが，正規従業員を縮小し，パートタイマーやアルバイト，契約社員，派遣社員などの非正規従業員の活用推進である。こうした人的資源管理の変化を雇用の外部化と呼び，企業の労働需要の増減に柔軟な対応を可能としてくれる。

しかし，同じ職場に正規従業員，契約社員，アルバイトといった異なる雇用形態の従業員を配置して，協働しながら事業活動するためには，それぞれの特

性を理解したうえでの組み合わせの適正化が不可欠となる。また，派遣社員は直接雇用する従業員でないため，雇用関係に拠らない人材活用法も求められる。本書が注目する中小企業でも，業種によっては従業員の過半数が非正規従業員となっているものもあり[4]，雇用の外部化は現代中小企業の人的資源管理の学習で欠かせないテーマと考えられよう。

ところで，わが国に存在する企業の99％以上はいわゆる中小企業が占める。他方，雇用者は，図表10－1からわかるように零細規模の事業者が多い農林水産業を除いても，雇用者全体の45％は従業員30人未満の企業で働き，およそ10人に7人は100人未満規模の企業に就業している。また，業種別の雇用者数では，建設業の68％以上が規模29人以下であるのに対して，製造業は

図表10－1　業種別雇用者数と雇用者比率

	従業者規模計	1～4人	5～29人	30～99人	100～499人	500人以上
＜業種別雇用者数＞						
非農林，漁業雇用者数	47,601	4,771	16,825	11,406	9,513	5,088
建設業	3,134	563	1,584	585	292	110
製造業	8,677	426	1,914	2,002	2,398	1,936
サービス業	35,765	3,779	13,313	8,814	6,820	3,041
その他	25	3	14	5	3	1
＜雇用者比率＞						
規模別比率		10.0%	35.3%	24.0%	20.0%	10.7%
非農林，漁業雇用者に占めるサービス業雇用者比率	75.1%	79.2%	79.1%	77.3%	71.7%	59.8%

(注) ①比率以外，単位：千人。また，数値は千人未満を四捨五入しており合計とは一致しない。②サービス業は「電気・ガス・熱供給・水道業」，「情報通信業」，「運輸業，郵便業」，「金融業，保険業」，「不動産業，物品賃貸業」，「学術研究，専門・技術サービス業」，「宿泊業，飲食サービス業」，「生活関連サービス業，娯楽業」，「教育，学習支援業」，「医療，福祉」，「複合サービス業」，「サービス業」の合計値，「その他」は「鉱業，採石業，砂利採取業」の値である。
出所：総務省『平成21年経済センサス』を基に作成。

73％が規模30人以上の企業で働き，非農林・漁業雇用者に占めるサービス業[5]の割合では4人以下規模の79.2％を筆頭に，99人以下の雇用者の78％がサービス業で働くことがわかる。これらの数字は，中小企業の業績とそこで働く人々の動向がわが国の経済に大きく影響することや，サービス業の考察が中小企業の実態に迫るうえで重要となることを示唆してくれる。

以上の問題認識を踏まえて，次節では企業の成長と育成・開発や外部化の関わりを概観する。続く第3節は，人材育成・能力開発の考え方と取り組みについて，中小企業での展開に沿う形で見る[6]。そして第4節で，中小企業の事業活動を担う従業員について外部化が進んだ背景を，正規従業員主体の人的資源管理の課題，企業成長や産業構造の変化などの側面から考察し，最後の第5節ではこの章で述べたことを簡単に振り返っている。

第2節　企業の成長と人材

企業の成長を2つの方向で考えてみたい。1つは「事業性」のある成長が見込める魅力的な事業領域を見出し，そこで事業活動すること。もう1つは人材に代表される「組織能力」を高め，魅力的な事業領域で事業活動を展開することである（高橋，2003：9〜13）。

他者（社）の関与がない未開，あるいはほとんど手を付けていない事業領域であることから，そこに事業性を見出し他に先んじて進出すると仮定する。このような場合，新しい事業領域を切り拓くにはタフな人材が必要となる。すなわち，従業員など組織能力が事業性を活かすのに影響を持つということである。しかし，該当する人材は従前より実施してきた人材育成・能力開発によって輩出されにくい。なぜなら，企業の人材育成・能力開発は，想定される事業領域において有用な育成・開発を行うことが多いからである。その結果，せっかく事業性の拡大が予想されても，必要な従業員の確保が追い付かないこととなる。また，幸運にも魅力的な事業性を活用するだけの従業員がいたとしても，何らかの事情でその人が辞めてしまうと，途端に組織能力が低下する状況に陥ってしまう。

企業の成長にとって事業性と組織能力はどちらも重要であり，企業経営を推し進める際のクルマの両輪のようなものといえる。クルマは左右両輪が同じ大きさで，同じ回転をしなければ前に進むことはできない。ここで事業性と組織能力が企業経営の両輪であるとたとえたが，企業にとってはクルマと同様に同じ大きさ・同じ回転であることが望ましいとは限らない。両者の均衡は安定的な前進（＝経営）をもたらすものの，企業の成長可能性は少ないのではないだろうか。むしろ，事業性と組織能力の一方が大きく，もう一方が小さいことが，企業を成長させることもある。魅力的な事業性を認めながら，それを活かせるだけの組織能力がない状況や，組織能力があってもそれを活かしきる事業性のある領域がないなどは企業が常に直面する課題であり，この不均衡を解消するために大に小を合わせる活動が"企業の成長"といえよう。仮に，事業性があっても組織能力がない場合は，企業は人材育成・能力開発を繰り返し行い，組織能力を高めようと努力する。しかし，経営を取り巻く環境の変化が激しい近年，自前で育成・開発するほかに，必要な能力や条件を具備した人材を外から呼び込む，雇用を外部化するケースがみられるようになった。このよう

図表10－2　企業成長と事業性・組織能力の関係

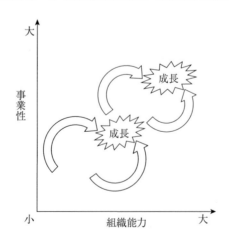

出所：高橋徳行「成長戦略と人材ニーズ―ガゼルの経営戦略」佐藤博樹・玄田有史『成長と人材』勁草書房，2003年，9ページを基に一部改めて作成。

に，事業性や組織能力の不均衡がどのような状況にあっても，拡大することで不均衡を解消する企業が，企業成長することができるのである。

第3節　中小企業における人材育成・能力開発

1．人材育成・能力開発の目的

　人材育成や能力開発は，従業員の事業活動への貢献可能性を高めたり生産能力を向上させたりする人的資源管理機能であり，これらの達成がそれを行う目的となる。新規卒業者を雇った場合に職場で仕事を教え込むのは，学校教育が仕事で役に立たないから，と言われることがある。一方で，進歩する技術や経営環境を理解する力は，長期間学校教育を受けた高等教育出身者であるとも言われる。どちらにしても，企業は従業員に対して，仕事をするうえで必要な知識や技能を教育しなければならない。従業員が能力を向上させ，新しいスキルを身につけることで，業務への対応能力を高め，より難しい仕事を行えるようになる。また，このように育成・開発されることで，企業にとって価値の高い人材となっていく。したがって，企業が行う人材育成・能力開発は，企業にとって必要な"人づくり"をする活動ということもできよう。企業にとって価値の高い・必要な人材とは「複数の人が意識的に協力し合って，共通の目的を達成する」といった企業組織の一員として働くうえで有用な従業員であり，以下の4つの能力が求められる（今野，2008：133〜134）。

① 企業，部門の方針を理解し，企業が行うべき課題を設定できる「課題設定能力」
② その目的を達成するための「職務遂行能力」
③ 他の人と協力して目的を達成するための「対人能力」
④ 目的を達成する際に起こる問題を解決するための「問題解決能力」

　これら4つの能力の重要性は，組織内の立場によって異なる。例えば，入社数年の若手従業員であれば，上司の指示を基に仕事を進める職務遂行能力が重視されるが，若手を管理する管理職者であれば職務遂行に加えて，課題設定・

対人・問題解決能力も必要になるのである。

　企業が従業員に求める能力は、同じ業種であっても時代とともに変化する。わが国の高度経済成長期の衣料製造業では、中学を卒業したばかりの若年の従業員が単純な製造工程に従事していた。しかし50年を経て、単純製造工程の多くは中国はじめ東南アジアの工場に移され、国内では技術的に高度な工程を請け負うようになった。その結果、現在の衣料製造業では、大学や大学院を出た高学歴の技術者が技術開発・革新を担う従業員として働いている。もちろん、現在も製造工程（製造ライン）で働く若年層はいるが、その中心は中高年の契約社員や派遣労働者、パートタイマーやアルバイトといった従業員である。

　学校教育をどこまで受けるかで入職年齢が異なるが、老齢年金が受給開始の65歳まで企業で働くとすれば職業生活は40年以上に及ぶ。近年、技術進歩のスピードが速まったと言われる。仮に10年毎に大きな進歩が発生するとした場合、職業生活において4回以上の大きな進歩を経験することとなる。はじめの変化までは学校教育における知識で対応できるかもしれない。しかし、回を重ねるごとに、学校の学びで耐用することが難しくなる。だからこそ、入職後の能力開発が重要となる。技術進歩についていけない従業員は、進歩後の担当業務が狭まるのみならず、進歩が大きければ大きいほど失業する可能性さえも高まるのである。

2．人材育成・能力開発の方法

　人材育成や能力開発の方法は、オン・ザ・ジョブ・トレーニング（On-the-job training：OJT）とオフ・ザ・ジョブ・トレーニング（Off-the-job training：Off-JT）の2つに大別できる。業務を遂行しながらインストラクターや先輩から習う場合、業務の反復過程で創意工夫し技能を習得するのがOJTで、業務を離れて、社内外の教室などで行われるのがOff-JTである。

　自動車ディーラーで働く自動車整備士（二級整備士）を例に具体的に考えてみよう。自動車整備士になるには、まず国土交通大臣が行う自動車整備士技能検定を受けて合格しなければならない。ほとんどの二級整備士は、高校卒業者以上に入学資格が与えられる専門学校（二級自動車整備士養成課程）へ入学し、修業

年限2年以上の時間を費やして勉強する。この整備士検定に向けた勉強期間はOff-JTといえよう。二級自動車整備士技能検定に合格し，自動車ディーラーの自動車整備士採用試験にパスした時からOJTが始まる。整備士検定に合格した自動車整備士であれば，社会的には自動車整備士として認められる。しかし，さまざまなモデルの，製造年によって仕様が異なることが多い自動車を整備するとなると，さらに多くの技能を習得しなければならない。これらの技能をOff-JTで習得することも不可能ではないが，最も効率的な技能習得の方法は，上司や経験豊富な先輩社員と一緒に本物の自動車を整備しながら，つまりOJTを受けながら学ぶことである。

しかし，OJTが能力開発として万能かといえばそうでもない。業務を行うのは主に整備工場内であるので，工場が能力の育成・開発の場となる。日々の業務を通じた経験に基づく技能習得は能力開発の基本であるが，節目でOff-JTを織り込むことが有効となる。なぜならOff-JTは，経験から得られた知識やノウハウをつなぎ合わせる総合化作業，あるいは整理したり，体系化したりして使いやすくする棚卸作業といった機能も有するからである。実際に自動車メーカー系列の正規ディーラーは，自社の自動車整備士にメーカーの主催する技能講習（Off-JT）を受講させて人材育成・能力開発を行っている。

3．人材育成・能力開発の費用

人材育成・能力開発するには費用が発生する。Off-JTの受講料などの他，OJTのために先輩社員が手を止める時間や，講習受講に費やした時間なども（本来は生産活動できた時間という意味で）費用と考えられる。この点を整理したのが図表10－3である。

OJTの費用は，教える側（上司や先輩）・教わる側（従業員）とも，OJT実施による業務中断を逸失利益と考え，すなわち機会費用（opportunity cost）[7]となる。他方，Off-JTの費用は受講者（従業員）が受講に伴い業務を離れることから生じる機会費用と，直接必要な直接費用に分けられ，後者はさらに指導者や管理者などの人件費と，運営費や外部講師の謝金，教材などからなるその他費用に区分できる（今野・佐藤，2009：117～118）。

図表10－3　人材育成・能力開発費用の内訳

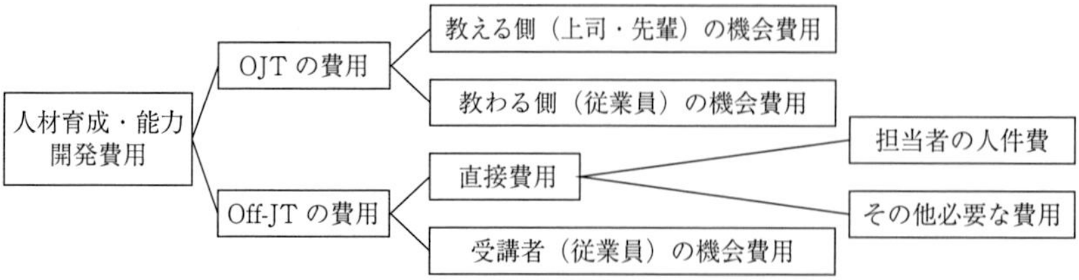

```
                         ┌─ 教える側（上司・先輩）の機会費用
              ┌─ OJTの費用 ─┤
              │          └─ 教わる側（従業員）の機会費用
人材育成・能力 ─┤                              ┌─ 担当者の人件費
   開発費用    │          ┌─ 直接費用 ────────┤
              └─ Off-JTの費用 ─┤              └─ その他必要な費用
                         └─ 受講者（従業員）の機会費用
```

出所：今野浩一郎・佐藤博樹『人事管理入門』（第2版）日本経済新聞出版社，2009年，118ページを基に一部改めて作成。

　大企業に比べて財務基盤が弱いことの多い中小企業にとって，その重要性を認識しながらも人材育成・能力開発に使用する費用の手当てが課題となる。そこで，中小企業政策を企画・立案・実施する経済産業省や中小企業庁は，人材育成・能力開発を技術革新や生産性向上を実現する基盤政策ととらえ，時代の要請に即した各種支援事業を展開している[8]。また，経済産業省所管の独立行政法人中小企業基盤整備機構（略称：中小機構）では，全国9カ所に中小企業大学校を設置・運営し，中小企業の"人づくり"のため，中小企業支援担当者等に対する研修と，中小企業の経営者・管理者等に対する高度で専門的な研修を実施している。こうした支援事業は地方自治体でも実施されており，経済産業省・中小企業庁の政策と連携しながら，中小企業の人材育成・能力開発を支えている。

4．一般的技能と企業特殊的技能

　仕事上必要な知識や技能は，一般的技能と勤務する企業でのみ価値を持つ企業特殊的技能に分けられる[9]。OJTやOff-JTなどの訓練を通じて習得した技能が，多くの企業で同等に有用な技能（一般的技能：general skill）か，特定の企業でしか通用しない技能（企業特殊的技能：firm-specific skill）かの区分である。人事部門の業務でいえば，厚生年金保険料や健康保険料などの社会保険料を計算し，給与から差し引く仕事は前者となる。社会保険料の計算は一般的に算出ルールが定められており，企業を移ったとしてもその技能は通用する。一方，人事評価制度に則って従業員を評価し，賃金制度に基づき給与を支払う技能

は，相当部分が後者となる。人事評価・賃金制度は企業ごとに異なるので，転職した際にそれまで習得した能力が活かせるのは一部にとどまる。

一般的技能と企業特殊的技能の習得に必要な費用負担に関して，訓練後の収益をだれが受け取るのかといった点から考えてみよう。一般的技能では，訓練を通じて体得した技能が生み出す収益は，企業と比べて従業員により多く帰属すると考える。繰り返しとなるが，一般的技能は転職後も利用できるからである。したがって，転職者が多いとされる中小企業は，一般的技能の費用を負担するインセンティブが働きにくい。

技能習得の収益が企業以上に従業員へ寄与すると考えれば，大学教育も一般的技能の習得となる。図表10－4は，大学教育の費用と収益の関係を示している。理解しやすくするために，この図表では大学を卒業し就職した後の給与は上昇しないとしている。高校卒業後すぐに就職した従業員の労働能力と給与水準を AG とする[10]。他方，一般的技能を習得するために大学へ進学すると，入学金や授業料などの費用がかかる。また，大学在籍時には収入がないとすると，高校卒業後にすぐ働き始めて得られる給与も大学進学に伴い獲得できない

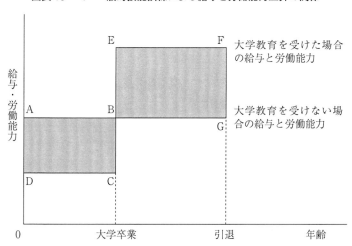

図表10－4　一般的技能訓練による給与と労働能力上昇の関係

出所：樋口美雄『労働経済学』東洋経済新報社，1996年，170ページと佐野陽子『はじめての人的資源マネジメント』有斐閣，2007年，104ページを参考に作成。

収入と考えることができ，つまり機会費用として大学進学に必要な費用とみなせる。これらの合計は，図表の四角形 ABCD の面積となる。

次に，大学卒業後の労働能力と給与を EF とすれば，面積 EFGB 分だけ高校卒業後すぐに働き始めた従業員より高い労働能力を利用して，より多くの給与が得られることとなる。大学を卒業してから退職（引退）するまでの期間が長くなればなるほど，高校卒業者との給与格差は大きくなる。

企業特殊的技能の場合はどのように考えられるか。経営がうまくいかない場合，企業は従業員を整理解雇する。特に，従業員1人の人件費負担が経営に大きく影響する中小企業では，解雇は珍しいことでない。このような経営判断をする企業において，従業員は企業特殊的技能習得の費用負担をする動機を持たない。しかし，企業が費用を全額負担し技能習得させても，十分に費用を回収する前に従業員が辞めてしまうと費用負担が無駄となってしまう。これは，労働能力向上による収益を企業が独り占めするとした場合でも同じである。こうした状況では，従業員と企業双方が応分の負担をすれば問題解決する。企業は解雇すれば費用が無駄になるし，従業員も企業を辞めたら企業特殊的技能の価値がないことを知っているので，相互に「辞めさせる」，「辞める」ことを抑制するからである。

企業の費用には，OJT などの上司や先輩から習う際の，上司・先輩の本来業務の中断による機会費用も含まれる。他方，従業員にとっては，直接的な金銭面の負担だけではなく，本来自由に過ごせる時間を削ることや，退社後に Off-JT の場である学校へ通う時間，転職を我慢するといったことなども費用となる。図表 10−5 はこれらの関係を示している。企業特殊的技能に関する訓練を受けなかった場合の労働能力と給与を AG とする。従業員は訓練期間中に面積 ABIH を負担し，企業は面積 HICD を負担する。訓練期間終了後の労働能力が EF に高まると，それによって生じる収益を従業員と企業が分け合い，従業員は面積 JKGB を，企業は面積 EFKJ の収益をそれぞれ受け取る。このように，企業と従業員がともに技能習得費用を負担すれば，労働能力向上によって実現する収益も両者が受け取り，双方にとって有益なこととなる。なお，実際の運用では，費用負担や収益配分の割合は，企業の社会保障を含めた

第10章　中小企業における人材育成・能力開発と雇用の外部化　165

図表10－5　企業特殊的技能訓練による給与と労働能力上昇の関係

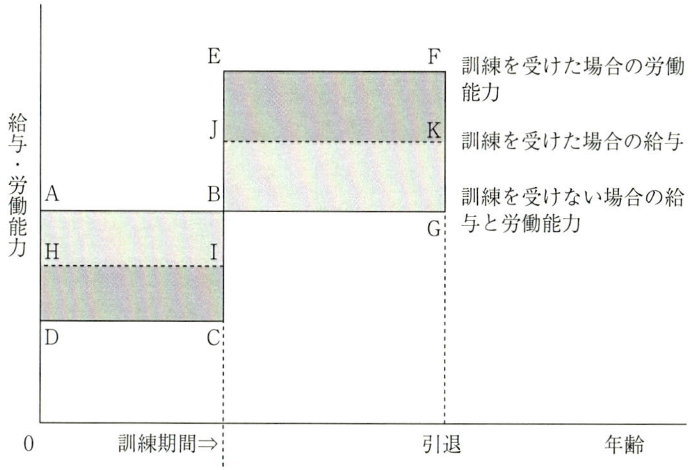

```
給          E           F   訓練を受けた場合の労働
与                          能力
・
労          J           K   訓練を受けた場合の給与
働
能  A       B
力                       G  訓練を受けない場合の給
    H       I               与と労働能力

    D       C
  0      訓練期間⇒        引退        年齢
```

出所：樋口美雄『労働経済学』東洋経済新報社，1996年，172ページと佐野陽子『はじめての人的資源マネジメント』有斐閣，2007年，104ページを参考に作成。

収益分配や，その時の労働市場の流動性などに依存する。

5．中小企業における人材育成・能力開発の指向

　従業員の労働能力を高めるため，企業はどの程度，積極的に人材育成・能力開発に取り組んでいるのだろうか。まずどのような企業が経営戦略の中で人材育成・能力開発をどのように位置づけているのか概観しよう。ここで参考にするデータは，独立行政法人労働政策研究・研修機構が2008年度と2009年度に実施した『中小サービス業における人材育成・能力開発に関する調査』[11]のアンケート結果である。多様な業種のうち雇用者数を伸ばしているのはサービス業であり，この業種の雇用者は前掲の図表10－1にあるように非農林・漁業雇用者の75％を占めている。しかも，企業規模が小さくなるにつれて全雇用者に占める比率が高まることから，サービス業は大規模化すると有利な（規模の経済が働く）業態よりも，木目細かいサービスを得意とする規模の経済が働きにくい業態，すなわち中小企業が多く存在するため取り扱うこととした。

図表10－6によれば，従業員の育成・能力開発に関する方針は「現在の人材の能力を高める能力開発をしている」という企業が38.1％で最も多い。この回答は，従業員規模が大きくなるにつれて増加する傾向にある。一方，「人材育成・能力開発に方針を定めていない」という回答が合計では19.7％にとどまるものの，従業員規模が小さくなるにつれて人材育成・能力開発の方針を持たない傾向にあることもわかる。業種別集計に目を向けると，老人福祉業と葬祭業は40％以上が「現在の人材の能力を高める能力開発をしている」と回答しており，他方美容業では約3分の1強が「当面の仕事をこなす必要能力を身につける能力開発」に積極的である。また，従業員規模別および業種別とも「数年先の事業展開を考慮して，その時必要となる人材を想定しながら能力開発し

図表10－6　従業員の育成・能力開発に関する方針[12]

区分	数年先の事業展開を考慮	現在の人材の能力を高める	当面の仕事をこなす必要能力	方針を定めていない	無回答
合　計 (n=897)	11.6	38.1	25	19.7	5.6
学習塾 (n=50)	14	36	16	28	6
建物サービス (n=140)	11.8	35.4	24.3	23.6	4.9
自動車整備 (n=162)	6.8	37	27.2	22.8	6.2
情報サービス (n=143)	12.6	37.8	22.4	23.1	4.2
葬　祭 (n=56)	10.7	41.1	14.3	23.2	10.7
土木建築サービス (n=168)	10.7	39.9	25.6	19.6	4.2
美　容 (n=70)	24.3	28.6	34.3	2.9	10
老人福祉 (n=104)	9.6	47.1	28.8	10.6	3.8
従業員規模　4人以下 (n=20)	20	25	55		
5～9人以下 (n=194)	6.7	25.8	30.9	29.4	7.2
10～19人以下 (n=219)	8.2	43.8	26	17.4	4.6
20～29人以下 (n=89)	16.9	34.8	24.7	18	5.6
30～49人以下 (n=92)	18.5	29.3	23.9	20.7	7.6
50～99人以下 (n=105)	15.2	41.9	21	17.1	4.8
100～299人以下 (n=104)	11.5	51.9	22.1	8.7	5.8
300人以上 (n=65)	16.9	49.2	20	10.8	3.1

□ 数年先の事業展開を考慮して，その時必要となる人材を想定しながら能力開発している。
田 現在の人材の能力を高める能力開発をしている。
☑ 当面の仕事をこなす必要能力を身につける能力開発。
▩ 人材育成・能力開発に方針を定めていない。
■ 無回答。

出所：労働政策研究・研修機構『中小サービス業における人材育成・能力開発』2010年，114ページを基に作成。

ている」とする回答が少ないことも見られる。以上から，従業員規模別や業種別に人材育成・能力開発方針が異なることや長期的な視点での育成・開発に取り組めていないことが理解できる。

次に，職場では具体的にどのような取り組みによって人材育成・能力開発しているのか図表10－7で確認しよう。従業員の育成・能力開発について，取り組んでいる回答が最も多かったのは「簡単な仕事から難しい仕事へと経験させるようにしている」(69.9％)で，「指導者を決め，計画に沿って育成・能力開発している」(48.3％)が続き，その他の取り組みは40％前後となっている。これらから考えられるのはどのようなことだろうか。「簡単な仕事から難しい仕事へと経験させるようにしている」や，「指導者を決め，計画に沿って育成・能力開発している」は，従業員規模にかかわらず実践可能な内容である。どのような企業にも，定型的で簡単な業務から判断を要する高度な業務が存在するし，数名規模の企業であっても先輩社員が後輩社員を指導することは極めて自然なやり方である。これに対して，「関連業務もローテーションで経験」や「社員による勉強会・提案発表会」，「作業標準書やマニュアルを使っての育成・能力開発」は，例えばローテーションできる数の仕事や職場が必要である

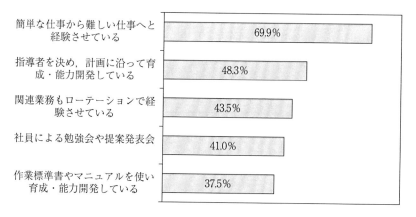

図表10－7 従業員の育成・能力開発に向けた職場での取り組み（複数回答）[13]

出所：労働政策研究・研修機構『中小サービス業における人材育成・能力開発』2010年，115ページを基に作成。

ように，いずれもある程度の規模でなければ対応できない取り組みといえる。このように中小企業が，職場でのどのような取り組みによって育成・開発するのかは，企業規模が影響しているものと示唆される。

第4節　雇用の外部化

1．正規従業員と非正規従業員

　本節では，現代の人的資源管理の変化の1つといえる，「雇用の外部化」について触れる。雇用の外部化とは，業務の外部委託などと関連し，正規従業員中心の企業経営から非正規従業員の積極活用への変化や必要な人材を外部から調達することである。

　正規従業員は企業に直接雇用され，働く期間を定めずに労働契約を結んだ従業員で，就労日には一定時間働かなければならない。これに対して非正規従業員は，雇用期間の定めがあり，労働時間も正規従業員に比べて短時間の雇用契

図表10－8　正規従業員と非正規従業員の類型

	正規従業員	非正規従業員		
タイプ	正社員	契約社員	パートタイマー・アルバイト	派遣社員
雇用契約	契約期間の定めがない	契約期間の定めがある		
働き方	フルタイム	フルタイム	パートタイム	フルタイム（が多い）
担当業務	基幹的業務・長期習熟業務	補助的業務・短期習熟業務（近年，基幹的業務や長期習熟業務での配置も見られる）		
採用	定期採用・不定期（中途）採用	不定期採用（契約社員を定期採用する企業もある）		
雇用主	勤務先企業	勤務先企業		派遣元の派遣会社
指揮命令権者	勤務先企業	勤務先企業		

出所：筆者作成。

約を結んで働く人や，単純に正規従業員と異なる雇用契約の基で働く従業員となる。具体的にはパートタイマーやアルバイトの他，正規従業員と同じ労働時間であっても企業と有期限の雇用契約を結ぶ契約社員も非正規従業員といえる。さらに，派遣社員のように，勤務先の企業と直接雇用契約を結ばないで働くタイプの従業員も非正規従業員である。正規従業員と非正規従業員は，図表10－8のような分類がなされることが多い。

2．業務の外部化と雇用の外部化

　企業は労働需要の増減に柔軟な対応をはかるため，正規従業員と，パートタイマーやアルバイトなどの非正規従業員を合理的に組み合わせて活用している。例えば，季節や曜日，時間帯によって労働需要が大きく変動する場合は，閑散期の労働需要を正規従業員で対応し，繁忙期に増える労働需要は非正規従業員で充足することが合理的となる。こうした正規・非正規従業員の組み合わせは，次のような点を考慮して実施される。

　第1に検討しなければならないのは，自社で行う業務と外部に委託する業務（業務の外部化）の区分である。自社で行う業務は，正規従業員はもちろん，非正規従業員も投入して処理される。他方，外部化する業務は，施設管理（警備や清掃など）や建設業の外注（下請，孫請など）といった付帯業務である。外部化の基本的な条件は，社内ノウハウを蓄積する必要がないもの，企業情報の社外流出の問題がないこと，他の社内業務から分離して処理が可能なこと，業務に必要なノウハウを持つ外注先が存在すること，仕事の成果が測定可能なこと，内部で処理するよりコスト面で割高とならないこと，などがある（今野・佐藤，2009：308～309）。

　第2に，自社で行う業務が確定した後，正規従業員に任せる業務と非正規従業員が処理する業務の区分けを行う。どちらの従業員に仕事配分するかは，人件費や活用コストと業務内容の比較にとどまらず，それぞれが保有する能力も考慮して決める。コスト面でメリットがあっても，必要な能力を備えていなければ労働需要を満たせないからである。

3. 正規従業員中心の人的資源管理の強みと弱み

　非正規従業員として働く雇用者は，2013年の統計の平均値で1,906万人おり，正規従業員を含むすべての雇用者の36.6％を占めている。この数は1985年（655万人）と比較して，30年弱の間に2.9倍増加した[14]。こうした非正規従業員増加の背景には，わが国で主流であった正規従業員中心の雇用と比較して優位な点があったものと推察できる。具体的に何が優位であったのか考察するにあたり，まず正規従業員中心の人的資源管理の特徴を強みと弱みの2面で整理する。

　強みという面での主な特徴は，①長期雇用による従業員と企業の目標の同一化，②企業特殊的技能を優先した人材育成・能力開発，の2つと考えられる。

　第1の特徴は，企業が従業員を長期雇用することで，従業員は雇用の不安から解消される，といった相互信頼関係がもたらすものである。従業員と企業の心理的な信頼関係の構築によって，従業員は対象の利益（この場合は，企業の発展）を達成させる行動をとるよう動機づけられる。これは心理学的な同一化（identification）と呼ばれ，このメカニズムが，個人と企業の目標を一致させるのである（守島，2004：184）。

　第2の特徴は，企業競争力の視点から，時間のかかる企業特殊的技能の習得を優先した結果，質の高い技能を備えた従業員を安定的に確保できたことに起因する。本章第3節4項で述べた通り，企業特殊的技能の訓練費用は従業員と企業の収益として戻ってくるため，このシステムは双方にとって合理的であった。

　しかし，正規従業員中心の人的資源管理の特徴は，今挙げたような強みばかりでなく弱みも存在する。弱みの中心となるのは，いずれもコスト面での課題である。

　第1に，正規従業員の雇用は労働需要変化への柔軟性が低いことが挙げられる。柔軟性とは，労働需要に応じて従業員数を調整することである。柔軟性の課題は，正規従業員が非正規従業員より削減（＝雇い辞め，解雇）しにくいことに起因する。1970年代後半から80年代の低成長経済の時代に，人員整理に関する裁判例が積み重ねられ，経営上の問題によって余剰従業員の削減を目的と

する解雇が有効であるための要件として「整理解雇の4要件」[15]が確立した。具体的な内容は，①企業経営上，整理解雇が必要かどうか，②人員削減に先立ち整理解雇回避の努力をしているか，③整理解雇の対象者を合理的な基準に基づいて選択しているか，④整理解雇を行うにあたって労働者にその事情を説明し，労働者と協議しているか，の4つで，これらの要件を満たして整理解雇が正当性を持つようになる。そして，こうした要件は，非正規従業員よりも正規従業員を優先して保護する内容と解釈できるため，結果として柔軟性に欠けることとなってしまうのである。

第2は，労働需要が低下した際に本来ならばパートタイマーやアルバイトがするような短期習熟業務を，相対的に人件費が高い正規従業員が行う，という業務と人件費のミスマッチの弱みである。企業は，業務のレベルに応じた雇用を望むものの，コスト削減のために非正規従業員を減らすことで生じる悩ましい課題である。

この他にもさまざまな要因があると考えられるが，いずれにしても正規従業員の雇用は人件費というコストに直接影響するし，その調整に時間を要することから，現在は多くの企業で正規従業員と非正規従業員を組み合わせて事業活動する動きが盛んとなっている。

4．非正規従業員の増加と産業構造変化

非正規従業員は，補助的・一時的な人材ととらえられてきたが，産業構造の変化や企業の経営戦略の変化，働く側の多様性などにより近年急増している。とりわけ，サービス社会が進んだ先進国の諸産業では，もはや不可欠な存在の従業員となっており，サービス社会の進展が非正規従業員増加へ大きく影響している。

サービスの特徴の1つに，生産と消費が同時に行われるということがある。サービスは在庫できず，輸送もできないという特性に由来する。こうした特性を踏まえ，サービス需要の変化と，それによる労働需要の変動に適切な対応をとろうとして，労働時間の長さ，労働する時間帯などで柔軟さが必要となり非正規従業員を生み出した。製造業では，従業員の昼休憩や，お盆と年末年始の

長期休暇など，一斉に仕事を離れ生産ラインを止めることが生産効率を上げる。しかし，このような"一斉に仕事を離れる"ことは，例えばコンビニエンスストアのような小売業には当てはまらない。コンビニエンスストアでは，時間ごとの仕事の繁閑に応じた労働力として，時間単位で働く非正規従業員を雇用する。

図表10－9は，中小企業の従業員に占める非正規従業員比率を示している。パートタイマーやアルバイトの比率を企業規模でみた場合，企業規模50人までは30％程度で，50人を超えると39.1％まで増えることがわかる。また，パートタイマーやアルバイトは女性が多いというイメージがあるが，全パートタイマー・アルバイトのおよそ68％は女性が占めることもわかる。

業種別では，宿泊業・飲食サービス業は71.1％，小売業は54.7％が非正規従業員で営まれており，他の業種と比べて非正規従業員の活用が進んでいる。こ

図表10－9 非正規雇用者比率

		企業規模			
	計	5人以下	6〜20人	21〜50人	51人以上
常用雇用者	19,820,682	2,040,100	3,936,987	3,634,748	10,208,847
正社員・正職員	12,989,596	1,461,428	2,794,243	2,511,955	6,221,970
パート・アルバイト	6,831,086	578,672	1,142,744	1,122,793	3,986,878
派遣従業者	480,816	53,771	45,219	77,407	304,419
非正規雇用者比率					
パート・アルバイト	34.5%	28.4%	29.0%	30.9%	39.1%
［男性］パート・アルバイト	32.1%	23.8%	31.4%	33.6%	33.1%
建設業	10.6%	15.9%	9.9%	6.4%	10.2%
製造業	25.5%	30.2%	29.1%	24.1%	24.4%
情報通信業	15.1%	21.8%	13.2%	10.0%	16.5%
運輸業・郵便業	20.6%	17.5%	13.7%	14.4%	24.1%
卸売業	22.9%	26.3%	20.8%	20.2%	24.0%
小売業	54.7%	40.0%	50.3%	60.9%	58.3%
不動産業・物品賃貸業	33.1%	29.7%	30.3%	27.5%	39.3%
宿泊業・飲食サービス業	71.1%	56.7%	71.7%	67.2%	74.3%
生活関連サービス業・娯楽業	51.7%	34.3%	42.8%	48.2%	57.7%

出所：中小企業庁『中小企業実態基本調査』（平成24年確報）を基に筆者作成。

れらの業種に対して建設業や情報通信業は規模平均で10％台の活用にとどまっており，正規従業員中心の経営が行われている。

　この状況から，従業員の技能が生産性に直接反映しやすい業種や１人の従業員がいくつもの仕事をこなさなければならない小規模な企業では，非正規従業員の活用が進みにくいということが考えられる。よって，こうした業種や企業では，時間と費用をかけてOJTあるいはOff-JTによって人材育成・能力開発することが必要で，労働需要に応じて非正規従業員を活用して柔軟に対応することが普及しにくいのである。

第5節　おわりに

　わが国企業にとって，従業員の人材育成・能力開発が重要な経営課題ではないと考える経営者は少ないのではないだろうか。しかし，経営が悪化すると，初めに予算が削減されるのが広告宣伝費と，人材育成・能力開発費用である。両者に共通するのは，実施後の効果測定が難しい点である。しかも，中小企業の従業員に限定すれば，市場競争が激しいうえに，定着率が低い状況で，時間と費用をかけて人材育成・能力開発をためらうのも理解できなくはない。人材育成・能力開発は重要であるといった総論に同意しても，自社でそれを行うかどうかの各論では，簡単に同意できない課題なのである。

　一方，図表10－9で見たように企業規模や業種によって非正規従業員の活用が異なる状況から，単純に正規従業員を労働需要に柔軟な従業員に置き換えるだけでなく，長期的な雇用のメリットを生かすために，正規従業員雇用の課題克服にも取り組んでいる実態が理解できる。雇用の外部化は，あくまでも企業競争力や組織能力を向上させるための活動であって，コストや短期的な視野に注目しすぎてはならないという経営者判断の表れともいえよう。

　事業活動に必要な経営資源が内部で調達できない場合，企業は外部からの調達を試みる。ところが，外部にそれを求めても，必要な時に必要な量を調達できるとは限らない。このことは，特にヒト（人的資源）に該当する。必要なスキルを兼ね備えた人材がどこにも存在しないこともあり得るのである。その結

果，人的資源に関して，自社での育成・能力開発が経営上重視されることとなる。ところが，中小企業ではこうした考えを持ち，自社で人材育成・能力開発するのは難しい状況もある。実際には，資金面で設備投資が進まず人海戦術（長時間労働）に頼らざるを得ず，また指導する人材が不足しているなど，人材育成・能力開発の意欲があっても実行できない中小企業も多いのである。こうした厳しい経営環境下にあって中小企業は雇用の外部化を進めている。そしてそれの成否は，これまで述べてきたように，場当たり的に正規従業員の後任を非正規従業員に置き換えるなど短期目標を注視しすぎることなく，組織能力を確保・拡大するための人的資源管理として推進できるかどうかによって決まるのである。

【注】

（1）企業の中に"従業員"という独自の労働市場があると考える内部労働市場に対比して，それ以外の労働市場を指して用いられる。
（2）サッカーが上手，相撲が強いといった肉体能力や，詩を読む，ギターを弾くといった情緒的な能力，顧客のクレームに適切な対応をする，精緻な金属加工を施すなどの職業に関する能力など，能力は多種多様である。
（3）売上高や事業の操業度合いに関係なく発生する費用を固定費といい，人件費の主要部分が該当すると考えられる。これに対して，売上高や操業度などの変動に連動する人件費となるよう，固定費用部分を抑えて変動費用部分を拡げる取り組みを「人件費の変動費化」と呼ぶ。
（4）図表10－9参照。
（5）サービス業をどのように把握，あるいは規定するかについては諸説ある。例えばプチ（Petit, P）は「まずサービス生産分野と工業製品分野との区別を正確に規定しなければならない。これは，サービスに関するあらゆる著作において広くそして厳密に論争されてきた問題である。（略）長い論争から結論しうるのは，あらゆる疑問に答えうるようなサービス概念の普遍的定義は存在しないということである」（訳書20ページ）と指摘しているが，これは目的に応じて論者が定義づけを行う実態を説明したものと考えられる。こうした指摘を踏まえて，ここで用いたサービス業は，各種統計で使用される日本標準産業分類の「サービス業」にとどまらず，図表の注に示したように広義にとらえている。

第10章　中小企業における人材育成・能力開発と雇用の外部化　175

(6) 本章での考察は、いずれも中小企業の人材育成・能力開発、雇用の外部化を理解するのに適切な内容としているものの、中小企業のみに適合する内容とは限らない。中小企業独自の説明以外の予備的な考察部分の多くは、企業規模や財務基盤などに関係なく、大企業でも通用する記述となっている。
(7) 選択した行動のために得られず、他の選択をしていたら得られたはずの利益のこと。また、会計上の費用発生や現金支出を伴わない、経済学上の費用。例えば、大学に進学するということは、正規従業員として働けないこととなる。このとき、大学進学せず働いていた場合に得られたであろう収入と、大学に納める授業料等の合算が機会費用にあたる。この他、現金を手元にただ保有することは、(銀行などへ預金するなど) 運用して得られる利益、すなわち機会費用を諦めることとなる。
(8) 人材育成・能力開発に関連した平成24年度実施の政策としては「中小企業・小規模事業者人材対策事業」、「成長分野等人材区政支援事業」などがある。詳しくは、中小企業庁編 (2013) を参照のこと。
(9) ベッカー (G, S, Becker) によって築かれた理論「人的資本論」を用いて説明している。
(10) どの企業でも通用する一般的技能の労働能力と給与の水準は一致する。もし、従業員の労働能力よりも低い給与に抑えた場合、他企業が能力水準と見合った給与を払って雇用してしまうからである。したがって、学校教育のような一般的技能習得にかかる費用は、従業員が負担して、それによって得られる収益は給与という形で本人が受け取る。
(11) 中小企業は、さまざまな環境変化に適応し経営の維持発展を図るうえで、経営者を含めた就業者個人のスキル・ノウハウのあり様がより大きな比重を占める。しかし、現実には財務的・時間的・資源的制約や、ノウハウの不足によって中小企業の人材育成・能力開発は不十分なものになりがちである。このような問題意識に基づいて厚生労働省所管の独立行政法人労働政策研究・研修機構内に設けられたプロジェクト『中小企業における人材能力開発・人材育成』(主査・佐藤　厚法政大学教授) のアンケート調査結果を参考とした。中小サービス業の規定など、詳しくは労働政策研究・研修機構 (2010) を参照のこと。
(12) 質問は「各社の事業展開において、中心的な役割を担っており、最も人数が多い職種」を「基幹的職種」と定義して、基幹的職種について尋ねている。
(13) 注12と同じ。
(14) 総務省『平成24年労働力調査年報』に収録された2011 (平成23) 年の年間平均値を計算し算出している。
(15) 法律上は企業の解雇自由の原則があり、解雇前30日の予告期間または1カ月分の賃金を支払えば従業員を解雇できる。しかし、現実的には正当な解雇理由が必要で、正当性のない解雇は企業の解雇権の濫用とみなされるという法理が確立している。そして

解雇が正当性を満たす要件が「整理解雇の4要件」である。

◆参考文献◆

G,S,Becker.（1975）*Human Capital: A Theoretical and Empirical Analysis, with Special Reference to Education, 2nd ed.*, Columbia University Pres（佐野陽子訳『人的資本―教育を中心とした理論的・経験的分析』東洋経済新報社，1976年）．

Petit, P.（1988）*La Groissance Tertiaire, Economica*, Pris（平野泰朗訳『低成長下のサービス経済』藤原書店，1991年）．

今野浩一郎『人事管理入門』（第2版）日本経済新聞出版社，2008年。

今野浩一郎・佐藤博樹『人事管理入門』（第2版）日本経済新聞出版社，2009年。

佐藤博樹・玄田有史『成長と人材』勁草書房，2003年。

佐藤博樹・藤村博之・八代充史『新しい人事労務管理』（第4版）有斐閣アルマ，2011年。

佐野陽子『はじめての人的資源マネジメント』有斐閣，2007年。

総務省『平成21年経済センサス』。

総務省『平成24年労働力調査年報』。

高橋徳行「成長戦略と人材ニーズ―ガゼルの経営戦略」佐藤博樹・玄田有史『成長と人材』勁草書房，2003年。

中小企業庁『中小企業白書2013年版』。

中小企業庁『中小企業実態基本調査報告書』（平成24年確報）。

樋口美雄『労働経済学』東洋経済新報社，1996年。

守島基博『人材マネジメント入門』日本経済新聞出版社，2004年。

八代充史『人的資源管理論』中央経済社，2009年。

労働政策研究・研修機構『中小サービス業における人材育成・能力開発』2010年。

第11章
都市型中小企業群とものづくり
―東京・大田区のケース―

第1節　産業集積という舞台の上で生き残ってきた大田区中小企業群

　大都市という地代や労務費の面では非常に不利な立地にも関わらず，東京都23区の南端に位置する大田区には，3,000を越える中小規模の製造業企業群が厳しい環境変化の中でしたたかに生き残り，日本と世界のものづくりの頭脳を支えている。

　大田区の中小企業群は，「産業集積」という舞台の上で活動し，環境変化の中で変容し続けてきた。「産業集積」の定義は論者によってさまざまな見解があるが，本章では，1つの比較的狭い地域に相互に関連の深い多くの企業が集積している状態のことを指して用いる。産業集積への参加者間の関係のあり方には，互いに競争関係にある場合と，相手の経営資源を補完する協働関係にある場合との両方が含まれる。その集合体としての集積が，全体として個々の単純和を越えた効果・機能を持ち，そこに立地する個々の企業の活動に重要な影響を与えてきた（伊丹，1998）。

　大田区は，東大阪とともに日本の都市型産業集積の代表的地域の1つとして位置づけられてきた。例えば橋本（1997）は，産業集積を生産と分業のシステムの違いに着目し以下のように類型化し，大田区を（b）-②「大都市立地ネットワーク型」の例として取り上げている。

(a) 大企業中心型産業集積（または，企業城下町型産業集積）
　　① 生産工程統合型の大企業に他が依存するタイプ
　　② 大企業を中小企業が補完するタイプ
　(b) 中小企業中心型産業集積
　　① 産地型
　　② 大都市立地ネットワーク型

　この橋本の類型を用いて産業集積を整理する高田・上野・村社・前田 (2011, chap.8) は，「大都市立地ネットワーク型」の類型の特徴を「大企業のみならず中堅・中小企業を含め多数の完成品メーカーが立地していること」，「集積外からも特殊な加工設備を必要とする，特殊な加工技術を必要とする，あるいは急ぎの加工注文が持ち込まれること」，「基盤的加工を担う多様な中小零細な機械金属加工業者が多数立地しており，ネットワークを形成するなどによって応えていること」として整理している。

　本章では大田区中小企業群について，まず第2節で従来のビジネスシステムの特質を整理する。続く第3節では大田区中小企業群の独特のしくみが形成されてきた歴史を振り返りながら，独自のビジネスシステムを支えてきた地域の分業システムの特徴を説明する。第4節では，1990年代後半から2000年代後半にかけての大田区の分業システムの変容を説明する。第5節では，集積としての規模縮小の時代に，都市型産業集積の本質がどのように変わっているのかを考察する[1]。

第2節　大田区を特徴づけてきた従来のビジネスシステム

1．「即興演奏型の柔軟な連結」によるものづくり

　大田区の中小企業群は，「柔軟な連結」を達成することを得意としてきた。「柔軟な連結」とは，不確実性・多様性の大きな需要条件・生産条件のもとでも，複数企業の結びつきの効果によって適切な解決策を迅速につくりだし，かつ実行できることを指す[2]。大田区の中小企業群は互いにネットワークを組

み協業する中で，大企業の最先端の試作・開発過程を支えたり，また少量・単品の特殊品製造に関わったりしてきた。試作・開発過程の支援プロセスの領域の仕事も，特殊品製造の領域の仕事も，顧客が供与する図面にしたがって正確にものづくりができるだけでは対応困難なプロセスの不確実性を含む。さまざまな産業にまたがる多様な顧客から発注される難しい仕事を器用にやり遂げることで，大田区中小企業群は大都市立地のコスト面での不利を克服し生き残ってきたわけである。

　大田区中小企業群による「柔軟な連結」の特色は，非常に程度の高い偶発性を含む状況に対して，メンバーの組み変わりを伴いながら仕事の仕方の工夫を生み出しつつ対応できることにある。都市経済学者のジェイコブス（Jacobs）(1984)の表現を借りると，この大田区のビジネスシステムの特徴を「即興演奏型の柔軟な連結」と表現することができる。「即興演奏」とは，不意にテーマを与えられても，即座に状況に応じた曲目（すなわち，ものづくりの文脈では品物）を高い水準で提供してみせることを指す。トヨタのサプライヤー・ネットワークにおける「柔軟な連結」が交響楽団型であるのと比較して大田区の特徴を整理すると，両者の共通点は「プロセスにおける参加者間の密な情報交換の中で，どんな品物をつくるべきかについて創発が起きること」にある。一方，相違点は大田区の方はトヨタのサプライヤー・ネットワークと違い，「状況に応じて参加メンバーがフレキシブルに組み変わること」と「状況に応じて指揮者が入れ替わること」にある（額田, 2002）。

　大田区中小企業群は，なぜ不確実性・多様性の大きな状況のもとでも，すぐれた「即興演奏」を連続的に提供することができてきたのか。大田区の従来のビジネスシステムの特徴は，「知的熟練」，「場の情報を活用したコーディネーション」，「相互学習」の3つの柱で説明することが可能である（額田, 2002）。

第1の柱：知的熟練

　第1に，大田区の中小企業の人々が質高き「即興演奏」を提供できるのは，「知的熟練」（小池, 1991；額田, 1998, 2002）を保有しているからである。「知的熟練」とは，多様に変化する状況やふつうでない状況のもとでも，仕事の根本

原理の理解に基づいて,状況変化に応じた仕事のやり方の工夫を考案し,実行できる能力のことである。この定義には,2つのポイントがある。多種多様な環境下でも仕事のやり方の工夫が生み出せるということと,それが仕事の根本原理の理解に基づいて可能になっているということである。

　最初のポイントが示すのは,先輩が示す型を確実に身につけ,その通りに実行できるだけでは,「知的熟練」の持ち主とはいえないということである。単にウデが器用なだけでは,次々と変化する多様な状況や,いつもと違う状況には,対応できない。そのままズバリの前例が存在しない状況下で,道具の使い方,材料の生かし方,仕事の流れの組み方等で,新鮮なしごとのやり方をつくり出せなければならない[3]。

　みずから大田区の某中小企業の旋盤工であった小関氏は,町工場の世界の人々の生きざまを描く興味深い小説や論文を多数残しているが,それらの中から町工場の「知的熟練」があればこそ可能であったものづくりの一例を紹介しよう。あるときこげざる型のつぼのようなものの内部の仕上げの注文が飛び込んできた。つぼのような形状のものの中の加工には通常,ボーリングバーが用いられるが,つぼの口がかなりすぼまっているのでそのままではとても加工できない。このような困った課題に直面したときに,町工場のベテラン職人は,ブーメランのように曲がったボーリングバーをつくってみたらどうだろうというアイデアを思いつき,加工箇所に合わせた複数のブーメラン型の刃物を自ら考案し,さらに機械の制御プログラムを工夫してつくりだすことによって問題解決していった(小関,1981,1997)。他の工場に相談しても断られ続けた仕事が見事,達成されたのは,ベテラン職人がものづくりのプロセスで新しい視点により問題をとらえなおし,新鮮な仕事のやり方をつくり出せたからである。

　もう1つのポイントは,工夫創出の能力が,仕事の根本原理の理解に基づいているということである。失敗や成功を繰り返しつつ,なぜその現象が発生したのかという理由を問い続け,そこでの発見を過去に獲得した経験や知識との間に脈絡をつけ整理しようとする努力の積み重ねの上で,仕事の根本原理が体得されていく。「知的熟練」の頭についている「知」とは,根本原理の了解への知的好奇心を指しているのである。

第2の柱：場の情報を活用したコーディネーション

第2に，大田区の「即興演奏」の過程では，協働し合う企業の間で「場の情報を活用したコーディネーション」がたくみに行われている。

大田区の中小企業の間では細かな分業が行われてきた。それぞれの企業が得意とする専門領域に特化しているので，自社だけで引き受けられる仕事には限界がある。例えば自社では小物の「切削」の仕事しかできなくても，「穴あけ」ができる企業，「研磨」を得意とする企業，「メッキ」を得意とする企業と状況に応じて柔軟にネットワークを組み替えつつ，つながることによって，多種多様な注文に応えることができる（図表11－1参照）。

図表11－1　「場の情報」を活用しつながりあって実現される大田区のものづくり

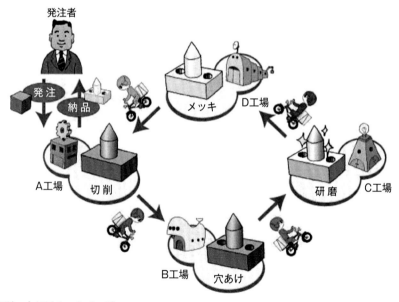

出所：大田区ホームページ。
　　　http://www.city.ota.tokyo.jp/sangyo/kogyo/kagayake/monozukurimachi/fri_tur.html
　　　（2014年10月2日閲覧）

細かな分業がうまくいくには分業単位の間をつなぎ調整するコーディネーションが重要になる。大田区ではコーディネーション機能を大企業任せにするのではなく，中小企業自身によって担われてきた。この中小企業同士が連携しあうものづくりは，現場の人々の間では「仲間まわしの仕事」または「ちゃりんこネットワーク」と呼ばれてきた。自転車で互いに気軽に行き来できるくらい近くにたくさんの工場が集まっている中で生まれてきたしくみである。「仲間まわしの仕事」では，異なる特徴を持った町工場がそれぞれ独自に顧客企業を持ち，その顧客からの注文を実現するにあたって相互に発注し合い協働することにより，多様性の高い需要へ対応することを可能にしてきた。

　細かな分業単位の間のコーディネーションは複雑でやっかいなものになりやすい。このコーディネーションがうまくいくために，企業の境界を越えて「場の情報」が，近接する町工場の間で豊かに交換されてきたことが大切な意味を持ってきた。

　「場の情報」とは，自己が空間を共有する他者やモノとの関わりの中で，五感や運動感覚といった諸感覚を連動して獲得する情報のことである。簡単にいうと，顔をつきあわせて交換される，現場の生き生きとした感覚を伴った情報のことである。これは，文脈から切り離された形式情報や集約情報とは異なる (額田, 1998, 2002；伊丹・西口・野中, 2000)。

　大田区の中小企業の世界では，人々が気軽に周囲の工場に出かけ，相手の活動空間を共有するということが起きてきた。活動空間は，そこに参加している人々の会話やしぐさ，設置されている機械や器具，部屋のレイアウトの取り方，照明の明るさ，部屋の温度，機械や人の活動が作り出している音のリズムなど，実にさまざまなものから構成されている。こうした空間の持つ豊かな情報を人々は互いに感じ取り，それらから意味あるメッセージをよみとってきた。

　狭いエリアに多数の企業が密集している物理的近接を活かして，企業の境界を越えた密な情報交換が行われる中で，どこのだれが仕事のパートナーとして信頼でき，どういう仕事を得意としているのか，どんな課題を保有しているのか等についての質感を伴った情報が，繊細なレベルで人々の関係の上に蓄積し

ている。これらの「場の情報」は，どの企業に仕事を依頼すべきかを決めるためだけでなく，分業をつなげるプロセスでアイデアの創発を伴いながら仕事をつくりこんでいくためにも重要な役割を果たしてきた。

第3の柱：相互学習

第3に，企業の境界を越えて人々の間で「相互学習」が活発に行われてきたことが，即興演奏が1回限りではなく連続的に達成されるために非常に重要な意味を持った。「相互学習」とは，ある程度自律性を持った企業と企業が相互に影響を与えあい情報的資源を蓄積するプロセスのことを指す。大田区では，企業内部で先輩から後輩へ技術が伝承されていく組織内学習だけでなく，企業の境界を越えて人々が接触する中で技術や情報が伝わり融合していく「相互学習」が活発に行われてきた（小関，2001；額田，2002）。

ここで「相互」を頭について大田区の人々の間の学習を理解しようとするのには2つの理由がある。1つには，彼らの学習の累積を長期的に見ると，どちらが師であり生徒であるかが場面によって変化するためである。もう1つの理由は，教えるプロセスで逆に相手から自分が学んでいるということがしばしば起きているためである。

大田区では，コーディネーションをする仕事のプロセスで，またさらには職住近接の生活環境の中で「相互学習」が活発に起こり，人々の関係の上に互いに使い合える情報的資源，すなわち情報的連結資源がまちに分厚く蓄積してきた。この資源蓄積過程のエッセンスをまとめたのが図表11-2であり，「情報的連結資源の『プロセス志向』的蓄積過程」と呼ぶ（額田，2006）。

図表11-2を理解するポイントは次の2つである。第1のポイントは，コーディネーション実行の「副産物として」学習が起きるということである（図表11-2の矢印①参照）。第2のポイントは，「関係の共通基盤」が，眼前のコーディネーションのための情報的基盤とともに，将来のための相互学習の情報的基盤をも提供するということである（図表11-2の矢印②-a，②-b参照）。

ポイントの第1は，コーディネーション実行の「副産物として」起こる，間接ルートの学習が，分厚いインダストリアル・ベースが地域に形成されるため

図表11−2　「即興演奏型の柔軟な連結」のしくみにおける資源蓄積過程

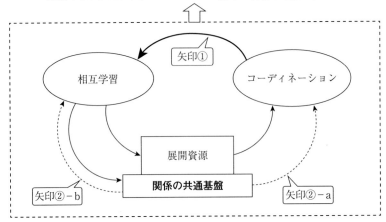

出所：額田春華「『柔軟な連結』型の産業集積における企業変革行動と資源蓄積過程：大田区およびその周辺地域を事例として」『日本中小企業学会論集』25, 2006年の図2より引用。

にとても重要だということである。間接ルートの学習とは，例えば，仲間企業の工場に納品に立ち寄ったついでに，雑談しながら作業を脇で見ていて，「こういった仕事のやり方があるか。それなら，うちの文脈ではどう転用できるだろう」と考える機会にぶつかる。また，顧客のところに打ち合わせに出かけた際，偶然に「別件でこういうことで困ってるんですよ」という話を耳にし，その困った状況と，以前仲間の工場で耳にした自慢話が文脈の違いを超えて持つ共通項に気づき，課題解決の着想を得るということが起こる[4]。

ポイントの第2は，「関係の共通基盤」が，眼前の顧客ニーズにフレキシブルに応えるためのコーディネーションにとっての情報的基盤と，将来のための相互学習にとっての情報的基盤の両方を提供するということである。「関係の共通基盤」とは，複数主体間のコミュニケーションとモチベーションの基礎的土台を提供するものであり，「信頼」，「情報解釈コード」，「価値基準」から構成される（額田, 2002, 2006）[5]。以上の2つのポイントを含む図表11−2のループがスピーディーにまわることによって，地域へ「情報的連結資源」の分

厚い蓄積が起きてきた。

第3節　産業構造転換のプロセスで形成された独自のビジネスシステム

1．独自のしくみを生んだ歴史の転換点

　第2節で説明された3つの柱を持つ大田区中小企業群のビジネスシステムは，どのような歴史を踏まえて形成されてきたしくみなのか。

　図表11-3は，1960年代以降の大田区の事業所数，製造品出荷額，総従業者数の変遷を従業者規模1～3人も含む全数のデータをもとにまとめたものである。大田区の事業所数を見ると，全従業者規模合計の事業所数のピークが1983年であるのに対し，「10～29人」，「30～299人」，「300人以上」の規模での事業所数のピークは1963年である。

　これは1970年代以降，大田区近辺にあった大手メーカーの量産部門の地方移転に影響を受け，ある程度規模のある区内中小企業が地方に工場を設立し，区内工場を縮小したり閉じたりということが起きたことに重要な影響を受けている。地方と都市の経済格差や公害問題が重要な社会問題として取り上げられている中で，国や都は地方や郊外への工場移転を積極的に推進していた（関・加藤，1990；大田区立郷土博物館，1994）。

　興味深いのは，1970年代から1983年まで，「1～3人」と「4～9人」規模の小零細規模の事業所数が急速に増加したために，それ以上の規模の事業所数が減少し続けたにも関わらず地域の全従業者規模合計の事業所数はむしろ増大した点である。この時期に小零細規模の大量の創業が起きた種は，その前の時期に準備されていた。高度経済成長期には大田区製造業の従業者数は飛躍的に増えていく。特に1960年頃より，全国各地から上京した若年労働者が急増した（大田区郷土博物館，1994）。若者たちは現場で先輩に鍛えられながら仕事を覚え独立に必要な能力を身につけ，1960年代後半から次々と独立していった。図表11-3の数字で，9人以下規模の事業所数が全従業者規模合計に占める比率を計算すると，1969年から1983年にかけて64.1％から80.9％まで上昇す

図表 11 − 3 　大田区工業の変遷

		事業所数（従業者規模別）					製造品出荷額（単位：100万円）
	全従業者規模の合計	1〜3人	4〜9人	10〜29人	30〜299人	300人以上	
1932	2						
1935	1,673						
1938	2,872						
1941	5,148						
1948	2,488						
1960	4,987	1,002	1,070	1,838	1,014	63	275,492
1963	7,556	1,571	2,771	2,054	1,093	67	439,929
1966	7,031	1,417	2,838	1,835	885	56	497,369
1969	7,052	1,571	2,949	1,700	776	56	785,788
1972	7,135	1,974	2,968	1,507	643	43	793,811
1975	8,311	3,245	3,201	1,338	493	33	1,054,570
1978	8,380	3,320	3,277	1,298	461	24	1,302,082
1980	8,307	3,356	3,171	1,330	426	24	1,496,599
1983	9,190	4,070	3,365	1,313	419	23	1,537,272
1985	8,897	3,902	3,246	1,305	422	22	1,691,296
1988	8,151	3,676	2,868	1,217	372	18	1,617,540
1990	7,860	3,539	2,760	1,199	345	17	1,794,188
1993	7,160	3,377	2,416	1,072	281	14	1,492,987
1995	6,787	3,304	2,207	1,008	255	13	1,394,751
1998	6,038	2,968	1,969	863	230	8	1,236,881
2000	6,165	3,088	1,967	906	195	9	1,144,859
2003	5,040	2,525	1,587	761	164	3	793,588
2005	4,778	2,387	1,529	710	149	3	761,086
2008	4,362	2,182	1,351	675	153	1	779,586
2011	3,788	1,947	1,133	541	167	0	530,618

出所：1932年から1948年まで『大田区史』（1951年）それ以降から2011年まで『東京の工業』。

る。

　分業が細かくなるだけでなく，ロットの大きな仕事や単純な仕事が外部に流出する環境変化に対応して大田区ではしだいに「即興演奏型の柔軟な連結」の

しくみへの転換が進んだのである(6)。図表11－3の製造品出荷額の数字で見てみると1990年まで順調に数字が伸び続けたことが読み取れる。大田区には，ロットのまとまらない仕事，不規則な仕事，急ぎの仕事，珍しい技術を必要とする仕事，常識では技術的に実現困難に思われる仕事など，不確実性・多様性の大きなめんどうな仕事が，全国から飛び込んでくるようになり，「ナショナル・テクノポリス」(関・加藤，1990)としての地域のブランドを形成していった。

2．地域の分業システムに支えられた独自のビジネス・システム

　他の地域ではめんどうな仕事であると断られてしまうニーズに柔軟に応える大田区中小企業群の独自のビジネス・システムは，地域の特徴的な分業システムに支えられていた。なおここでの分業システムとは，域内に需要を搬入する主体を終着点として，そこに実際に製品を届けるまでに，域内企業群が他企業と仕事を分業し調整する関係の総体のことを指している。大田区の分業システムは，だれが需要を搬入する主体かが特定企業に限定されず，状況によって誰が発注の担い手かも変わり，さらに地域の中で部分的に重なりを持ちつつそれぞれが独自の仲間を持つ錯綜性の高い特徴を持っていた（渡辺，1997；小関，2001）。

　従来の大田区の分業システムは，次のような3つの特徴を持つものとして整理することができる（額田・岸本・首藤，2009，2010）。第1の特徴は，身近に多様な分業単位が大量に集積していることである。第2の特徴は，細かな専門化が進んでいて分業単位の間をつなぐコーディネーション機能が充実していることである。第3の特徴は，多数の域内企業へ需要搬入機能とコーディネーション機能が分散し，しばしば相互発注も行われるということである。都市型産業集積としての大田区の特徴のキーワードを，分業システムの上記の3つの観点から抽出すると，「多様性」，「大量集積」，「細かな分業」，「錯綜したコーディネーション・メカニズム」を指摘することができる。大田区の中小企業の競争力は，このような地域の分業システムの文脈から切り離されると存立が困難になるものであり，長年，大田区製造業の支援に携わってきた山田伸顯氏は大田

区中小企業のことをインタビューの中で「集積依存型企業」と呼んでいる（額田，2008）。

　以上の特徴を持つ大田区の分業システムは，バブル経済後の環境変化の中でどのように変容を進めていったのだろうか。次節では，まず1990年代から2000年代にかけての経営環境の変化を振り返り，その環境変化の中での分業システムの変容の実態について説明していきたい。

第4節　1990年代後半以降の大田区のしくみの変容

1．繰り返される景況の波，そして競争環境の根本的な変質

　1990年代に入ってバブル経済がはじけると，大田区経済も厳しい痛手を受ける。バブル経済の時代，日本産業全体で大量の設備投資と積極的な製品開発が行われた。特殊な産業用機械の製造も，新製品開発プロセスの支援も「即興演奏型の柔軟な連結」が得意とするタイプの需要であり，大量の注文が流れ込んだ。しかし，バブル経済がはじけ始めると，高付加価値と呼ばれた価格のよい仕事が大幅に減少する事態に大田区の中小企業は直面した（額田，2002）。

　しかしこの危機を，1990年代の大田区の中小企業は以前よりも知的熟練を深めたり，高度な設備を導入したり，顧客情報や技術情報を以前にもまして積極的に集め他企業と情報交換する努力をしたりしながら，「即興演奏型の柔軟な連結」のビジネスシステムをより高度化することで対応しようとしていた。

　バブル経済崩壊でいったん1993年に底を経験した景況は徐々に回復していくが，1998年のマクロ金融政策の失策の影響で大田区の景況は再び悪化する。図表11-3をみると，この不況を経験した大田区製造業の事業所数は，2000年の6,165から2003年の5,040へとわずか3年の間に18.2％減となり，製造品出荷額も実質ベースで27.0％減となる。国際化とともにIT化が急速に進み，IT技術とマイクロエレクトロニクス技術が融合した生産技術の発展の中で，大田区でないと対応が困難だといわれていたニーズが，国内地方や海外の生産拠点に奪われるという競争環境の変化が本格化するようになった。

　試作・開発プロセスや多品種少量の特殊な製品づくりが求める難しいニーズ

へのフレクシブルな対応を得意としてきた大田区は，国内地方の機械産業集積地よりも海外との国際競争の影響を受ける時期が遅かった。1990年代前半まで大田区中小企業が海外との国際競争の影響を直接的に受けずにすんだ理由は，金型の製作や，開発に伴う試作，あるいは特殊部品の供給といった仕事は，当初は海外への技術移転がなかなか進まなかったためである（山田，2009，18ページ）。しかし，大田区が得意としてきた領域の仕事の一部が，1990年代後半から徐々により安い価格で対応できる海外や国内他地域の中小企業に奪われるようになり，2000年代に入ってその傾向が顕著になっていった。

2．環境変化の中での分業システムの変容

以上のような経営環境の変化に対する個々の中小企業の反応は，大田区の分業システムにどのような変化をもたらしたのだろうか。先に大田区の従来の分業システムの特徴として，「大規模集積」，「多様性」，「細かな分業」，「錯綜したコーディネーション・メカニズム」を指摘した。各々の特徴の変化について，額田・岸本・首藤（2009，2010）の調査結果を用いながら順に見ていきたい。

第1の「大量集積」の点については，集積規模の大幅な縮小が起きてきた。図表11-3を見ると1990年時点で7,860あった事業所数が1998年には6,038，2008年には4,362事業所へ，さらには2011年には3,788へと減少した。1990年から2011年にかけて事業所数が51.8％も減少したのである。しかし大幅に減少したとはいえ，59k㎡という面積に4,000弱の工場がしたたかに生き残っている。

第2の「多様性」に関しては，大田区の分業単位の品揃えだけは，区内企業の多種多様な必要性に応えられるための多様性を維持できなくなっている。このため大田区中小企業群の中の「コア企業」[7]層について企業内分業と企業間分業の両面で広域ネットワーク化が進んできている。大田区の「コア企業」層は早くから量産の仕事については域外の分工場や域外の他企業への発注を行ってきているが，それにとどまらず，多品種少量の仕事でも域外の分工場や域外の他企業によって担われる部分が増えてきている点が注目される。一方，「小零細サプライヤー」層については，一部の例外はあるが一般的には企業内分業

の面でも企業間分業の面でも域内へ高く依存し続けていることが調査結果から推測される。

　第3の特徴，「細かな分業」については，コア企業層だけでなく，小零細サプライヤー層でも積極的な設備投資により関連工程を内製化する企業が1990年代後半からの10年の間に増えてきている。従来，大田区の中小企業の間の企業間分業は，非常に細かな分業単位に分かれてきた。「切削」加工1つをとっても，旋盤の設備での加工を得意とする企業，フライス盤の設備での加工を得意とする企業というように導入している設備の種類によっても分業が進んでいたし，また大物を得意とする企業，小物を得意とする企業というように加工物の大きさでも分業が進んでいた。しかし環境変化に対応する中で，小零細サプライヤー層でも，複数の工程を1つの機械で対応できる複合機を導入したり，従来よりも自社技術・自社工程の守備範囲を広げてそれにより付加価値を高め売上を維持しようとしたりする行動が見られるようになっている。

　例えばMプレスは，プレスの仕事が中国・東南アジアに移ることによって経営に苦しむ同業者の続出に危機感を持ち，試作から量産にかけて一貫して関わることにより新しい競争力を確立していく方向性を目指している。従来社内で担う工程はプレスに特化していたが，2004年からプレスの前工程である板金や仮型製作等の内製化に取り組むようになった。レーザー加工機やパンチプレスを購入し，1から必死に加工方法の勉強に取り組みつつ積極的に営業することによって，10社ほどの新規顧客の開拓に成功した。

　コア企業だけでなく，小零細サプライヤー間でも，従来の「細かな分業」の発想とは違う，同種・異種の関連工程の内製化が部分的に進みつつあることが調査結果から推測されるのである。ただし，このような内製化が進んでいるのは，「小零細サプライヤー」の中の，「設備投資継続」型の小企業に限られている。大田区中小企業群の全体像をとらえるにあたっては，大田区の「小零細サプライヤー」の中には，「設備投資継続」型の小企業と「設備投資消極」型の小企業が混在していることに注意する必要がある。

　第4の「錯綜したコーディネーション・メカニズム」の特徴に関しては，域内の中小企業の廃業・縮小が進む一方で，激しい競争の選別の中で新需要獲得

に成功しコア企業層として力を伸ばす企業や，コア企業層から変化への対応能力を高く買われ注文が集中している小零細サプライヤー企業もいる。たくさんの企業が廃業・縮小し，域外企業・海外企業との競争が増し新しい変化への対応が必要になる中で，発注先の部分的組み換えも進んできた。さらに「仲間まわしの仕事」と呼ばれてきたヨコの関係で相互に仕事が流れる取引量の減少も進んできた。このような変化の総合として，大田区ではコーディネーション・メカニズムの錯綜性の程度が小さくなり，地域の社会的分業関係が以前よりもシンプルな方向へ変化している傾向が観察されるのである。

第5節　縮小の時代にいかに生き残るか

1．分業システムの変容が競争力に与える影響をどうとらえるか

　以上のように大田区産業集積は，単に規模が縮小しただけでなく，質的にも重要な変化の過程にあると考えられる。分業の担い手となる企業の数が減り，企業間を結ぶ関係のネットワークがよりシンプルな構造を持つものに変わり，さらにはそのネットワーク上を流れる情報の流れもより単純化していく。

　情報通信理論の言葉を借りてこの分業システムの変化を表現すると，分業システムの「冗長性」の低下として表現することができる。大田区では従来の「冗長性の高い分業システム」，すなわち重なる部分があるが互いに異質な細かな分業単位間で，相互発注も含む複雑なモノ・情報のやりとりがなされる分業システムから，「冗長性の低い分業システム」，すなわち，サブの分業単位の自社内への内製化が進み，特定の企業がコーディネーションの中核を担う，ある程度整理されたモノ・情報のやりとりがなされる分業システムへの移行が1990年代後半以降の変化の中で進みつつあると考えられる。

　このような分業システムの冗長性の低下が大田区中小企業の短期の競争力と，長期の競争力にそれぞれどのような影響を与えると考えられるだろうか。これは都市型産業集積の将来を考えるにあたってたいへん興味深い論点であるので，読者のみなさんにも自由闊達にご議論いただきたい。

2. 縮小時代の逆境の中での挑戦

　2008年に4,362あった大田区の事業所は，リーマンショックというさらなる逆境を経験し2011年には3,788にまで減少した。製造品出荷額も製造品出荷額も2008年の6,523億から2011年には4,150億円へと縮小する。集積規模が縮小し続ける厳しい状況に大田区は直面してきた。

　このような逆境の中で，「下町ボブスレー」（図表11－4の写真参照）をオリンピックで走らせる夢への挑戦のプロジェクトが2011年末に始まった。大田区中小企業は，優れた加工技術を持ちながらも発注側大手企業の蔭に隠れ黒子としてものづくりを支えてきた。これに対して「下町ボブスレー」は大田区中小企業が前面に立ち，加工精度や品質，短納期対応といった強みに加え企画や開発力も含めて力があることを，具体的にPRできるモノとして発信していくことを目指して行われたプロジェクトである（大田区産業振興協会，2014；奥山，2014）。

　「下町ボブスレー」プロジェクトは地域の支援機関のある職員の働きかけが

図表11－4　下町ボブスレーとその製作メンバーたち

出所：下町ボブスレーネットワークプロジェクト提供。

きっかけとなり始まったが，それはあくまできっかけにすぎなかった。プロジェクトをリードしたのは大田区中小企業の若い世代の人たちだった。苗床のないところに突如プロジェクトが始まったのではなく，リーマンショック後に若手の後継者や経営者たちが取り組んでいたさまざまな活動の積み重ねの上で下町ボブスレー活動が始まった。若手が医工連携や農工連携などの新しい動きに積極的に参加していた。また日刊工業新聞の企画記事がきっかけで集まり始めた「若手経営者の会」で若い世代が経営上の悩みなどを語り合うゆるやかなネットワークを結成していた（奥山，2014）。

　医工連携については，東京労災病院や東邦大学医学部，昭和大学歯学部など大田区に立地する医療関係機関のニーズに区内企業のシーズを結び付けられないかということで取り組みが始まった。その後，開発の成果を事業化するための出口戦略の1つとして，医療機器製造販売会社が多数立地する文京区との連携も進められている（大田工業連合会，2014年1月6日）。

　農工連携については，山陰地域や秋田県などで現地金融機関と協力して高齢化する農業者のニーズに応える機器の開発製造にあたっている。また東日本大震災で被災した水産加工会社の食品製造機器の開発・製造にも区内企業が協力して完成させた（大田工業連合会，2014年1月6日）。現地金融機関と協力してまずニーズを先に把握し，市場で普通に手に入る機器では解決できない特殊ニーズに対応する開発・製造が行われている。

　このような先駆けた活動の素地の上で，下町ボブスレー・プロジェクトは1号機に引き続き2号機の開発を進めていったが，2014年のソチ・オリンピックには採用されなかった。突然の不採用通知が届いた直後，プロジェクトに関わっていた人々は鎮痛な思いを味わった。しかし，オリンピック出場が究極の目的だったわけではなく，また最初からソチに出場できない場合も想定してプロジェクトは進められてきた。重要なのは，これらが大田区の個々の中小企業の受注拡大や地域の長期的競争力向上にどう結び付くかである。大田区産業振興協会の野田理事長は次のように語っている。

支援をするにあたっては大きな状況づくりが大事だが，こういったことは最後は個別支援，すなわち個々の企業の具体的な受注獲得につながっていかなければならない。これらを両にらみで息の長い支援をしていくことが，私たちの役割だと考えている[8]。

　高度な技術やネットワークを具体的なインパクトのあるモノとしてブランドを表現し，航空宇宙関係や医療機器関係等の国内外の新需要開拓に結び付けていくことがプロジェクトが目指した目的の1つであった。その面での将来の具体的な効果につながる事象が，展示会でも個々の中小企業の商談でも見受けられる。

　例えばドイツで行われた医療機器関係の展示会COMPAMEDに下町ボブスレー1号機を展示したところ，多くの来場者を集めるのに成功した。大田区産業振興協会はアジアとの関係づくりだけでなく，欧州との関係づくりに注力するよう支援の戦略を切り替えた[9]。その一貫として12年ぶりに参加した欧州での展示会で，ボブスレーが大田区ブースに人だかりの効果を生んでくれた意味は大きいと考えられる。

　　　医療機器とは全然違うボブスレー展示でしたが，そこはさすがのヨーロッパ。人気スポーツにあやかったアイキャッチが大成功。大田区のものづくり技術の優秀さを実感で伝えることができました[10]。

　また，プロジェクトの参加企業も，日常の営業活動に下町ボブスレーの話題を営業のツールの1つとして利用している。

　　　4月は人事異動の時期で売り上げが落ちる傾向がありますが，普段お会いできない各地のお客さんにご挨拶にうかがったのですが，皆さん下町ボブスレーのことをご存じで，話がとても盛り上がったことがあります。それが直接仕事に結びつくかというと別の話ですが，フェース・トゥ・フェースの営業で一つのコミュニケーション・ツールとして使えるのはありがたいことだと思います[11]。

以上のような営業活動支援も，下町ボブスレープロジェクトの重要な効果の1つであるが，当プロジェクトは本論が大田区の長期的な競争力に関係する次の3つの重要な影響も与えている。

　1つ目は，下町ボブスレープロジェクトやその他その前後の新しい取り組みへの挑戦の中で，大田区のものづくりの世代交代が進んだことである。

　2つ目は，従来分断されがちであった60代，70代の年配の経営者層と30代，40代の若手経営者層の間に相互学習の基盤が生まれた1つのよい例となったことである。若手経営者たちを中心とした手弁当での夢のようなプロジェクトへの挑戦に対して，彼らの親の世代に該当する60代，70代の多くの経営者は慎重な態度をとることも多かった。しかし，プロジェクトが進む中で，60代，70代のベテランの層からも協力，または応援してくれる人が出てくる。1号機のときの協力企業は30社だったが，2号機のときには協力企業は60社となった。この中には年配のベテランの職人が経営する企業も含まれた。さまざまな課題を乗り越えていくコーディネーション・プロセスで，若手と年配の層の間の相互学習の基盤もつくられていったと考えられる。

　3つ目は，「情報的連結資源の『プロセス志向的』蓄積」が，新しい形で次の時代に継承される1つの身近なモデルを，下町ボブスレープロジェクトは大田区中小企業の人々に示した。ホームページやブログ，Facebook，メールなどITを利用したバーチャル・コミュニケーションと，相手の活動の現場に出かけ「場の情報」を交換し気持ちもぶつけあうリアル・コミュニケーションとが融合する中で，仲間内だけでなく地域内外の異なる業種や異なる世代の人を巻き込みながら新しい知と心理的エネルギーを生み出し，下町ボブスレー・プロジェクトは進められてきた。

　幾度もの試練を経験しながら，大田区産業集積の今日の姿がある。大都市という立地で中小企業が生き残っていける意味は，時代の節目，節目で問い直されてきた。本章では「大規模集積」，「多様性」，「細かな分業」，「錯綜したコーディネーション・メカニズム」，「情報的連結資源の『プロセス志向』的蓄積過程」を，大都市型産業集積の重要な特徴として指摘した。大都市産業集積ならではの特質が，縮小の時代にいかに新しい形で次世代に継承されていくのか。

生活と仕事の場が融合する職住近接の風景の中で，大田区中小企業は新しいアイデアをつむぎ，伝え，具体化しながら，未来に向けた挑戦を続けている。

【注】

(1) 本章は，額田（2014）を教科書向けに加筆修正を加えながらまとめなおしたものである。興味のある方は詳しくは額田（2014）を参照いただきたい。
(2) ここでの「柔軟な連結」(flexible connecting) と，ピオリ&セーブル (Piore and Sabel) (1984) による「柔軟な分業」(flexible specialization) とは，基本的に同じ概念である。2つの概念は，環境の不確実性・多様性が高い状況下において，何でも自分で抱え込むのではなく，外部主体との組み合わせが生み出す経済性で勝負するというエッセンスを共有する。まずは細かな分業がある。分業というのは，仕事を分けることである。その分けた後の連結過程に特に着目したいので，本章では「柔軟な連結」という言葉を用いる。
(3) 詳しくは額田（1998, 2002）を参照いただきたい。
(4) 大田区の中小企業の世界では，学習を直接の目的として意識的に設計された場における，直接ルートの学習（例えば，有力顧客企業が協力企業を集めて行う研修や，異業種交流会が企画する勉強会等）も，もちろんさまざまに試みられている。しかし，このような学習だけでなく間接ルートの学習が豊かにおこるということが，大田区の資源蓄積過程をとらえるときに重要である。
(5) ここでの「信頼」とは，相手が，仕事の実行に必要な能力を持つことと，その能力を自社のために誠実に用い仕事を完遂する意図を持つこと，さらには協働の実行過程で獲得される情報を悪用しない意図を持つことについての，相手への自信ある期待のことである。「情報解釈コード」とは，情報と意味の結び付け方について，自分が持つパターンと相手が持つパターンの間に，整合性をつくる相互理解のことである。また，「価値基準」とは，目的間や課題間の優先順位のつけ方について，自分が持つパターンと相手が持つパターンの間に，整合性をつくる相互理解のことである。詳しくは額田（2002）を参照いただきたい。
(6) 大田区のX研削を一例として取り上げる。X研削X社長は主要顧客であったU社（トラックに載せるクレーンの製造企業）が千葉へ工場を全面移転し，いっしょについていくべきか葛藤したという。葛藤の末，1980年代初め，大田区に残り新しいビジネスのあり方へと転換することを決意する。従来は，人よりも多く機械を動かすこと，人よりも，同じ時間，機械を動かすのなら，早く加工を終わらずことを追及していたと

第 11 章　都市型中小企業群とものづくり―東京・大田区のケース―　197

　　　いう。しかし，転換後は，経営の発想を根本から変え，顧客のニーズを先回りして汲み取り顧客に提案していくものづくりを行うビジネスシステムへと転換を積極的に進めていった。しかし，転換するとさまざまなこれまでと違う技術や情報が必要になる。その不足部分を，周囲との情報交流の中で学習したり，特性の違う他企業とネットワークを組み仕事に協力してもらったりすることで乗り越えていった。
（7）額田・岸本・首藤（2009, 2010）では大田区製造業の中小企業を「コア企業」と「小零細サプライヤー」に分けて調査結果を整理している。ここでの「コア企業」とは，域内に需要を搬入し，自社技術および域内外のさまざまな技術を結びつけながら，一連の仕事の流れをまとめる中核的役割を果たす企業のことであると定義する。
　　　一方，「小零細サプライヤー」とは，切削・研削・研磨，鋳造・鍛造，プレス，メッキ・表面処理，部品組立，金型製作等，各種製造業が必要とする一連の加工工程の中の一部に特に独自の強みを持ち，みずから広域から需要を引っ張ってくることよりも，むしろ域内他企業の求めるニーズ実現をサポートする機能を事業の中心としている企業のことである。
（8）2014 年 3 月 17 日大田区産業振興協会野田隆理事長との面談の記録より引用。
（9）大田区中小企業は海外展開については従来，タイと中国に特に力を入れてきてきた。その重要性は今も変わらないが，アジアへ現地の事業所をみずから設けて事業を進めていけるのはやはり大田区中小企業の中でも少し規模のある層に限られる。したがって，大田区産業振興協会では，零細規模層を海外市場と結び付けるにはやはり輸出が中心となると考えて攻めるべきだが，大田区の技術を本当に買ってくれる企業はアジアよりもむしろ欧米にあるのではないかと考え，欧米との関係づくりにも力を入れるよう支援の戦略を切り替えた。スイスの中でも技術力の高い中小企業が集積しているヴォー州や日欧産業協力センター等との連携を進め，欧州企業とのビジネスマッチングツール EEN への参加を支援するだけでなく，ドイツの医療機器関係の展示会 COMPAMED にも出展した（2014 年 3 月 17 日大田区産業振興協会海外事業担当 U 氏への聞き取りの記録より）。
（10）2014 年 3 月 17 日の大田区産業振興協会野田隆理事長との面談の記録より引用。
（11）http://www.nikkeibp.co.jp/article/tk/20131023/370159/（2013 年 11 月 1 日閲覧）より引用。プロジェクト参加企業の 1 つである昭和製作所社長，船久保利和氏の言葉である。

◆参考文献◆

＜書籍・論文・統計＞
伊丹敬之・松島　茂・橘川武郎『産業集積の本質』有斐閣，1998 年。
伊丹敬之・西口敏宏・野中郁次郎『場のダイナミズムと企業』東洋経済新報社，2000 年。
今井賢一『情報ネットワーク社会』岩波書店，1984 年。
奥山　睦『メイド・イン・大田区：ものづくり，IT に出会う』サイビズ，2005 年。
奥山　睦『下町ボブスレー僕らのソリが五輪に挑む―大田区の町工場が夢中になった 800 日の記録』日刊工業新聞社，2006 年。
大田区「大田区工業の構造変化に関する調査報告書」1995 年。
大田区「大田区産業に関する実態調査報告書」2008 年。
大田区区立郷土博物館『工場まちの探検ガイド―大田区工業のあゆみ』1994 年。
大田区工業連合会「大田工連」342，2014 年。
大田区産業振興協会『大田区ものづくり 2014―歴史と現状』2014 年。
加藤秀雄『地域中小企業と産業集積：海外生産から国内回帰に向けて』新評社，2003 年。
小池和男『仕事の経済学』東洋経済新報社，1991 年。
小関智弘『大森界隈職人往来』岩波書店，1981 年。
小関智弘「町工場のプロセス知」吉川弘之・田浦俊春・小山照夫・伊藤公俊『技術知の位相――プロセス知の視点から』東京大学出版会，第 1 部，23-42，1997 年。
小関智弘『NHK 人間講座ものづくりの時代―町工場の挑戦』日本放送出版協会，2001 年。
関　満博・加藤秀雄『現代日本の中小機械工業：ナショナル・テクノポリスの形成』新評論，1990 年。
関　満博『フルセット型産業構造を超えて』中公新書，1993 年。
髙田亮爾・上野　紘・村社　隆・前田啓一『現代中小企業論［増補版］』同友館，2011 年。
竹内芳美「異種加工機能の複合化」『機械技術 2001 年 11 月臨時増刊号：工作機械 50 年進化と未来』日刊工業新聞社，2001 年。
中小企業研究センター『東京都大田区に見る日本産業の近未来』中小企業研究センター調査報告書 118，2006 年。
中西忠輔「大田区中小企業における技術・技能伝承」電気協会報 2008 年 2 月号，東京都『東京の工業』各年版。
西口敏宏「遠距離交際と近所づきあい：成功する組織ネットワーク戦略」NTT 出版，2007 年。
額田春華「産業集積における分業の柔軟さ」伊丹敬之・松島　茂・橘川武郎『産業集積の本質』有斐閣，1998 年，第 3 章所収。
額田春華「産業集積における『柔軟な連結』の達成プロセス」一橋大学大学院商学研究科博

第 11 章 都市型中小企業群とものづくり―東京・大田区のケース―

士学位論文，2002 年。

額田春華「『柔軟な連結』型の産業集積における企業変革行動と資源蓄積過程：大田区およびその周辺地域を事例として」『日本中小企業学会論集』25，2006 年。

額田春華「産業集積における『内発的発展』に関する調査研究：大田区の『柔軟な連結』を事例として」中小企業基盤整備機構，2008 年。

額田春華・岸本太一・首藤聡一朗「規模縮小過程における分業システムの変容に関する調査研究：大田区中小企業群の最近 10 年の変容を事例として」中小企業基盤整備機構，2009 年。

額田春華・岸本太一・首藤聡一朗「大田区中小企業群の分業システムにおける『冗長性』の低下」東京大学ものづくり経営研究センターディスカッションペーパー 297，2010 年。

額田春華「大田区の変容から考える都市型産業集積のダイナミズム」『企業家研究』11，2014 年。

Piore, M. J. and Sabel, C. F. (1984). *The Second Industrial Divide*, New York：Basic Books（山之内 靖・永易浩一・石田あつみ訳『第 2 の産業分水嶺』筑摩書房，1993 年）。

渡辺幸男「日本機械工業の下請生産システム―効率性論が示すもの」『商工金融』35（2），1985 年。

渡辺幸男「日本機械工業の社会的分業構造―下請研究の新たな視座をもとめて（上）（下）」『三田学会雑誌』82（3）（4），1989・1990 年。

渡辺幸男「日本機械工業の社会的分業構造：階層構造・産業集積からの下請制把握」有斐閣，1997 年。

渡辺幸男「もの作りでの中小企業の可能性：東アジア化の下での国内立地製造業中小企業の存立基盤」『商工金融』56（2），2006 年。

山田伸顯「大田区から世界の母工場へ：日本のモノづくりイノベーション」日刊工業新聞社，2009 年。

＜その他＞

NHK 地方発ドキュメンタリー「世界に挑め下町ボブスレー」2014 年 2 月 25 日放送。

大田クリエイティブタウンホームページ http://www.comp.tmu.ac.jp/ssm/mono/aboutmn.html，2014 年 4 月 15 日閲覧。

日経 BP ネット「知恵と技術を結集し『下町ボブスレー』が進化，2 号機はオールジャパンで挑む」http://www.nikkeibp.co.jp/article/tk/20131023/370159/，2013 年 11 月 1 日閲覧。

第12章
精密機械産業の集積と中小企業
―長野・諏訪のケース―

第1節 はじめに

　人口20万人の地域に千数百社の中小企業が集積する長野県諏訪地域[1]は，明治時代以降，岡谷を中心とする世界的な製糸業のメッカとして栄え，第二次大戦後は時計やカメラに代表される精密機械工業へと大転換を成し遂げ，「東洋のスイス」と呼ばれる地域へと発展した。そして，現在においても高度な精密加工技術を有する多くの中小企業が集積する，日本を代表するものづくり拠点の1つである。

　しかしながら，近年は日本の製造業の競争力低下とも呼応し諏訪の製造業にも閉塞感が漂っている。この事態を打開しようとする動きが地域企業，行政または関係団体の各方面に起こっているが未だターンアラウンドといえるまでには至っていない。このような時には，諏訪の産業の勃興に心血を注いだ先人起業家の精神[2]に立ち返ることも重要である。

　本章では，諏訪地域の企業家が歴史の推移に応じて地域の産業集積の形成と発展にどのように柔軟に対応してきたのかについて史的に考察する。

第2節 諏訪の産業（製糸業）の勃興

　諏訪の近代産業発展のベースとなったものは，製糸業の勃興である。本節では，日本の蚕糸業の進展経過ならびに諏訪の製糸業の勃興とそれを推進した起

1．日本の蚕糸業の発展

日本の蚕糸業[3]は，19世紀後半から20世紀前半にかけて，殖産興業・富国強兵政策に則り外貨獲得にも貢献する産業として急成長を遂げる。蚕糸業育成のため，明治政府はフランス人技師ポール・ブリュナーを招聘し，明治3(1870)年官営富岡製糸場を設立し，これまでの家内工業的な座繰製糸から器械製糸を導入した。明治10年代には器械製糸が急速に普及し，工場制手工業（マニュファクチュア）が支配的となる。それとともに輸出が伸長し，明治から昭和初期までの約60年間，生糸は日本の輸出品目筆頭の地位を占め，日本の外貨獲得に最も貢献する輸出産業となった。そして，生糸輸出高は，世界四大蚕糸業国の1つであるフランスを明治初年に抜き，明治30年代前半にはイタリアを上回り，さらに明治末年(1909頃)には中国を上回り，ここに日本は世界一の生糸輸出国となる[4]。

養蚕農家数と生糸生産量の推移は，図表12-1に示すように急伸・急落の

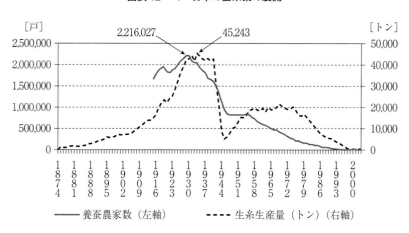

図表12-1　日本の蚕糸業の展開

出所：総務省統計局統計データ「第7章農林水産業7-16養蚕及び生糸生産量」より作成。

カーブを描いている。養蚕農家は1930年に221万6,000戸余り,生糸生産量は1934年に4万5,000トン余り,とピークを迎え,その後は輸出市場であった米国にナイロンが生まれたことにより急減し,さらに第二次大戦により急落する。戦後,一時的に復興するがその後衰退の一途をたどり,2004年には養蚕農家数1,850戸,生糸生産量232トンまで減少し,現在では産業としての生業はほとんど終焉を迎えている[5]。

2．諏訪の製糸業の発展

明治以前の諏訪地域は,産業の90％が農業であり,農閑余業の1つとして蚕飼が岡谷で盛んに行われていた。その岡谷を中心とする諏訪地域は,日本の製糸業の発展において,まさに日本の産業革命のベストプラクティスが実現した地域だといえる。

その主たる特徴としては,1) 器械製糸の導入を積極的に図り,2) 家内（手）工業からすばやく近代工業に脱皮させ,3) 短期間に世界一の製糸都市を実現し,4) 日本の外貨獲得に多大な貢献をし,5) 独自の器械化・生産方式への工夫をしたこと,等があげられる。

岡谷の生糸生産量は明治初年の器械製糸導入後一挙に拡大し,明治10 (1877) 年の7トンから明治40年には502トン（全国の5.5％）,大正2 (1913) 年には1,041トン（全国の7.4％）,昭和5 (1930) 年には2,710トン（最高値,全国の6.3％）となった[6]。岡谷を中心に下諏訪,上諏訪の諏訪湖沿岸部では製糸業が営まれ,また八ヶ岳山麓の高原地帯の農家は桑を植え養蚕を行うことにより諏訪地域として蚕糸業が進展していった。

3．諏訪の企業家精神

諏訪は企業家精神旺盛な人たちを多く輩出した。その企業家精神を彷彿とさせる事象をいくつかあげよう。

1つには,"良質の糸"を作るために新しい技術の導入が必至と考えられたのであるが,当時,フランスおよびイタリアの操糸器械・技術が世界最先端である中で,自分たちの力で外国技術を導入した独自工場を造ろうとしたこと,

2つには「殖産興業」政策に呼応した器械式生産方式の導入にすばやく取組んだことである。明治3 (1870) 年設立の官立富岡製糸場の実際の開業が明治5年10月であったのに対して上諏訪村・小野組深山田製糸はそれよりも早い明治5年8月に操業を開始している。

3つには，岡谷の器械製糸発展の源泉となった独自技術の開発に熱心に取り組んだことであり，明治8年に中山社において動力に水車を利用した木製「諏訪式操糸機」の開発が実用化している（図表12－2，図表12－3）。

4つには，地域の製糸業者が共同して相互の経営基盤の強化を促進しようとの活動が実施されたことである。明治12年片倉兼太郎，林倉太郎，尾沢金左衛門らによって設立された開明社は，大量生産と輸出先の評価確立に向けて，共同揚返場設立による製品品質の画一性の保持[7]，繭の共同購入，工場巡回指導などを行っている。5つには，従業員の福利厚生・教育面・保健衛生などに手厚い配慮がされたことである[8]。6つには，製糸業発展の過程において，鉄道の開通，交通，郵便，電信・電話の整備，電気の普及などの社会インフラの整備・推進に製糸業者が尽力したことである[9]。

図表12－2　諏訪式繰糸機

出所：市立岡谷蚕糸博物館蔵　（写真左）明治5年富岡製糸場で使われた最初のフランス式繰糸機（日本に現存する唯一のもの）。（写真右）明治初期の諏訪式繰糸機（コストダウンや生産性向上に独自の工夫がされ全国に普及した）。

なぜ，信州の田舎でこのように多くの企業家が起こり，偉業を成し遂げることができたのだろうか。これについては，2つのことがあげられよう。1つは，冬が寒く狭い土地の中で切磋琢磨し努力して頑張るという風土が諏訪に根付いていたことである。もう1つは，下諏訪が江戸時代の五街道の甲州街道と中山道の合流分岐点の宿場町として栄え，交通の要衝としての立地の良さから多くの情報が速やかに伝搬されたことである。

図表12－3　明治初年の製糸工場建設費に占める1釜当たりの設備所要費用

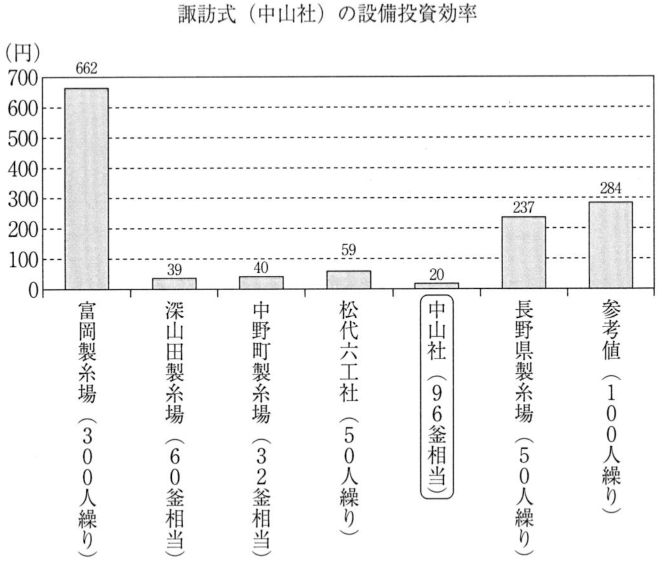

諏訪式（中山社）の設備投資効率

(円)
- 富岡製糸場（300人繰り）: 662
- 深山田製糸場（60釜相当）: 39
- 中野町製糸場（32釜相当）: 40
- 松代六工社（50人繰り）: 59
- 中山社（96釜相当）: 20
- 長野県製糸場（50人繰り）: 237
- 参考値（100人繰り）: 284

出所：瀬木秀保「価値工学から見た「諏訪市繰糸器械」に関する一考察―現代に生きる中山社のエンジニアリング―」『岡谷蚕糸博物館紀要2号』岡谷蚕糸博物館，1997年，表1より作成。

4．岡谷から世界に雄飛した製糸企業家

世界一の生糸輸出国・日本の中枢的役割を担う岡谷の製糸業者の中には県外に進出して経営を拡大する製糸家が続々と登場した。その代表となったのが，シルクエンペラーと言われた旧片倉財閥の二代目片倉兼太郎であった。片倉家

第12章 精密機械産業の集積と中小企業─長野・諏訪のケース─

図表12-4 全盛期の岡谷の全景と片倉館

（写真左）明治42年当時の岡谷．（下部）は天竜川．
出所：市立岡谷蚕糸博物館蔵．

（写真右）昭和3年設立の諏訪湖畔の片倉館．
出所：片倉館蔵（日本の近代遺産50選）．

が諏訪に残した遺産の1つに諏訪湖畔に大浴場を備え従業員の慰安施設として建てられた片倉館がある（図表12-4）。

世界に雄飛した岡谷の製糸企業家たちは，以下のような"家憲"を残している。そこに記述されている経営姿勢は，現代の経営者にとっても大いに啓蒙を受けるべき内容である。

「片倉家・家憲（抜粋）」には次のように記されている[10]。

> 3．勤勉を旨とし，奢侈の風に化せざること
> 4．家庭は質素に，事業は進取的たるべきこと
> 5．事業は国家的観念を本位とし，公益と一致せしむること
> 8．己れに薄うして人に厚うすること
> 10．雇人を優遇し一家族をもってみること

第3節 精密機械産業の興隆

製糸業急減速下の中から諏訪に興った新たな産業が「精密機械工業」であった。後に「東洋のスイス」と謳われるようになった諏訪の精密機械工業の発生には，「バルブ産業」と「時計産業」という2つの産業が関わるが，発生プロセスは異なるものであった。この2つの産業から派生した多くの起業家により

各種の事業が沸き起こり，諏訪は中小企業による精密機械工業の一大集積地として発展していく。

諏訪が新たな産業振興に向けてドラステックな展開を行うことができ，再び地域が活性化する原動力となったものは，産官に共通した強い産業振興の思いであった。その思いを実現できた背景としては，1）製糸工場の有形無形の資産があり，それらを転活用できたこと，2）戦時中に大都市の大規模工場が疎開工場として諏訪に移転してきたこと，3）ベンチャースピリット溢れる多数の起業家が起こり，新しい時流に乗る事業に挑戦したこと，4）地域の人々の特徴といえる手先が器用で有能かつ勤勉な労働力が存在したこと，5）製糸業に代わる産業として工業招致・工業育成などを行政が積極的に推進したこと，などがあげられよう。

1．地方工業化への取り組み

長野県の産業は，昭和初期まで岡谷を中心とする諏訪地域がリードした製糸業に大きく依存し，他の機械，化学，金属などの近代工業は微々たるものであった。こうした極めて脆弱な産業構造の中で，昭和5(1930)年前後に起こった不況対策や地方振興を眼目とした地方工業化の国策に呼応する形で「長野県地方工業化委員会」が昭和12(1937)年に設置され，精密工業の助成や工場誘致について方向づけがされた[11]。

一方，昭和13(1938)年には米国デュポン社から新しい化学繊維「ナイロン」が発表され，昭和15(1940)年全米一般販売を開始するや爆発的な売れ行きを示し，シルク製品は市場から一掃されていく[12]。産業構造転換は待ったなしを余儀なくされた。

昭和16(1941)年国土計画に基づいて「長野県鉱工業計画委員会」が改組・創設され，工業招致と工業育成が推進されていく。こうして，終戦時における長野県の工場数は，既存工場数500に対し，戦時疎開工場数596と疎開工場が既存工場を上回るほどに工場誘致が進んでいた。このうち，諏訪の工場は，既存工場数112，疎開工場77であった[13]。

終戦後に，多くの疎開工場がそのまま当地に留まってくれるのか，引き揚げ

てしまうのか，は大きな課題となった。また，戦時中に軍需工場となっていた企業は，戦後経済復興に資する平和産業（民需産業）への転換を必要とされた。

2．「バルブ産業」の発生プロセス

諏訪の「バルブ産業」発生の原点は，大正8（1919）年創業の「北澤製作所」にある。当時，製糸用繭買い業を営んでいた北澤國男（長兄）ら4兄弟が，製糸工場向けにバルブの製造販売を行おうと上諏訪町（現・諏訪市）に創業した。製糸工場ではボイラーを使っていたが，諏訪の冬は寒くバルブが凍結して壊れやすかったことに目をつけて，凍結破損しない製品を自前で作ろうとしたのである[14]。

製品をすべて自社で完結させてしまうばかりでなく，その製品を作るための工作機械も自社開発してしまうという発想を有しており，その結果「垂直統合型」の企業が出来上がっていった。しかも，顧客市場のニーズを吸い上げ，その潜在ニーズに合致する品質の良い製品に仕上げ，付加価値を高めた。

北澤製作所はその後，北澤工業，（旧）東洋バルヴと変遷するが，戦後にはバルブの量産体制を拡充し国内有数のバルブメーカーとして確固たる地位を築くとともに，海外販売拠点を整備し世界各地に輸出した。オイルショック後の不況の影響を受けて昭和51（1976）年会社更生法の適用申請に至ったが，バルブ事業はキッツグループに継承されている[15]。

3．東洋バルヴの果たした意義

バルヴという製品は，それ単独では意味をなさないが，石油パイプラインや大規模プラントに使われる大型のものから小さな個別機械装置用まで，ありとあらゆる機械装置の相当な部分に使用される必需部品である。こういう部品に目をつける着眼点の良さはビジネスで成功する1つの道であろう。日本製がまだなかったころに，諏訪の地元起業家から始まったベンチャー企業が独力で立ち上げた功績は極めて大きい。

諏訪の産業振興の観点で東洋バルヴが果たした意義は，垂直統合型企業である東洋バルヴの中の各種の事業や業務を経験し技術を培った多くの技術者が独

立して起業し，それらが各々花開き，諏訪の精密機械工業の発展母体となり，そこからさらに裾野が広がっていったことにある。つまり，諏訪地域がピラミッド型の産業集積を形成していく母体となったことである。

　このような企業には，オルゴールの「三協精機製作所」[16]（下諏訪町，現・株式会社日本電産サンキョー），カメラの「ヤシカ」[17]（岡谷市，現・京セラ長野岡谷工場），ポンプの「荻原製作所」[18]（下諏訪町）などがあげられる。

　諏訪のものづくり企業の多くが精密な部品加工製造を特徴としている中で，三協やヤシカが，部品製造ではなく一般消費者向けの完成品を手掛けたことは斬新であった。三協のオルゴールは，全盛期の1991年ごろには世界市場の9割（約1億個）を独占する勢いであった。また，ヤシカも高級イメージのあるカメラを一般消費者が購入しやすい価格に設定し，かつ米国への販売アプローチも功を奏して成功した。しかし，両社とも世界に名だたる企業として一世を風靡した後，他社に経営をゆだねざるを得ない状況となる。

　荻原製作所を創業した荻原富雄氏の談話に，「結局，我々はつくることしか知らなかった。売るということを知らなかった。売れないのではなく売るノウハウを持っていなかった。」[19]との言があり，これは結局のところ，ものづくりに加えて事業の両輪のもう一方の販売戦略面が弱かったことを意味しており，このことは現在に尾を引く諏訪の産業の課題につながっている。

4．「時計産業」の発生プロセス

　時計産業の発生の原点は，諏訪で山崎屋時計店を営んでいた山崎久夫氏と服部時計店との関わりにある。当時，服部時計店の時計づくりは，スイスから時計部品を輸入調達し，時計職人が時計の組み立てを行い，ケースは飾り職人が担当し，最終的に完成品にするという方式であった。戦時下で時計職人が徴用され組み立てができない状況となる中，服部時計店から山崎屋に対しても時計販売に加え時計組立もやらないか，との誘いがあり，山崎屋が店内で家内工業的に時計組立を始めたことが発端である。当時，すでに衰退を始めていた製糸業と新興のバルブ産業だけではなく，何か新しい産業を興したいとの気運が高まる中，山崎久夫にこの時計組立を地域産業として育成したいとの思いがつの

り，昭和17 (1942) 年「大和工業」が設立された。

折から，首都圏大企業各社が地方に第二次大戦の戦時疎開をはじめる中，服部時計店傘下の第二精工舎が諏訪へ疎開し大和工業と連携することとなる。服部時計店を諏訪に誘致し，戦後もそのまま諏訪に留まるよう奮闘したのも山崎久夫である。

昭和34 (1959) 年，大和工業は第二精工舎諏訪工場と合併し「諏訪精工舎」(現セイコーエプソン) となる。そして大和工業が設立された昭和17年が設立年度となったセイコーエプソンが，その後世界に先駆けたクオーツ時計の開発・販売により一躍その名を馳せることになる。

諏訪精工舎とその関連会社の企業集団の傘下で，地域に多数の協力会社や下請企業，取引先企業が構成されていき，諏訪は諏訪精工舎の企業城下町的中小企業集団が形成されていった。1980年代に入ると世界のグローバル化の波とともにセイコーエプソンそのものもグローバル戦略の下に海外展開を始める。それに伴って，これまでの協力会社に対して自活の道を模索するよう指導を開始する。中小企業集団が親離れをして自立することを促されたのである。

5．戦時疎開企業の存在と立地

戦時疎開企業の中で，戦後も諏訪に留まり地域発展に貢献した企業には，前述の第二精工舎諏訪工場の他に，「高千穂光学工業（後のオリンパス）」[20]や「田中ピストンリング（後の帝国ピストンリング，現TPR）」などがあげられる。

高千穂光学工業は，昭和18 (1943) 年製糸工場を買収し光学兵器を担当する諏訪工場とし，さらに昭和20 (1945) 年には渋谷工場が諏訪工場に疎開した。戦後，諏訪工場はカメラ工場として再発足した[21]。

田中ピストンリングは，昭和15 (1940) 年岡谷に工場を建設，昭和18 (1943) 年には帝国ピストンリング株式会社に社名変更した。戦後は民需転換許可を受け，各種ピストンリングや一般鋳物等の生産を開始，その後も順調に業容を拡大，2011年社名をTPRに変更し現在に至っている。

これらの大企業が諏訪に定着したことは，地域にとって極めて有益なことであった。

6. 行政の産業振興推進

　諏訪は戦後，時計・カメラ・オルゴールなどの精密機械工業への転換が図られ，いくつかの大企業とそれを親企業とする中小の下請企業集団からなるピラミッド型の産業集積が形成された。産業構造の転換や産業振興の進展の背景には行政の並々ならぬ努力も介在していた。

　企業の集積が進行するにつれ，各企業の技術水準や業務効率を高めるため，精密工業に関わる各種の測定・分析・加工などを世界最先端レベルで行える工作機械や検査機器を備えた施設が必要とされるようになる。県は財政難の中でも実現に向けて努力し，昭和32 (1957) 年「長野県精密工業試験場（現・長野県工業技術総合センター精密・電子技術部門）」が岡谷に開設された[22]。

　昭和39 (1964) 年には松本・諏訪地域が「新産業都市」に指定され[23]，昭和55 (1980) 年には「名古屋税関諏訪地区政令派出所」が開設されて諏訪からの輸出が容易となり，昭和57 (1982) 年には中央高速道路が全面開通するなど，インフラ基盤が整備された[24]。

7. 電子工業への取り組み

　1970年代に入ると，これまでの精密機械加工技術をベースに作られてきた各種製品の電子化が急速に進展する。諏訪地域の代表的な製品である時計は機械時計からクォーツ水晶時計へ，機械式オルゴールは電子式オルゴールへ，またカメラも機能部品が電子化していく。諏訪の企業はこれまで培ってきた精密加工技術をエレクトロニクス産業の中に積極的に生かしていく「メカトロニクス」分野に活路を求める動きが加速した。

　しかし，製品の電子化に伴っては，①製品の小型・高密度化，②製品ライフサイクルの短縮化，③部品構成の変化，④海外シフトの加速，⑤ソフトウェアのウェイト増とその質的変化，などに敏感かつ迅速に対応することが中小企業にも求められた[25]。

　特に，1990年代に入ると大手企業の海外展開が加速されるに伴い，中小企業も追随して海外展開が行われた。その結果，国内空洞化問題の顕在化とともに，国際競争に直接さらされるなど中小企業を取り巻く環境は厳しさを増して

いった。

　諏訪の企業はこれらの新たなビジネス課題にも果敢に挑戦しつつ現在に至っている。これまで述べてきた諏訪の産業集積の形成と発展の流れを図表12－5に示す。また，付表1に諏訪地域の産業の変遷年表を示す。

図表12－5　諏訪の精密機械産業集積の形成と発展

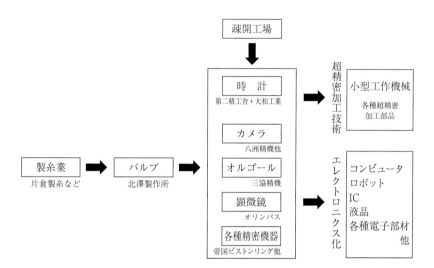

出所：関東経済産業局『製品の電子化と産業集積地の産業構造変化に係る実態調査報告書』
　　　平成13年3月，図2－9－3を参考に作成。

第4節　諏訪のものづくりの現状

　精密機械工業から電子工業の領域までカバーしながら発展してきた諏訪の産業は近年伸び悩んでいる。これは全国の中小企業の伸び悩みと同様であるが，発展が目覚ましかった産業集積地だけにその影響も顕著である。本節では諏訪のものづくりの現状について述べる。

1．工業集積地としての現在の諏訪の概要

　人口約 20 万人の諏訪の製造業に関する概略数値は，従業者 4 人以上の事業所数 883，従業者数 25,708 人，製造品出荷額等 5,483 億円である[26]。

　産業別就業人口構成を全国平均および長野県平均と比較する（図表 12 − 6）と，第二次産業の構成比が極めて高いことがわかる。全国の第二次産業就業人口構成比 25.2％に対して長野県は 4.3 ポイント高いが諏訪は 12.7 ポイントも高い。ちなみに，長野県は第一次産業の比率も対全国比 5.6 ポイントも高く農業県でもあるといえるが，諏訪の第一次産業比率は全国平均水準を上回る程度である。

図表 12 − 6　産業別就業人口構成

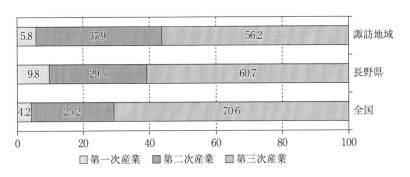

出所：総務省統計局「平成 22 年国勢調査　都道府県・市区町村別主要統計表（産業 3 部門別就業者数）」より作成。

　第二次産業の「製造業」と第一次産業の「農業」に絞って，諏訪広域 6 市町村の就業人口構成を全国平均と長野県平均と比較する（図表 12 − 7）と，長野県は全国と比較して製造業県かつ農業県であるといえるが，諏訪は圧倒的に製造業地域であるといえ，図表 12 − 6 を裏付ける結果でもある。さらに，諏訪を 6 市町村に分解してみると，製造業比率は 6 市町村すべて全国水準（16.1％）を上回り製造業の諏訪を如実に示している。農業比率については，諏訪湖周辺の岡谷市，諏訪市，下諏訪町では全国平均（3.6％）を下回るものの，八ヶ岳山

麓の茅野市, 富士見町, 原村では全国水準を大きく上回る農業地域であることがわかる。

図表 12 − 7　諏訪広域 6 市町村の「製造業」および「農業」の就業人口構成

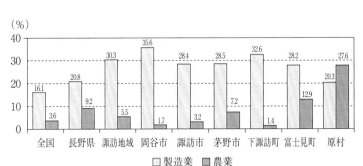

出所：総務省統計局「平成 22 年国勢調査　都道府県・市区町村別主要統計表（産業大分類別就業者数)」より作成。

では, 諏訪の製造業は産業構造としてどのような特徴があるのだろうか。図表 12 − 8 は, 製造品出荷額等のデータから長野県と諏訪の産業中分類別構成比を全国の産業中分類別構成比と特化係数を用いて比較したものである。特化係数は全国水準を 1.0 とし, 1 より大きければその産業に特化していると考える。これによれば, 長野県の産業として特化しているのは「情報」,「電子」,「業務用機械」などであるが, 諏訪の産業は「汎用機械」,「電子」,「非鉄」,「金属」,「生産用機械」,「業務用機械」などの「加工組立型産業」を中心に特化し, 一部「基礎素材型産業」にも特化している。

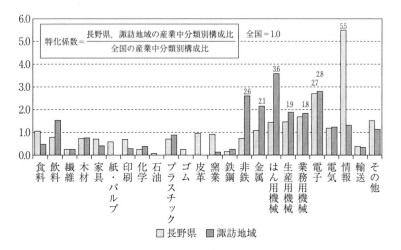

図表 12 − 8　諏訪の製造業の特徴

出所：経済産業省「平成 22 年工業統計調査確報（概要版）産業別統計表（産業細分類別）」
および長野県「平成 22 年（2010 年）工業統計調査結果報告書第 8 表」より作成。

このように，諏訪の製造業は全国水準を大きく上回る特化係数を有する特定産業が集積する地域であり，これは精密加工技術や超小型製造技術など，高度な技術力を有する多くの中小企業の存在なくしては有り得ない。

次に，諏訪の製造業の推移を事業所数と事業の成果としての製造品出荷額等から見てみよう。事業所数の推移は，1991 年をピークに日本の失われた 20 年に呼応する形で漸減傾向にある。2011 年の従業者 4 人以上の事業所数は 883 社であり，2001 年からの 10 年間で約 25％減少している。

製造品出荷額等は 1991 年までは右肩上がりに伸長し，1 兆円を超える規模まで拡大してきたが，1990 年代以降下降傾向が顕著となり，2011 年にはピーク時の半減水準と，日本経済の失われた 10 年，20 年を彷彿とさせる凋落傾向を示している。一時的な落ち込みとしては，1985 年プラザ合意後の円高の影響による 1986 − 87 年の落ち込み，IT バブル崩壊後の 2001 − 03 年の落ち込み，2008 年リーマンショック後の 2009 年の落ち込みなどがあげられるが，何れも短期間で回復している（図表 12 − 9）。

第12章 精密機械産業の集積と中小企業—長野・諏訪のケース—

図表 12 − 9 諏訪の製造品出荷額等の推移

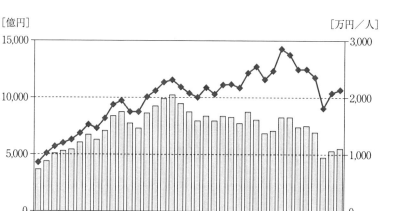

出所:「平成22年(2010年)工業統計調査結果報告書第4−5表」および長野県統計情報
データベース「工業統計S50以降各年度版」より作成。

2．諏訪のものづくり企業の能力・ポテンシャル

諏訪地域の企業群は，切削・プレス・電子・金型など，独自の微細加工技術をはじめ多様な高度技術を有し，ものづくりに関わるほとんどすべての機能が諏訪地域の圏内で実現できる能力・ポテンシャルを有していることが最大の特徴である。このことは，NPO法人諏訪圏ものづくり推進機構に登録されている企業1,375社[27]による，各企業の得意とする加工分野を示した図表12−10によっても示される。

第5節　おわりに

地勢的に日本列島のど真ん中に位置する長野県諏訪地域は，明治以前にはさ

したる産業のない田舎の農村地帯であったが，日本の近代化牽引産業としての製糸業のメッカへと大躍進を果たした。進取の気概溢れる多くの起業家の活躍による，諏訪の「第1世代」の産業の勃興である。

製糸業の急減速に直面するや，それに代わる新しい産業を振興させたいという強い思いが官民に共通に沸き起こった。その結果，バルブ産業と時計産業の2つの基幹産業を母体とした多くの中小企業が生まれ育ち，精密機械産業へと大転換が行われた。これには，第二次世界大戦下における諏訪への疎開工場の存在と，起業家精神と独立心に富んだ多くの中小企業創業者の輩出も関係した。東洋のスイスと呼称された諏訪の「第2世代」の産業である。

現在の諏訪の産業は，世界を覆った電子化とグローバル化の波に対応し進化を遂げた精密機械産業の延長線上に，優れた精密加工技術や超小型製造技術を併せ持つ，諏訪の「第2.5世代」の産業といえる。諏訪地域圏内で，ほとんどすべてのものづくりの機能がカバーされる技術・技能を有していることが最大の特徴である。

図表12－10　諏訪の業種別・加工分野別ものづくり能力

A．業種別対応可能企業（合計3,643社）

業　種	企業数	割合	業　種	企業数	割合
食料品	6	0％	繊維製品	4	0％
医薬品	5	0％	石油・石炭製品	19	1％
鉄　鋼	20	1％	非鉄金属	140	4％
電気機器	375	10％	輸送用機器	210	6％
情報・通信業	41	1％	商　業	17	0％
パルプ・紙	2	0％	化　学	15	0％
ゴム製品	12	0％	ガラス・土石製品	14	0％
金属製品	596	16％	機　械	368	10％
精密機器	778	21％	その他製品	806	22％
サービス業	91	2％	その他	124	3％

第12章 精密機械産業の集積と中小企業―長野・諏訪のケース― 217

B．加工分野別対応可能企業（合計 5,997 社）

加工分野	企業数	割合	加工分野	企業数	割合
NC加工	317	5％	旋盤加工	342	6％
研削および削り加工	372	6％	フライス盤加工	275	5％
線・棒材・銅管加工	159	3％	板金加工	100	2％
プラスチック加工	97	2％	試作品加工	234	4％
バネ加工	18	0％	プレス金型	116	2％
ゴム金型	7	0％	ガラス金型	0	0％
熱間・冷間鍛造加工	26	0％	鋳造	53	1％
歯車加工	25	0％	治具加工	267	4％
表面処理	123	2％	メッキ加工	52	1％
電子機器・同部分品	499	8％	紡績	1	0％
編物	1	0％	製紐	2	0％
裁断・縫製加工	0	0％	縫製加工	0	0％
紙器加工	2	0％	楽器関連木工	5	0％
工芸品加工	9	0％	食品加工	8	0％
修理	33	1％	検査・試験	149	2％
ボール盤加工	166	3％	中ぐり盤加工	110	2％
歯切・歯車仕上げ加工	32	1％	その他機械加工	413	7％
溶接	99	2％	金属プレス加工	152	3％
ゴム加工	11	0％	ガラス加工	12	0％
プラスチック金型	76	1％	粉末冶金整形金型	36	1％
バネ金型	8	0％	その他金属	52	1％
粉末冶金	14	0％	鋲螺	24	0％
研磨加工	201	3％	熱処理	51	1％
塗装	52	1％	電気機器・同部分品	366	6％
撚糸加工	1	0％	織物（製造準備含む）	2	0％
染色整理	0	0％	縫製デザイン企画	2	0％
刺繍	0	0％	印刷加工	47	1％
家具・建具関連木工	5	0％	手作業・軽作業・賃加工	45	1％
皮革加工	1	0％	組立（最終製品）	315	5％
企画・設計・製図	372	6％	情報処理	40	1％

出所：NPO法人諏訪圏ものづくり推進機構提供。

付表1　諏訪地域の産業の変遷

西暦	元号	産業の変遷	主な事象
1870	明治3年	製糸業	官営富岡製糸場を設立
1872	5年		上諏訪村・小野組深山田製糸
1875	8年		中山社"諏訪式操糸機"の開発・実用化
1879	12年		開明社による共同活動
1905	38年		中央線開通
1909	42年		日本が世界一の生糸輸出国となる
1919	大正8年		北澤製作所創業
1930	昭和5年		日本の蚕糸業ピーク
1937	12年		「長野県地方工業化委員会」設置
1938	13年		デュポン社"ナイロン"発表
1940	15年		田中ピストンリング岡谷工場設立
1941	16年		「長野県鉱工業計画委員会」創設
1942	17年		大和工業設立
1943	18年		高千穂光学工業創業
1946	21年		三協精機製作所,荻原製作所創業
1948	23年		三信製作所(チノンの前身)創業
1949	24年		八洲(やしま)精機株式会社創業
1957	32年	精密機械工業	「長野県精密工業試験場」岡谷に開設
1959	34年		諏訪精工舎誕生
1964	39年		松本・諏訪地域「新産業都市」指定
1970			電子化の取り組み活発化
1980	55年		「名古屋税関諏訪地区政令派出所」が開設
1982	57年	電子工業	中央高速道路全面開通
1985	60年		諏訪精工舎,セイコーエプソンに社名変更
1990	平成2年		海外展開の活発化
現在	現在		

出所：筆者作成。

第 12 章　精密機械産業の集積と中小企業─長野・諏訪のケース─　219

【注】

（１）通称"諏訪"と呼ばれる諏訪地域は諏訪湖周辺地帯と八ヶ岳山麓の広大な高原地帯から成る自然環境豊かな地域である。行政区域は岡谷市，諏訪市，茅野市，下諏訪町，富士見町，原村の3市2町1村で構成され，この6市町村で諏訪広域連合が組まれている。域内人口は平成25年4月1日現在200,882人で，長野県総人口の9.5％にあたる。
（２）アントレプレナーシップ（entrepreneurship）。新事業の創造意欲に燃え，高いリスクにも果敢に挑む姿勢をいう。
（３）カイコを飼って繭を作らせ，その繭から生糸を作って販売する産業を蚕糸業といい，主なものとして蚕種製造業・養蚕業・製糸業の3業種がある（日本製糸技術経営指導協会（平成5年））。
（４）富澤一弘『近代日本に於ける蚕糸業発展の軌跡』高崎経済論集　第44巻　第4号，2002年，6ページ表6参照。
（５）矢口克也『現代蚕糸業の社会経済的性格と意義』レファレンス　第59巻　第10号，2009年，37～45ページに年代別の蚕糸業の性格と意義が詳説されている。現在国内で稼働している製糸業者は，松岡（山形県酒田市），碓氷製糸工場（群馬県安中市），宮坂製糸（岡谷市），松澤製糸（下諏訪町）のわずか4社を数えるのみ。平成19年，前工程の蚕糸業と後工程の絹業の融合化を図るなどシルク産業の今後の方向性が産官で検討された。
（６）岡谷市教育委員会編『ふるさとの歴史　製糸業』1994年，108ページ，および総務省統計局統計データ「第7章農林水産業7－16養蚕及び生糸生産量」参照。
（７）揚返し（rereeling）とは，繰糸機で繰枠に巻取られた生糸を，取扱いに便利な綛（かせ）にするために揚枠（大枠）に巻返す作業のことである。
（８）岡谷市教育委員会編『ふるさとの歴史　製糸業』1994年，131～136ページ。（筆者注）世に女工哀史などで酷使された製糸女工のイメージがあるが，実際には職のない女子に労働の場が提供され，家族に現金送付ができて喜ばれていた事実もある。また，製糸業者が共同出資して従業員とその家族の診療を主目的として明治43年に設立された平野製糸共同病院は全国に先駆けたもので，その後市立岡谷病院へと発展した（市制となる前の岡谷は平野村であった）。
（９）例えば，明治38年中央線開通は岡谷の製糸業者の強い要望による。
（10）片倉工業株式会社資料。岩崎徂堂編『日本現代富豪名門の家憲』博学館編輯局，1908年，203～214ページ。
（11）『地方工業化　単一工業から多角工業へ進展◆遅れた長野県が奮起◆』東京朝日新聞1937.11.19（昭和12年）には，県下の工業を在来の単一工業主義を捨てて多角工業に転

向せしめようという点に画期的な意義を持つ，と評価する記事がある（江波戸　昭『第二次大戦における長野県工業化資料紹介（続）』明治大学教養論集86-1, 1974.2.1)。
(12) 小澤勝之『デュポン経営史』日本評論社，1986年，第7章第3節263～271ページ。
(13) 江波戸　昭　前掲書26ページ，「地方別工場数（昭和20年7月30日現在)」参照。
(14) 『諏訪マジカルヒストリーツアー』長野日報社，2007年，30ページ。
(15) 北澤工業常務の北澤利男（北澤國男長男）が独立し株式会社北澤製作所（現・株式会社キッツ）を1951年に設立。
(16) 1946年北澤工業勤務の山田正彦・六一兄弟と，北澤工業出向社員の小川憲二郎の三人が協力して下諏訪町に三協精機製作所を創立。一時，オルゴールムーブメントで世界シェア80％を誇った。2003年日本電産株式会社と資本・業務提携，2005年「日本電産サンキョー株式会社」に社名変更，2012年日本電産の完全子会社となる。
(17) 1949年北澤工業勤務の牛山善政らが独立し「八洲（やしま）精機株式会社」を創業。1953年「八洲光学精機株式会社」に改称，1958年「株式会社ヤシカ」に改称した。数多くのカメラ製品を開発，米国市場ではヤシカブランドが浸透した。1975年経営破たんに陥り，1983年京セラに吸収合併。本社工場は京セラ長野岡谷工場となる。
(18) 1946年北澤工業勤務の荻原富雄が諏訪市に水処理等の事業で創業，現在に至っている。
(19) 『諏訪マジカルヒストリーツアー』長野日報社，2007年，63ページ。
(20) 大正8（1919）年創業の顕微鏡や体温計など理化学計器類を製造・販売する高千穂製作所が前身。昭和17（1942）年に高千穂光学工業株式会社に社名変更，昭和24（1949）年オリンパス光学工業株式会社に社名変更し東京証券取引所に上場，平成15（2003）年オリンパス株式会社に社名変更した。
(21) 昭和19（1944）年買収した伊那工場は，戦後顕微鏡工場として再発足し現在に至っている。
(22) 平尾　勇『歴史に学ぶ，飛躍を支えた支援の姿』長野経済研究所コラム，2007年3月。
(23) 全国15地域が新産業都市に指定されたが，内陸部では松本・諏訪地域が唯一の指定であった。
(24) 関東経済産業局『広域関東圏における産業立地の展開に関する調査報告書』平成8年3月，220～221ページ。
(25) 関東経済産業局『製品の電子化と産業集積地の産業構造変化に係る実態調査報告書』平成13年3月，第1章。
(26) 「平成24年経済センサス―活動調査　製造業に関する調査結果（速報)」長野県企画部。
(27) 諏訪地域以外の登録企業も一部含む。

◆参考文献◆

岡谷蚕糸博物館紀要10号『特集　岡谷の製糸』。
岡谷蚕糸博物館紀要2号。
岡谷市教育委員会『ふるさとの歴史　製糸業』岡谷市教育委員会，1994年。
諏訪教育会編『諏訪の近現代史』諏訪教育会，1986年。
関　満博・辻田素子『飛躍する中小企業都市―「岡谷モデル」の模索』新評論，2001年。
武田安弘『長野県製糸業史研究序説』信毎書籍出版センター，2005年。
長野日報社企画取材班『諏訪マジカルヒストリーツアー』長野日報社，2007年。
日本統計協会編『日本長期統計総覧　3』日本統計協会，1988年。
矢木明夫『岡谷の製糸業』日本経済評論社，1980年。

第13章
地場産業の発展と中小企業
―新潟・燕三条のケース―

第1節　はじめに

　一般的に，地場産業とは地域の中小企業が集積し，育んできた産業のことを示している。したがって，地場産業は地域経済を担い，地域の労働者を吸収する役割を果たしている。さらに，地域の文化にまで大きな影響を及ぼしてきたのである。言い換えれば，その地場産業の根底にあるものはその地域の持つ歴史に大きく影響してきているともいえよう。つまり，地場産業の展開とは地域の持つ時間と空間の流れを受け，現在に至っているのである。

　そこで，本章では産業集積地として注目されている新潟県県央にある燕三条地域に光をあて，地域を支える中小企業の実態とその可能性を地元企業であるスノーピークとサカタ製作所のケースを手懸かりに学んでいく。

第2節　地場産業と燕三条地域

　新潟県の中央部に位置する新潟県県央地域とは主に三条市，燕市を指すが，隣接する加茂市もその県央地域と呼ばれている。これらの地域は作業工具・刃物関連等を主体とした金属製品の「金物の町」ならびに「金属洋食器」，「金属ハウスウェア」製品を主要製品とする町として，国内はもちろんのこと，国際的にもその優秀性を誇っている。また，これらの製品はこの地域が持つ高度な技術が融合し，金属加工基地としてわが国の産業構造の高度化，さらには地域

経済の活性化をも担っている[1]。

実はこの燕三条地域は農業や漁業においても日本海を望む地域として恵まれていたために，半農半漁の集散地でもあった。しかし，この地域は信濃川の氾濫などによって困窮していた。

この転換期となったのは，寛永年間（1624～1643）に燕代官になった大谷清兵衛，設楽長兵衛が住民の貧困を救うため，和釘作りの職人を江戸から呼び，その職人らに住民の副業となるよう和釘の製造の技術を教えさせたことによる。これがこの地域の金属加工の出発点となったのである[2]。

このようにこの地域にとって和釘の製造が金属加工の原点として地場産業を深化させてきたが，現在ではこの地域が環日本海地域の中心的な産業集積地となっている。そのきっかけとなったのが，1996年に新潟県三条市が掲げた「21世紀産業ビジョン」であった。このビジョンは三条市という行政上の地域を超え，燕市など周辺町村を含めた広域を対象に，また中国，ロシアなど，北東アジア地域との国際化進展を睨んだ環日本海経済構想をも取り入れたものであった。

これを機に燕三条の地場産業を担う中小企業は金属加工地域として発展することをみずからの使命とし，この地域住民の経済的福祉向上につながるような産業振興を目指した[3]。こういった燕三条地域の視点は地域外への付加価値流出を防ぎ，地域外からの付加価値流入を促進する効果を持った。

この結果，この地域の中小企業は付加価値が高い製品をつくる製造業としてわが国だけでなく，海外からも注目されることになった。

第3節　地場産業の発展とその課題

地場産業とは前述の通り地域が歴史的に培ってきた産業であり，その結果，地域の雇用，地域振興および地域経済を担ってきたものである。さらには地場産業は地域を産業集積地として発展させてきた。

ところが，地場産業は経済の影響を受けやすく，したがって，非常にもろい一面を持つ。さらに地場産業の中心は中小企業であるが，そのかじ取りを担っ

ているのは大企業が多く，その意味で，常に大企業のコントロール下に地場産業は置かれるケースが多くみられる[4]。そのため，地場産業が抱える問題は大企業から地域の中小企業がいかに自立できるかということであった。

　実際，中小企業の分類は独立性の面で「独立型中小企業」か「従属型中小企業」かに分けられており，その意味で，中小企業が大企業から独立するか否かが中小企業を区別する枠組みになっている。特に，独立型中小企業とは明確に規定されてはいないが，経営者の理念に基づけば，大企業の取引の有無だけではなく，価格上の対等な関係が築けるかどうかで規定されている。

図表 13 − 1　独立性企業の概要

	（支配企業）		（従属企業）
生産者	┬ 大企業 ┈┈┈	┬ ┈┈┈	中小企業（製造業，建設業）
		└ ┈┈┈	中小企業（小売業）
	└ 中小企業 ┈┈┈┈┈		中小企業（製造業，建設業）
流通サービス業者	┬ 大企業 ┈┈┈	┬ ┈┈┈	中小企業（製造業）
		└ ┈┈┈	中小企業（小売業）
	└ 中小企業 ┈┈┈┈┈		中小企業（製造業）

出所：清成忠男『中小企業読本（第3版）』東洋経済新報社，1997年，22ページ。

　また，従属型中小企業とは生産者を含め，商社，問屋，小売業者など多様である。具体的には中小企業の製造業は大企業の製造業の下請になることもあり，また，中小企業の小売業が大企業の製造業のチェーン店になり，販売担当になること，さらには大企業の小売業の下請として生産する中小企業の製造業や，中小企業の商社が中小企業の小売業を組織している場合，中小企業の問屋が中小企業の製造業を下請にしている場合の形態等もある。加えて，従属型中小企業の内部にも支配・従属の関係があり，重層的な下請関係にある中小企業も存在する[5]（図表13 − 1）。

　地場産業はこういった従属型中小企業が数多く存在し，その意味で，厳しい状況に置かれてきた。また，従属型中小企業が独立してみずからの製造業を発

展させていくことは大企業との関係を反故にするものとなり，さらに追い込められていく可能性を持つ。つまり，このように地場産業の浮沈は大企業に影響されてきたケースが多く存在していたのである。

とはいえ，中小企業の地場産業の課題は大企業との独立関係だけではない。企業としての在り方や，立地についても影響を受け，したがって，このような中小企業は問題性中小企業と一般的に呼ばれ，地場産業を破綻に追い込んでしまうのである。

しかし，その一方で仮に従属型中小企業であっても独自の経営資源を持ち，大企業と対等関係にまで登りつめ，付加価値のある生産性の向上や知識集約化を実現し，競争力を増幅させてきた中小企業も存在する。こういった中小企業は完全機能型中小企業と呼ばれ，地場産業の発展振興に寄与している[6]。

第4節　地場産業を担うもの造りの哲学

わが国の製造業は，エレクトロニクス，自動車，建設といった世界に対して誇れる技術を研ぎ澄ましわが国の価値を高めていった。実際，1980年代のわが国の技術はアメリカの脅威となったが，1990年代はバブル崩壊をはじめ経済金融システムが混乱する中で，わが国の製造業の技術も停滞していく。その時，中国や韓国において技術的にもわが国の製造業に引けを取らず，かつ安価な製品がつくられる中で，当然のことながらわが国の製造業は行き場を失っていく。さらに，この結果製造業が中心である地場産業も産業集積地域としての御旗を降ろさざるを得ない状況に追い込まれていく。

とはいえ，こういった厳しい環境の中で，新しい考え方も発芽されていく。それは，日本のもの造りの考え方を再構成することである。これまで日本はヒト，モノ，カネを重視し，特に従業員を大切にしてきた。また，購入した機械は大切に使用し，下請も継続していくといった長期的な視点に立った関係を大企業が構築してきた。つまり，大企業は中小企業との濃密なコミュニケーションの下で緊密なコーディネーション，さらにはチームワークの良さ，そして幅広い情報の共有を築いていったのである。これはトヨタの生産方式にもなぞら

え,「統合型もの造りシステム」として有名である。それが結果として競争優位を築けたのは,開発・生産現場での調整を必要とする製品,つまり,すり合わせ型のアーキテクチャを実現したからだといえる。

しかしながら,こういった長期的な雇用や長期的な取引は,もたれ合いやなれ合いの温床となりかねず,その意味で現在では,系列や年功序列も一定の役割を終えたといえる[7]。

言い換えれば,前節の独立型や従属型のこれまでの関係性が善悪で割り切ることができなくなったことを意味し,完全機能型中小企業になる機会は,大企業との関係を越え,経営者の姿勢によっていくらでも与えられるのである。

1. アーキテクチャとは何か

アーキテクチャとはあらゆる製品は何らかの設計情報が何らかの媒体の上に載ったものであるという発想の下で,新しい製品や工程をもの造りの現場で設

図表13-2 設計情報の循環図としてのもの造り

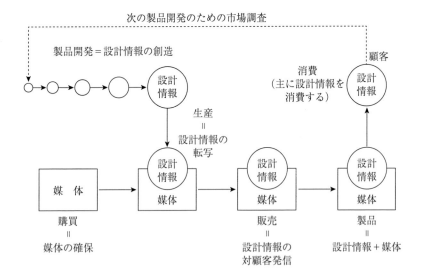

出所:藤本隆宏『日本のもの造り哲学』日本経済新聞出版社,2009年,121ページ。

計するとき，どのようなものの考え方で設計するかを決める基本的な設計思想のことをいう。

　そこには戦略的な基本があって，己自身の能力の理解が必要になる。言い換えれば，自社の強みと弱み，さらには弱みがもたらす脅威を冷静に把握し，強みに変えてゆく現場発の戦略が必要となるが，そこにこのアーキテクチャの考え方が必要なのである。図表13－2では，人工物である製品は設計情報とその設計情報を体系化している媒体の組み合わせからなっていることを示している。つまり，製品の裏側には必ず設計図があり，その設計情報が金型などを通して材料の上に転写される。この考えから製品開発とは設計情報を創造することであり，購買とは媒体である原材料を社外から取り組むことでもあるのだ。そして，生産とは設計情報を工程から素材・仕掛品（媒体）へと繰り返し転写すること，販売は媒体に載せた形で顧客に発信することなのである。

　このように，現代の企業が扱うあらゆる製品やサービスは「設計情報プラス媒体」であり，この媒体が形あるものだったら製造業になり，空気の振動や電波のように無形であればサービス業になる。

　改めて製造業について考えてみると，製品を開発する組織能力はこういった設計情報を上手に創造する技量ということであり，生産の組織能力は設計情報と媒体を上手に結合し，それを流す技量ということになる。したがって，もの造りの組織能力とは設計情報を上手につくり，顧客に向けて上手に流す能力ということになるのだ。

　そこでその設計情報を踏まえ，アーキテクチャについて考えてみると，図表13－3が示すように，どんな製品もまず機能設計から始めていく。その意味で，全体機能をどうしていくかを決める製品コンセプトがこの場で生み出されるのである。

　次に，その全体機能をいくつものサブ機能に展開していく。サブ機能はさらにサブサブ機能のように展開されていく。それぞれの機能属性については数字やフィーリングで目標とする水準を決めていく。これが機能設計といわれる段階である。

　要するに，ここで製品の基本骨格や部品の形状など大まかな形を決め，これ

図表13－3　アーキテクチャとは何か

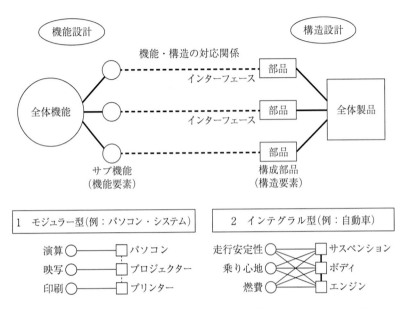

出所：藤本隆宏『日本のもの造り哲学』日本経済新聞出版社，2009年，121ページ。

も機能設計と同様，全体から部分へとツリー状に展開され，その結果，部品設計情報の階層システムを示す部品表が生み出される。こういった機能設計によって定義した製品のさまざまな機能を構造設計によって定義されたさまざまな部品へ振り分けていく。

　言い換えれば，製品の全体から部分へと展開された機能を，同じく全体から部分へと展開された構造要素，つまり部品の1つひとつに対応させていく「機能と部品のマッピング」という作業を行う。これが，図表13－3の中央の点線にあたる。また，製品に要求される機能を各部品に配分することに伴って当然，部品と部品の間で何らかのエネルギーや情報のやり取りが発生する。そのやり取りを行う接合部分（インターフェース）をどのようにデザインするかという点についても，この段階で決定することになる。この点については基本設計を通じて設計者によってつくり出される「機能要素と構成部分との対応関係

(マッピング)」や「構成部品間のインターフェースのルール」に関する基本的な構想，それが設計思想となるアーキテクチャに他ならないのである。

つまり，機能と構造のつなぎ方や部品と部品とのつなぎ方など，設計要素のつなぎ方に関する基本的なものの考え方がアーキテクチャなのである[8]。

2．モジュラー型とインテグラル型

前項において，アーキテクチャについて考えてきたが，ここではまず「インテグラル型（擦り合わせ型）」と「モジュラー型（組み合わせ型）」の2つのアーキテクチャを考えてみたい。

まず，「モジュラー型」である「組み合わせ型」あるいは「寄せ集め型」といわれるものであるが，これは機能と部品との関係が限りなく1対1に近く，すっきりした形のアーキテクチャである。それぞれの部品，つまりモジュールが自己完結的な機能を持っているため，あらかじめ別々に設計しておいた部品を事後的に寄せ集め，製品を組んでも全体として立派な製品となる。その設計思想がモジュラー型アーキテクチャである。このタイプの製品は部品と部品をつなぐインターフェースが比較的単純なものでも間に合うので，あらかじめシステムの全体構想の中でインターフェースの形状や，そこを流れる情報の形式（プロトコル）を社内共通，あるいは業界共通の形で共通化することが可能になる。

これに対して，「インテグラル型」は「擦り合わせ型」ともいわれるが，インテグラルとは絶妙に呼吸の合った連携のようなイメージからモジュラー型の製品とは違う機能と部品との対応関係が非常に錯綜している製品のことである。

つまり，モジュラー型の製品のようにすっきりとした「1対1」に近いものではなく，「1対多」といった1つの機能がたくさんの部品で支えられている。また，同時に「多対1」といった1つの部品がたくさんの機能に貢献するものもある。ということは「多対多」という関係にもなるのであり，このインテグラル型は非常に複雑な機能と部品との対応関係を示しているのである[9]。

3．クローズド型とオープン型

　インテグラル型とモジュラー型という基本分類に加え，もうひとつ重要な分類はオープン型とクローズド型の区別である。モジュラー型は設計した部品を集め１つの製品が成立するが，それが自社の中で基本設計した「社内共通部品」だけを集め製品にする場合と，異なる会社が別々に基本設計した「業界標準部品」を寄せ集めて製品をつくるとでは様子が違ってくる。

　この社内共通部品で製品を設計することを「クローズド型」といい，この部品のインターフェースは基本的には社内でしか通用しない。

　これに対して，業界標準部品を使って製品をつくることを「オープン型」といい，この場合部品のインターフェースは文字通り，業界標準としてオープンになっており，したがって，事後的な使い回しの対象は企業の壁を越えて共通化されたものである。こうしたアーキテクチャの製品の場合，あるモジュールや階層に特化した企業が水平分業のネットワークを組む産業構造がある[10]。

　以上，インテグラル型とモジュラー型，またクローズド型とオープン型のアーキテクチャを見てきたが，それぞれを図表13－4のようにマトリックス

図表13－4　アーキテクチャの基本タイプ

	インテグラル（擦り合わせ）	モジュラー（組み合わせ）
クローズド（囲い込み）	クローズド・インテグラル型 　自動車 　オートバイ 　軽薄短小型家電 　ゲームソフト　他	クローズド・モジュラー型 　メインフレーム 　工作機械 　レゴ　他
オープン（業界標準）		オープン・モジュラー型 　パソコン・システム 　パソコン本体 　インターネット製品 　自転車 　ある種の新金融商品　他

出所：藤本隆宏『日本のもの造り哲学』日本経済新聞出版社，2009年，132ページ。

で考えてみると,「クローズド・インテグラル型」,「クローズド・モジュラー型」,「オープン・モジュラー型」,に分けることができる。クローズド・インテグラル型は自動車やオートバイでわかるように,微妙な関係性の中で製品が出来上がるものであり,一方,その対角線上にあるオープン・モジュラー型はインターフェースが業界標準になっているパソコン等で理解できよう。しかし,メインフレームや工作機械といったものは社内独自の形となり,たとえ他社に同様なメインフレームや工作機械があったとしてもその会社の社内のみ利用できるという意味でクローズド・モジュラー型なのである[11]。

第5節 新潟県燕三条地域の地場産業の展開

　新潟県燕三条地域の地場産業は前述の通り,歴史的な産業集積地域である。本節ではこの地場産業を支えてきたスノーピークとサカタ製作所の展開に注目していく。
　また,この2社のケースを分析するにあたり,次の2点に着目した。

- ・燕三条地域が培ってきた地場産業といった基盤が,この2つの企業にどのように影響しているか。
- ・この2つの企業は,顧客のニーズに徹底的に応えていこうとする姿勢は酷似しているが,製品に対する考え方や方向性はまったく違っているのはなぜか。

1．事例1　株式会社スノーピーク[12]

　株式会社スノーピーク（代表取締役社長：山井太）は,新潟県三条市に本社を置き,資本金9,952万円（2014年現在）,社員数約160人,売上高45億円のアウトドア用品,ナチュラルライフプロダクツの製造および販売を事業内容としている企業である。
　1958年,初代社長である山井幸雄が金物問屋として山井幸雄商店を創業し,翌年,登山用品を開発,販売を開始した。1964年には有限会社山井商店と社

名を改め、釣り具ブランドをつくり、フィッシング業界にも参入した。さらに、1976年、商品の品質向上を図るため自社工場を設立し、メーカーとなった。

1986年、現在の社長である山井太が入社し、アウトドアライフスタイルの考えをもってオートキャンピングブランドを立ち上げ、山井商店をリニューアルした。翌年、現在でもスノーピークの代表的な商品であるマルチスタンドをリリースし、同時にシステムデザインをコンセプトとしたオートキャンプ用品を開発し、オートキャンプを本格化させていく。

その後、オートキャンピングのパイオニアメーカーとして、また、日本のアウトドアシーンを創るトップメーカーとして業界を牽引し、1996年には社名を株式会社スノーピークに改め、新規事業としてフライフィッシング事業にも参入し、アメリカへの進出を果たすなど、世界のスノーピークとしての道を歩む。

(1) オートキャンプブームの創造

スノーピークは、オートキャンプという考えをわが国に初めて紹介し、そのブームを創った。わが国にはそれまで車にテントを積んでキャンプをすることはなかった。その意味で、スノーピークよるこのオートキャンプのブームは、わが国のモータリゼーションと重なって、スノーピークの顧客を2,000万人に膨れ上がらせた。特に、SUV (Sport Utility Vehicle) といったスポーツ用多目的車が、このオートキャンプブームをさらに加速化させていく。というのも、SUVはキャンプ用品を乗せ、山道を走ることに適していたからだ。

いずれにしても、スノーピークが創ったオートキャンプブームはわが国のライフスタイルに刺激を与え、わが国の新たな文化を創ったのである。

こういったスノーピークの展開は世界のキャンプメーカーからも注目されることになり、その意味で、スノーピークは燕三条地域の中小企業の1メーカーから突き抜け、世界のメーカーへと発展していくのである。

第13章 地場産業の発展と中小企業―新潟・燕三条のケース― 233

（2）スノーピークウェイ

　スノーピークは売上が1993年から6期連続減収した。その理由の一番の原因はオートキャンプブームが去ったことである。この時社長をはじめ社員も手詰まりとなった。そこで考えついたのはスノーピークウェイ（Snow Peak Way）である。

　スノーピークは1998年からスノーピークウェイというキャンプの集会を開いている。ここでスノーピークは多くのユーザーと交流を図り，スノーピークが提案するキャンプスタイルをじっくりとユーザーに体験してもらい，ユーザーとの信頼関係を築いている。開催地域は北海道，東北，関東，中部，関西，九州，そして本拠地の新潟県三条市であるが，ここに集まってくるユーザーはこの時を楽しみにしている。ここでのポイントは「顧客の要望を聞く」，「顧客に提案する」，「顧客との意見交換の中で新しい商品の手掛かりを掴む」の3つである（図表13－5）。

　以上の3つのポイントは，同じ場所で同じ時間をユーザーという顧客と過ごすからこそ実現できるものであり，だからこそスノーピークの製品は顧客から愛されるのである。言い換えれば，顧客自身がみずから関わったと感じさせる関係性をスノーピークウェイという場(13)を使って実現したのである。

図表13－5　スノーピークウェイの新商品創出のメカニズム

出所：筆者作成。

（3）流通システムの変革

　1993年からの減収を機にスノーピークウェイを始めた時，顧客から山井に2つの苦言があった。それはスノーピーク製品が高いということと品揃えの良い

店がないということであった。それまでスノーピークのテントの定価は10万円であった。それでも顧客が買ったのはスノーピーク製品が持つハイエンドなスペックとブランドがあったからであるが，言い換えれば，他に選択肢がなかったことが大きい。実際，店頭販売しても8万円であったので顧客から高いというイメージを持たれていた。

　スノーピークが目指すものは価格は下げても高い品質を保持していくということであった。そこで，スノーピークは流通システムを問屋を抜くことで変えていく。その結果，問屋経由では店頭価格が8万円のテントが5万9,800円で販売できた。つまり，これまでの関係性を直接取引によって変えていったのである。

　同時に，スノーピークは「品揃えのいい店がない」という意見に取り組んでいく。実際，当時問屋経由も含めてスノーピークには約1,000店の取引先があった。しかし，スノーピークの全製品を揃えている店舗はなかった。というのも，問屋経由の販売であったので流通をコントロールできなかったからだ。そのため販売店の中にはスノーピークの持つハイエンドなイメージからかけ離れた店舗もあった。ここで品揃えを充実させ，50万人圏内に1店舗ずつの割合で全国に店舗販売していくと，250店舗あれば欠品のない効果的な流通ができることを山井が分析した。ここで山井は2つの難題を乗り越えたのであった。

（4）燕三条ネットワーク

　スノーピークでは自社でつくっているものは1996年に発売された「焚火（たきび）台[14]」だけである。

　実際，たき火は地面を焦がし，自然環境の配慮に欠ける行為につながりかねない。キャンプをし，自然に親しみながら，実は環境破壊をしているのだ。そこでスノーピークがこの焚火台をつくったのであるが，これ以外のスノーピーク製品は燕三条ネットワークという燕市，三条市に展開する中小企業の製造業に委ねられている。その中心となる企業は50社にのぼる。これは，社長である山井が地元との関係の中で30年かけて築き上げてきたネットワークである。

ここでのネットワークの特徴は次の2つである。1つは同じ燕三条地域を愛する郷土愛[15]である。もの造りの産業集積地としてわが国を代表する燕三条地域の意識を背負い，その伝統を守っていこうとする意志である。もう1つは，甘えの許されない厳しい緊張関係を持ってお互いに組んでいくというネットワークをつくることである。この結果，スノーピーク製品は他社にない高い品質を維持することができたのである。

最後に，山井は次のように述べている。「もし，燕三条以外の地域にスノーピークがあったなら現在ある商品の3分の2はつくることができない。」

2．事例2　株式会社　サカタ製作所[16]

株式会社サカタ製作所（代表取締役社長：坂田匠）は，新潟県長岡市に本社をおき，資本金1,320万円（2014年現在），従業員数130名，売上高62億円の金属折板屋根用部品の設計，製造および販売，住宅専用建築金物の設計，製造および販売，金型の設計および製造を事業内容としている企業である。

1951年，初代社長である坂田省司が鉋（かんな）製造で創業する。その後，1963年，金属製の雨樋（とい）受けの製造に進出し，1965年には火打ち金具製造を始める。1973年には，建築金物の総合メーカーとして業界から注目されるようになり，その後，法人の組織化を進め，有限会社サカタ製作所を設立した。

1985年，現在の社長である坂田匠が入社し，サカタ製作所の営業力を強化し，また，生産ラインの自動化を進めた。この頃サカタ製作所は屋根工事の合理化に役立つ製品の開発に着手し，金属製折板屋根用金物を販売していく。これは取付時の手間を軽減し，施工時間を短縮させたもので，業界に大きな影響を与えた。

その後も顧客の望む製品開発姿勢を貫き，金属製折板屋根用金物の製品を充実させていく。1990年には社名を株式会社サカタ製作所と改め，2008年には太陽光関連事業への取り組みを強化し，この事業を拡大させていく。同時に，サカタ製作所は国際標準規格ISOを取得し，技術力の高さを示し，その業界のトップシェア企業としての存在感を高めていく。

(1) 産業用屋根業界のリーダーとしての展開

　サカタ製作所は金属製折板屋根用金物を中心とした，産業用屋根に特化した取り付け金具の専用メーカーとして多くの顧客の支持を受け，国内で70％のマーケットシェアを誇っている。

　考えてみれば，産業用屋根に関わる金具はサカタ製作所が培ってきたこのノウハウを活かしたものであり，だからこそ，2008年より，金属製折板屋根に太陽光電池（ソーラーパネル）を設置するための架台や金具を開発・販売することができたのである。さらに，その金具の考え方は元々ある屋根を傷つけることなく固定するといった考え方なのである。

　これまでこのような考え方は産業用屋根に関わる金具メーカーにはなかった。というもの，これまでの金具メーカーはこういった産業用屋根の金具はあくまでも補助的なものであったので，既定の形式に対しメーカーは熟考せずにこれらの金具を量産しているだけであったのである。

　したがって，サカタ製作所のこういった製品に対する考え方は作業現場では多くの支持を得ることができ，その意味で，サカタ製作所の製品は産業用屋根の金具の在り方にも大きな影響を与えた。

(2) 受注フォローシステム

　地域の製造業に関わる中小企業は，経済など外部要因の影響を受けやすく，その結果，厳しい状況に追い込まれることは決して少なくはない。サカタ製作所も同様にその余波は受けてきた。

　坂田匠は，1985年に入社した時，その厳しさを痛感し，営業体制を整えていく。その営業で一番重視したことは顧客の声を聞くということであった。その結果，作業効率が上がるような顧客の使い勝手のよい，また，工期を短縮化できるような製品を数多く開発・生産することができたのである。ただし，それができたのもサカタ製作所の持つ開発力の強さにあった。

　現在，この顧客の考えを製品に活かす流れは，サカタ製作所の受注フォローシステムに集約されている。

　例えば，図表13－6のように，サカタ製作所は顧客から見積もりの依頼を

受けた時，そこから設計プランの策定を行い，そこで顧客の思いを設計する。その上で見積もりを顧客に提出し，顧客の意見を仕様確認書に反映させ，さらに，再度仕様確認書を顧客に提出する中で，その仕様確認書を基に相互に顧客と意見交換を行う。そして具体的に架台・金具の作成を行い，その製品が適正であるかを試験検査し，そこで検査成績書などの書類を提出した上で，商品を納入していくといった徹底したものであった(17)。このようにこの受注フローシステムによって顧客の考えが製品に活かされているのである。

図表 13 - 6　サカタ製作所の受注フローシステム

```
お客様
 │    │    │    │    │    │    │    │
 ▼    ▼    ▼    ▼    ▼    ▼    ▼    ▼
見積り  設計プラン  設　計  見積り  仕様確認書  架台・金具  試験   納入（検査
依頼    の策定              提出    の提出      の作成      検査   成績書
                                                                   各種提出）
```

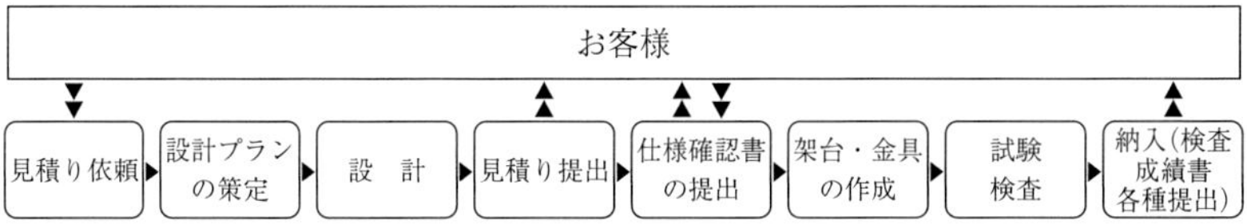

出所：http://www.sakata-s.co.jp/company/skill.php

（3）太陽光関連事業への進出

現在，太陽光関連事業はわが国を支えるクリーンなエネルギーとして多くの支持を得て展開されている。2009年にサカタ製作所もこの事業に進出した。

この事業展開には，これまでサカタ製作所の培われた技術が数多く蓄積されている。一般的に，折板屋根にソーラーパネルを設置する場合，折板屋根に穴をあけることになる。しかし，サカタ製作所の製品はどの折板屋根にも穴をあけることなくソーラーパネルを設置することができ，かつ，どの屋根の向きであっても，角度を調整できる製品を生産している。

さらに，サカタ製作所は耕作放棄地などにソーラーパネルを設置する事業にも踏み出している。実際，高齢化が進むわが国の農業の耕作放棄地の率は年々高まってきており，今や40万ヘクタールにも及んでいる。したがって，この事業には重要な意味がある。わが国の食料自給率は約40％であるが，このまま耕作放棄地を宅地に変えた場合，将来耕作地に戻すことは難しい。太陽光発電を行うためソーラーパネルを設置する架台がコンクリートであれば，宅地と

同じになり，これもまた耕作地に戻すことも難しくなる。

　サカタ製作所はこの点を解決するために，グランドスパイラルシステムといった新基軸を開発した。このグランドスパイラルは平鋼をねじり，加工を施したシンプルで画期的な杭である。この杭は単純な回転圧入作業で地盤を乱さず，逆回転で簡単に撤去でき，何度も使うことができる。したがって，仮にソーラーパネルを設置したとしても，この耕作放棄地をグランドスパイラルシステムで耕作地に戻すことができるのだ。つまりサカタ製作所の太陽光システムは屋根においても耕作放棄地においても環境に優しいのである[18]。

（4）サービス企業としてのサカタ製作所

　サカタ製作所は社是でみずからをサービス企業であると謳っている。一般的にサービス企業とは，商業や金融業等を指す。さらに，狭義にサービスを考えるならば，ホテル業や不動産，小売業，金融業，卸売業，通信業，運輸業等さまざまである。こういった考えになるのは，その対極に製造業があるからである。その意味で，サカタ製作所の考えるサービス企業は，サービス産業の一般的な区分とは別に考えることが妥当かもしれない。

　しかし，坂田は代表取締役として，自社の製品が顧客に届いた時に顧客に十分な満足をして頂けるという考えを持っている。だからこそ，サカタ製作所では，社員らが顧客の顔を意識し開発，製造を行うのである。この考え方は，すでに述べた受注フォローの中でも活かされている。

　これが具現化されたものは，屋根工事を簡略化するハイセット開発という考え方である。これはサカタ製作所の製品を使う業者がより効率良く取り付け時の手間の軽減と施工時間の短縮を実現する山座金とパッキン，ナットをセットにすることで実現したものである。

　さらに，金物にとって最大の敵であるサビについても，問題を解決するサビ取りブラシソケットの開発を実現した。この顧客の望む当たり前のことを行うことこそが坂田の考えるサービス企業なのである。

　最後に，金属を通した顧客への姿勢はこの燕三条地域に生きてきたからこそ生まれたと坂田は述べている。

3．スノーピークとサカタ製作所の比較

　スノーピークとサカタ製作所を比較すると，顧客の望むことを徹底的に追求してきたという共通点が見えてくる。それが実現できるのも燕三条地域の持つ金属加工の伝統的な技術力がその根底にあるからである。

　しかし，この構造の違いは，スノーピークはハイスペックを望むヘビーユーザーといったオートキャンプを楽しみたい限られた顧客を対象にしている。

　一方，サカタ製作所は雨樋受けや折板屋根，さらにはソーラーシステムといった幅広い顧客を対象にしている。

　その意味で，スノーピークとサカタ製作所の目指す方向は違う。言い換えれば，同じ高度な技術基盤を持ちつつも，製品に対する考え方が違うのである。これは第4節で確認した設計思想をそれぞれが持っているからである。これを改めて設計情報の循環図に2社を照らし合わせてみると，製品開発の在り方は2社ともに同様であり，設計情報を顧客との相互の関係の中で作っていく手法をとっている。

図表13－7　アーキテクチャから見たスノーピークとサカタ製作所

	インテグラル（擦り合わせ）	モジュラー（組み合わせ）
クローズド（囲い込み）	クローズド・インテグラル型 　スノーピーク 　　テント 　　ペグ 　　焚火台　他	クローズド・モジュラー型 　サカタ製作所 　　グランドスパイラル 　　サビトレビアン[19]　他
オープン（業界標準）		オープン・モジュラー型 　サカタ製作所 　　金属屋根金具 　　雨樋受け金具　他

出所：藤本隆宏『日本のもの造り哲学』日本経済新聞出版社，2009年，132ページを参考に筆者加筆。

例えば、スノーピークはスノーピークウェイという顧客との話し合いを持ち、サカタ製作所は受注フォローという形で顧客と相互に意見を交換する場を作ってきた。

一方、アーキテクチャの視点でスノーピークとサカタ製作所を考えてみる。

そこで、スノーピークは顧客との絶妙な質感をともに共有し、息の合ったハイスペックな製品を求めていくという点で、インテグラル型が当てはまる。というのも、それがテントといった同じ製品枠であったとしても微妙なデザインの違いが顧客の望むスノーピークの製品を作り出しているからだ。

それに対し、サカタ製作所はモジュラー型ではないかと考える。というのも、サカタ製作所の製品はありとあらゆる折板屋根に対し対応できる数万にも及ぶ金具を製造し、どんな雨樋であってもサカタ製作所の製品であれば適応できるからだ。つまり、サカタ製作所は1対1の関係を常に意識した製品を提供しているのである。

次に、クローズド型とオープン型といった視点でスノーピークとサカタ製作所を考えてみたい。スノーピークは燕三条ネットワークの中で製造を完結していき、他社製品との組み合わせを意識して製造を行っていないのでクローズド型といえる。

また、サカタ製作所はどの業界部品であっても適合する製品を作っている意味でオープン型といえる。とはいえサカタ製作所はソーラーパネルを支える杭であるスパイラルシステムを独自に開発するなど製品を特化させている意味で、クローズド型のアーキテクチャも持っている。

以上から図表13-7に示す通り、アーキテクチャの視点からスノーピークとサカタ製作所のそれぞれの製品を比較したが、重要な点は、スノーピークもサカタ製作所も、もの造りの哲学の根底は、燕三条地域の地場産業の考え方に依拠しているということである。

第6節 おわりに

新潟県燕三条地域の展開を述べるにあたり、スノーピークとサカタ製作所に

ついて注目した。しかし，燕三条地域にはこの他にも数多くの日本を代表する企業が存在する。その理由は燕三条地域がわが国を担う金属加工技術を生み出す土壌を持つからではないのか。

そこで，改めてスノーピークとサカタ製作所について確認すると，両社は顧客への思いを金属を中心とした製品でどう表せるかを考えている。かつて，この地域の和釘が未だ現存する旧家を守っているように，2社の製品に対する考え方は変わらない。

例えば，スノーピークはすべての製品にメンテナンス対応はもちろんのこと「永久保証」を行っている。サカタ製作所の製品には，永久保証はないがメンテナンス対応に加え，1つ1つの製品の耐久性を強化させている。

さらに，スノーピークとサカタ製作所には，自然環境を守っていこうとする環境への高い意識がある。それが，焚火台であったり，グランドスパイラルであろう。

このように考えると，和釘を原点とした燕三条地域の地場産業への思いは，今もなお途絶えることなくこの地域の経営者に引き継がれているといわざるを得ない。

その意味で，これからIT化が進み，ますますサービス産業が拡充してきたとしても，燕三条地域はわが国の製造業を担う地場産業の産業集積地としてこれからも発展していくのではないかと考える。

最後に，この事例から，地場産業を支えることは問題性中小企業を完全機能型中小企業へと変える可能性を持ち，その手懸かりは顧客の声を地場産業に転化させていく経営者の意識なのである。

【注】

（1）一般財団法人燕三条地場産業振興センターのHPから。
　　（http://www.tsjiba.or.jp/soumu/gaiyo.html）
（2）池田庄治『新潟県の地場産業』野島出版，1978年，5ページ。
（3）このビジョンは1997年から三条市，業界団体，また地元の大学で構成され，2007年まで設置された。

（4）加藤　孝「中小企業集積地域の活性化方策」『中小企業の現状とこれからの経営』中央大学出版部，1999年，37〜38ページ。

（5）清成忠男『中小企業読本（第3版）』東洋経済新報社，1997年，22ページ。

（6）加藤　孝「県央地域活性化戦略への示唆」『地域活性化ジャーナル』第12号，新潟経営大学，地域活性化研究所，2006年，30〜31ページ。

（7）藤本隆宏『日本のもの造り哲学』日本経済新聞社，2009年，23〜24ページ。

（8）同上書，124〜126ページ。

（9）同上書，127〜130ページ。

（10）同上書，131ページ。

（11）同上書，132〜134ページ。

（12）2014年10月20日にスノーピークの本社である「Headquarters」で代表取締役社長である山井太にヒアリングを行った。

（13）スノーピークの製品のキャンプ用品は，このスノーピークウェイで生み出される。そのスノーピークウェイには，常に「ユーザー（顧客）の笑顔」を第一と考えるミッション・ステートメントが存在する。それを山井は「真北の方向」と呼んでいる。こういった顧客重視の考え方は，結果として，グッドデザイン賞を受賞する多くの製品を生み出している。

（14）この製品は唯一本社で製造している製品である。この製品の開発によって，たき火による環境破壊は回避できるといった考え方が一般的に広まった。

（15）スノーピークは，2011年，三条市の中心部から離れた地域に新本社「Headquarters」を建設した。このHeadquartersは，約5万坪の広さがあり，工場とストアーさらには直営キャンプ場を兼ね備えたものである。山井の郷土愛は，この本社からも伺える。ちなみに，Headquartersは，2011年度のグッドデザイン賞の中小企業長官賞に選ばれた。この年，中小企業長官賞を受賞したのはスノーピークのみであった。

（16）2014年10月9日にサカタ製作所の代表取締役社長である坂田匠からヒアリングを行った。

（17）サカタ製作所は，2014年に新潟県阿賀野市に，約6千坪の阿賀野工場「ビジョナリウム」を設立した。このビジョナリウムはソーラーパネル設置架台などソーラー関連製品の製造拠点であるが，同時に「サカタ製作所のビジョンを発信するための場所」として，展示スペースを持っている。また，ここでは受注フォローから生み出される製品，さらには，社会に貢献する製品を生産している。

（18）こういったサカタ製作所の開発は，社是にある「会社は公器である」という姿勢の表れであり，その意味で，サカタ製作所の開発には顧客の将来を見据えたものがある。

（19）サカタ製作所は自社の持つサビ取りの技術を活かし，「サビトレビアン」といったサビ取りマシンを開発した。

◆参考文献◆

池田庄治『新潟県の地場産業』野島出版，1978年。
一般財団法人燕三条地場産業振興センター（http://www.tsjiba.or.jp/soumu/gaiyo.html）。
加藤　孝「県央地域活性化戦略への示唆」『地域活性化ジャーナル』第12号，新潟経営大学，地域活性化研究所，2006年。
加藤　孝「中小企業集積地域の活性化方策」『中小企業の現状とこれからの経営』中央大学出版部，1999年。
清成忠男『中小企業読本（第3版）』東洋経済新報社，1997年。
藤本隆宏『日本のもの造り哲学』日本経済新聞社，2009年。
山井　太『スノーピーク「好きなことだけ！」を仕事にする経営』日経BP社，2014年。

第14章
経済のグローバル化と中小企業

第1節 はじめに

　現代企業を取り巻く経営環境の1つに，さまざまな活動が地球規模化する「グローバル化」がある。中でも経済のグローバル化は，国境を越えてヒト・モノ・カネ・情報を移動させ，ビジネスのあり方や企業間の競争に多大なる影響を与えている。中小企業も，経済のグローバル化を免れることはできず，ビジネスモデルの変化や強力なライバルの出現により，従来とは異なる戦略を迫られている。
　本章では，中小製造業を中心に，経済のグローバル化によって中小企業がいかなる影響を受けているのか，そしていかにして生き残りを図ろうとしているのかについて考察する。
　第2節では，そもそも経済のグローバル化とはいかなる現象であるか，なぜ経済のグローバル化が重要なのかについて述べる。第3節では，経済のグローバル化が中小企業に及ぼす影響について，中小企業の現状や認識に関する調査を基に，検討していく。その上で，第4節において，グローバル化の中で中小企業が生き残るための方策について考察してみたい。

第2節 経済のグローバル化とは何か

　グローバル化（globalization）とは，1990年代以降，情報通信技術および輸送技術の飛躍的発展，冷戦構造の終結による市場経済化などを背景とし，政治，

経済,文化,環境,法律,情報などのさまざまな分野で進行している,地球規模での「相互結合性と相互依存性のネットワークの急速な発展と果てしない稠密化」[1]を表現する用語である。したがって,経済のグローバル化は,グローバル化が内包する多様な次元の1つであると考えられる。経済のグローバル化は,貿易と金融の国際化,多国籍企業のパワーの増大,IMFや世界銀行,WTOなど国際経済機関の役割の拡大[2]を含む「地球全体にわたる経済的相互関係の強化と拡大」[3]を意味するのである[4]。

ここでは,経済のグローバル化をイメージするために,世界の貿易と日本の対外直接投資に関するデータを見てみよう。図表14－1は,世界貿易(輸出)に関する統計である。輸出額を見てみると,1970年代あるいは80年代後半から拡大し,90年代以降急激に増加していることが読み取れる。図表14－2は,日本の対外直接投資残高の推移である。この図表からも,右肩上がりで対外直接投資残高が増えていることがわかる。

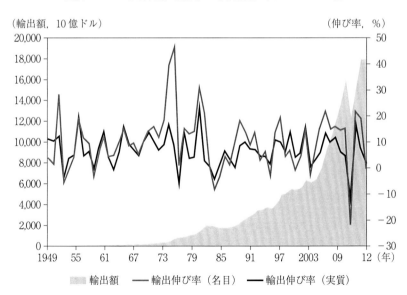

図表14－1　世界貿易(輸出)の長期推移(1949～2012年)

(注) 2011年と2012年の輸出額,2012年の輸出伸び率(名目)は,ジェトロによる推計。
出所:ジェトロ『世界貿易投資報告』2013年,6ページ。

図表14－2　日本の対外直接投資残高の推移（1996～2012年）

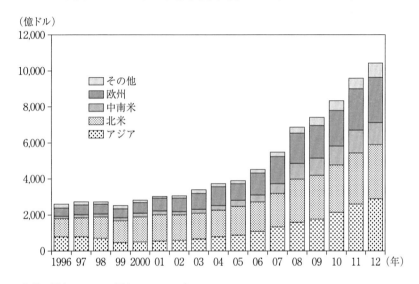

出所：図表14－1に同じ，35ページ。

　近年では，FTA（自由貿易協定）やEPA（経済連携協定）のように，二国間あるいは多国間で経済・貿易協定が締結され，製品のみならずサービスにまで及ぶ幅広い分野にわたって貿易や投資の自由化がますます進行している。
　確かに，貿易や直接投資の増加は，経済のグローバル化における重要な現象である。しかしながら，経済のグローバル化は，輸出入や対外・対内直接投資の増加という量的拡大を意味するだけではない。グローバル化を背景に，貿易や直接投資を主導しているのは，複数の国々に拠点を持ち，世界的に活動する巨大企業，すなわち多国籍企業である。多国籍企業は，生産・販売・調達などの諸活動を世界の中で最も適した場所に配置しつつ，外部資源を活用しながら，それらの活動を有機的に結合させることによって，まさにグローバル（地球）規模で自社の拠点をネットワーク化し，戦略的に活動するようになっている。経済のグローバル化を把握するためには，量的側面とともに，このような質的側面もまた重要なのである。

また，BRICs（ブラジル，ロシア，インド，中国）をはじめとする成長著しい新興国が台頭し，さらにはネクストイレブン[5]など成長が期待される国々が登場してきた。そのため，従来のような日米欧の3極を中心とする競争から，世界中の有望な市場をめぐる競争へと移り変わった。そして新興国を母国とする企業が競争力を向上させ，先進国企業と熾烈な競争を繰り広げている。このように，企業間の競争の次元においてもグローバル化が進んでいる。

　以上に述べた経済のグローバル化の諸側面は，中小企業の活動に多大なる影響を及ぼしている。第5章で見たように，中小工業の多くは，日本の製造業を支えるサポーティング・インダストリー（裾野産業）として発展してきた。したがって，多国籍企業と取引する下請企業などの中小企業にとっては，どの国に進出するか，どこから部品や材料を調達するか，どの程度の品質・価格・納期を要求するか，といった親企業の意思決定は，自社の存亡に大きく関わることになる。同時に，量産化が期待できず，大企業が進出しにくいような分野において独自の製品を販売する中小企業にとっては，どの分野に進出するか，どのような製品をつくり販売するか，という大企業の意思決定によって，自社がターゲットとする市場や戦略の変更を迫られるかもしれない。経済のグローバル化は，あらゆる中小企業にとって免れることのできない，経営環境の大きな変化なのである。

　では，具体的に，経済のグローバル化は中小企業にいかなる影響を与えているのだろうか。第3節では，この点について検討していこう。

第3節　経済のグローバル化における中小企業

1．東アジアにおける生産ネットワークの深化

　中小企業にとって，東アジアでの国際分業体制の確立が重要な影響を及ぼしている。すなわち，かつての国内完結型の生産体制から，NIEsやASEAN，中国を含む東アジア規模での生産体制への地理的範囲の拡大である。

　そもそも，日系企業のアジア地域への進出は，近年に始まったことではない。1960年代から70年代にかけて，アジア各国は輸入代替政策や国産化政策

を採用し，関税障壁を設けることによって，国内産業の育成を図った。そのため大企業は，組立工程に従事する工場を合弁形式で設立した。1980年代では，各国政府が輸出志向型の工業政策を取り入れたため，日本企業は，NIEsや東南アジア諸国の輸出加工区，あるいは中国の経済特区などの地域に進出した。1980年代後半には，プラザ合意を契機とする急激な円高が生産の海外展開を後押しし，1990年代にかけて中国およびASEANへの直接投資が増加した。その流れは1997年のアジア通貨危機を契機としていったん落ち着いたが，2001年に中国がWTOに加盟したことを受けて，2000年代から中国への進出が高まった。アジア諸国に進出した当初は，現地調達規制によって現地調達比率を高める必要性があったものの，部品調達に適した現地企業がほとんどなかったので，大企業は取引のある中小企業に対して自社が展開する国・地域への進出を要請した。1990年代になると，1980年代後半からの円高に加え，1990年代初頭のバブル経済崩壊を引き金とする景気の長期低迷により，コスト低減を求めてみずからの判断でアジア諸国に海外展開する中小企業が増加した。現在では，東アジアにおける生産体制が確立され，大企業は開発，調達，生産まで一貫生産を行うようになっている[6]。

　東アジアでは，各国で技術やコストが多様であるため，国ごとに得意とする分野や工程が異なる。とりわけ機械工業においては，その特殊性を活かす形で各国間での工程間分業が行われ，生産ネットワークが構築されている。したがって，各地の製造拠点間での部品のやり取りを行う必要性から，東アジア域内での部品貿易が行われ，生産活動に必要な産業用機械などの資本財が取引されている[7]。域内貿易について見てみると，1999年の時点では，日本や韓国から中国とASEANに向けて中間財を輸出し，そこで最終製品を組み立て，欧米へ輸出するという構造であった。それが2009年になると，最終製品の組み立ておよび欧米に向けた輸出という役割を主に中国が果たすようになり，ASEANは中国への中間財供給を担うようになった[8]。最近では，中国も中間財の生産を拡大する傾向にあり，日本と競合する分野が増えている[9]。このことから，サポーティング・インダストリーとして中間財の生産に深く関与してきた日本の中小企業は，ますます海外との競争を強いられているといえよ

う。

　また，アジアの新興国は，単に組み立てを行う生産基地としての性格だけでなく，重要な市場としての地位を確立しつつある。一例として乗用車に目を向けてみると，販売台数（新車登録台数）の上位10カ国は，図表14－3のようになる。この図表からもわかるように，いまや中国がアメリカを抜き世界第1位の自動車消費大国になっており，他のBRICs諸国も先進国と並んで上位に食い込んでいる。もちろん，販売される車種や価格帯が異なるため単純に比較することはできないが，新興国が市場として軽視できない存在になっていることは確かである。したがって，東アジア地域における生産は，欧米など域外への輸出だけでなく，中国をはじめとする域内での消費を目的とするようになった。次項で詳しく見るように，このような東アジアにおける生産ネットワークの構築，およびそれに伴う域内貿易の拡大・深化を背景として，大企業は消費地に近い場所での生産を志向しており，需要に適合する生産体制を整えるべ

図表14－3　国別の新車登録台数上位10カ国（2012年）

順位	国名	新車登録台数（乗用車）
1	中国	15,495,240
2	アメリカ	7,241,900
3	日本	4,572,332
4	ドイツ	3,082,504
5	ブラジル	2,851,540
6	インド	2,773,516
7	ロシア	2,755,384
8	イギリス	2,044,609
9	フランス	1,898,760
10	イタリア	1,402,905

（注）数字は推計値。
出所：日本自動車工業会『世界自動車統計年報　2014年』2014年，45～52ページを基に筆者作成。

く，これまで日本が担ってきた製品開発などの機能までも東アジア諸国に移管するようになってきている。

2．大企業の海外展開と中小企業

日本政策金融公庫 (2013) では，電機・電子産業と自動車産業の大手メーカーに対するインタビュー調査を通じて，その生産戦略および調達戦略の見通しと中小企業に与える影響について検討している[10]。

生産については，可能な限り市場に近い場所に立地することで，市場ニーズに適合しようとする傾向が進展している。したがって，大手メーカーは生産拠点の海外展開を拡大させ，海外生産比率をより一層高めていくと考えられる。また，生産機能にとどまらず，開発機能についても積極的に移転しよう試みている。とりわけ，進出先国向けの開発機能については，ニーズに合致する開発を行うため，移転しようとする志向が強い。よって，日本人設計者が日本市場での経験やノハウウを基に，各国のニーズに合わせて修正するのではなく，「現地の事情に精通した現地の人間が現地向けの製品を現地で作る」[11]ビジネスモデルに転換している。その一方で，情報漏えいのリスク回避や知的財産権の保護といった観点から，最先端技術や基幹的技術など製品の根幹に関わる開発は国内に残すように，開発機能の棲み分けを行っている。

調達については，従来は日本からの輸入や日系企業の現地法人からの供給が中心であったが，コスト削減のため，ローカル企業からの調達比率を増加させる方針である。このように現地調達比率を高めようとする背景には，「品質」に対する大手メーカーの認識の変化があるという。すなわち，かつては日本市場に高品質な製品を投入する一方で，アジア市場にはスペックダウンした製品をつくるという認識から，国内市場と海外市場で求められる製品の品質に大差がなくなっているという認識への変化である。加えて，地理的に近い韓国等の部材の品質が向上しているため，国内生産においても，海外からの調達を増加させる動きがある。したがって，大手メーカーが国内で生産を行う場合ですら，部材を供給する下請企業にとって海外との競争が避けられない状況が生じてきている。

大企業の海外展開が加速する中で，日本の中小企業はいかなる場所に生存領域を見出せるのだろうか。同レポートでは，以下のように考察している。すなわち，各社のインタビューで「他社に代替できないような真に『尖った』技術」，「その企業でしか対応できないような特殊な技術」，「真に固有の技術」と表現されているように，他社には代替不可能で模倣困難な，その企業独自の技術を活かすことができる領域である。逆にいえば，他でも代替可能な技術や製品であれば，許容できる品質や納期の範囲内で，国内外にかかわらず，安価に製造できるところから調達するということを意味している。

同様に，自社が提供する部材に関する全行程を俯瞰し，設計や製造に反映できる企業，そして生産工程あるいは自社の部材について積極的に提案を行える能力のある企業も必要とされている。以上のことから，技術力と同じく，提案力や対応力，柔軟性を持たなければ，生き残ることが困難になっていることがわかる。

3．産地型集積の変容

本項では，これまで見てきた中間財を生産する製造業とは異なり，完成品を生産する中小企業に焦点を当ててみよう。その代表例として，産業集積，中でも産地型集積を中心に取り上げ，そのグローバル化の影響について検討する。

産業集積とは，「地理的に接近した特定の地域内に多数の企業が立地するとともに，各企業が受発注取引や情報交流，連携等の企業間関係を生じている状態」[12]である。『中小企業白書 2006 年版』では，産業集積を以下の 4 つに区分している[13]。1 つ目は，トヨタ自動車を中心とする愛知県豊田市のように，特定の大企業が保有する量産工場の周りに下請中小企業が多く立地する「企業城下町型集積」である。2 つ目は，福井県鯖江地域の眼鏡産業のように，特定業種に属する企業が特定地域に集中することで形成される「産地型集積」である。3 つ目は，機械金属産業などで，関連企業が都市圏に集中立地することで集積を形成する，「都市型複合集積」である。代表的な地域として，東京都城南地域や長野県諏訪地域がある。4 つ目は，自治体の企業誘致活動や工業再配置計画など行政主導で形成された「誘致型複合集積」である。実際には，産業

集積がこの4つの類型の1つだけに当てはまるわけではなく,複数の属性を持つ場合もある。産地型集積はさまざまな産業にわたって日本各地に存在し,その大部分を構成する中小企業は,集積の中で他の企業と緊密な関係を築きながら発展してきた。

まず,産業集積全体の傾向として,1991年をピークに,製造品出荷額および従業員数とともに,右肩下がりで推移しているということが挙げられる。その中でも,産地型集積は企業城下町型集積と並んで,規模の縮小が顕著である[14]。約20年前までは,産地型集積の優位性は,①分業による量産発注への対応,②安価で安定した原材料の確保,③共同受注を活用した地域外からの受注,にあると考えられていた。言い換えるならば,欧米市場を念頭に,地域の中小企業で協力し,量産体制を整えることで,安価かつ品質の良い消費財を生産できるというメリットがあった。ところが現在では,中国など新興国との価格競争によって量産品の受注が減少し,大量生産体制が築きにくくなっている。また,産地型集積は特定の業種に特化し,工程を高度に細分化していたので,業種・業態の変化が困難で異業種あるいは新分野への取り組みが遅れるという問題もあった。そのため,かつてのような分業による量産体制や安価で安定した原材料確保に優位性を持つ産地企業が減少し,その代わりに「分業による少量,多品種,短納期の発注への高い対応力」や「質の高い情報の入手・交換」が今日の優位性であると考える企業が増加している[15]。

渡辺(2006)は,大阪府堺市を中心とする自転車部品産業,新潟県五泉市・見附市などのニットアパレル産業,燕市を中心とする洋食器産業の近年における変容について考察している。「東アジア化」,すなわち「中小企業にとって,国内を範囲としたもの作りの一角を担う状況から,東アジアを範囲としたもの作りの一角を担う状況に移行」し,「企業内地域間分業として,あるいは企業間地域間分業として」の生産体制の広域化[16]が進んでいることを背景に,以下のような3つの方向へと変化していることが指摘されている。第1は,特定分野の製品の生産に関する産業集積の解体である。しかしながら,このことは産業集積やそこに位置する企業の消滅を即座に意味するものではない。例えば,堺市の自転車部品産業では,ほとんどの部品が中国で生産される中,自転

車部品生産で蓄積した加工技術を活かし，大阪という大都市工業圏において加工専門化企業へと転身した企業が存在する。つまり，より広域的な生産体制の中に組み込まれ，加工機能等を提供するように変化することを表している。第2は，高度加工・高度製品市場への特化である。すなわち，国内外の高級品市場をターゲットとする方向である。第3は，国内に生産基盤を残しつつ，東アジア化を自社の製品開発戦略に組み込むことで活用する戦略である。言い換えるならば，産地型集積を利用しながら，部分的な工程・機能に関して海外生産機能を組み込む方法である[17]。

以上のように，完成品の生産に従事する産地型集積においても，経済のグローバル化の影響から免れることはできないこと，特に東アジアにおける生産ネットワーク体制の確立による影響が大きく，産業集積としての変容を迫られていることがうかがえる。

4．中小企業のグローバル化に対する認識

ところで，中小企業自身は経済のグローバルからどのような影響を受けていると認識しているのだろうか。ここでは，中小工業に対して行われたアンケート調査[18]を検討しよう（図表14－4および図表14－5）。良い影響としては，過半数を超える64％の企業が「特に良い影響はない」と回答している。海外生産を行っている企業でそのように回答した企業は12.5％であったが，海外生産以外で海外との関わりがある企業は48.3％，海外との関わりがない企業は82.6％と，企業の国際化が進んでいるか否かによって，グローバル化の影響に対する認識にかなりの相違があることが読み取れる。海外生産を実施している企業に限定すると，「生産コストの低減」が57.3％と最多であり，その他に「従業員の意識改革」，「海外市場開拓による売上増加」，「海外からの部品・資材調達」，「海外拠点を持つことによる国内取引拡大」と続いている。

反対に，悪い影響としては，43.3％が「海外での生産価格を基準にした受注単価の引き下げ」，35.3％が「国内市場における海外製品・部品との競合の激化」，23.7％が「取引先の海外移転に伴う受注の減少」を挙げている。「特に悪い影響はない」とする企業も33.5％ある。この結果のうち，海外との関わりが

ない企業のみに注目してみよう[19]。「特に悪い影響はない」が42.6％であるが，その一方で，37.7％が「海外での生産価格を基準にした受注単価の引き下げ」，31.1％が「国内市場における海外製品・部品との競合の激化」，22.7％が「取引先の海外移転に伴う受注の減少」と回答している。

図表14－4　経済のグローバル化が自社の経営に及ぼした良い影響

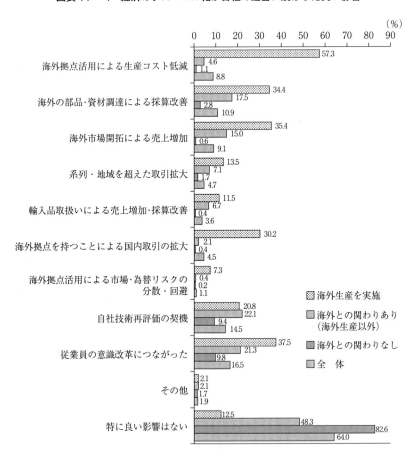

出所：望月和明「経済のグローバル化の中小企業経営への影響実態調査」『商工金融』第55巻第8号，2005年，36ページ。

図表 14 − 5　経済のグローバル化が自社の経営に及ぼした悪い影響

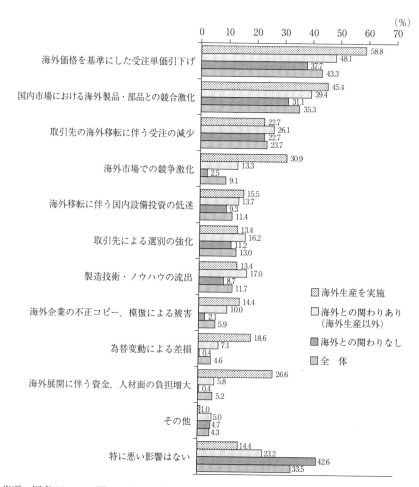

出所：図表 14 − 4 に同じ，34 ページ。

　以上の結果から，国際化の度合いによって差異がみられるものの，多くの中小企業にとって，経済のグローバル化がマイナスの影響を与えているという認識がなされていることが読み取れる。海外と直接的な関わりを持たない中小企業においても，経済のグローバル化の影響を被っていることがわかる。

大企業による海外展開の拡大と深化が，国内生産や雇用の減少に単純に直結しているわけではない。しかし，中小企業がグローバル化という大きな変化の波に飲み込まれていることは事実であり，その中での生き残りを模索しているのである。それでは，経済のグローバル化が進む厳しい環境下にあって，生き残りを図るために中小企業はどのような戦略を採っているのだろうか。あるいは，この環境下でも業績を伸ばしている企業は，どのような戦略を講じているのだろうか。次節では，経済のグローバル化に対応するための中小企業の戦略について考察していく。

第4節　経済のグローバル化に対応する中小企業の戦略

1．中小企業の国際化

　中小企業の中には，経済のグローバル化を好機ととらえ，積極的に海外進出を行うことで自社の成長につなげている企業が存在する。

　かつては海外に生産拠点を設立した親企業の要請により，部品や材料などを供給する下請企業も進出するという形態が見られたが，近年ではより積極的に海外進出を行う中小企業が増えてきている。国際化[20]を果たした中小企業に対するアンケート調査では，国際化を開始した理由として，「取引先の生産拠点が海外に移転した」企業が23.3%，「取引先に勧められた」企業が21.7%と，やや受動的な回答をした企業がある一方で，「自社製品に自信があり，海外市場で販売しようと考えた」企業が38.0%，「コスト削減に対応するため海外生産の必要性を強く認識した」とする企業が22.2%，「国内の販売が伸び悩んだため，海外市場に打って出ようと考えた」企業が21.0%と，みずからの判断で積極的に海外に進出したとする積極的な理由を回答した企業の方が多くの割合を占めている[21]。

　中小企業の国際化において，進出先としてどのような国や地域が選ばれているのだろうか。中小企業基盤整備機構の調査によれば，対象地域としてアジアが最も多く，その中でも中国がアジアの半数近くを占めている[22]。中国への投資理由は市場の規模や成長性を評価したためであり，「人件費の安さ」とい

う理由を上回っている。中国の他には，タイ，韓国，香港などが続く[23]。

　前節第2項で述べたように，進出先国においてローカル企業の技術力が向上し，日系の大手メーカーからの調達が増加している。ところが，現時点では「図面を渡せば出来る」というレベルにとどまっており，発注者から用途や機能に関する要望を口頭で聞き，それを基に製品・部品の図面を作成する能力，必要とされる設備の設計・開発ができるという能力においては，日系企業に一日の長がある[24]。海外展開を成功させている中小企業には，そのような国内事業で培った技術力や提案力を海外でも活かしている。

　国際化を行うことで，企業成長につながるという効果も期待できる。『中小企業白書2010年版』では，国際化を実施する企業は，国際化開始以前の時点において，国際化を実施していない企業よりも労働生産性が高いことが明らかにされている。そして，国際化開始後に労働生産性がさらに向上する可能性を指摘している。雇用の面においても，輸出対応や現地法人の管理などを行う人材が必要となるため，国際化開始後に国内の雇用を増加させる傾向がある[25]。その他にも，新たな顧客開拓による売り上げの増加，企業の認知度やイメージの向上，新たな調達先の確保，さらには新製品開発や知的財産取得などのイノベーションに関する効果が期待できる[26]。

　しかしながら，中小企業の海外進出は，大企業に比較すると未だ少ない。特に，企業規模が小さいほど，輸出や直接投資を通じて国際的に活動する企業の割合が低い傾向がある[27]。前述の中小企業基盤整備機構の調査において，海外展開を行っていない企業のうち「海外直接投資の必要性を感じていない」と答えた企業は75.4％に上り，その理由として「自社が扱っている商品，サービス等が海外市場に適していない（33.7％）」，「国内で手一杯の状態で，海外まで手が回らない（31.2％）」，「当面は国内市場開拓に注力する（28.0％）」，「海外進出するためのノウハウ，人材を有していない（25.5％）」，「海外進出は大きなリスクが発生する（19.2％）」という回答が上位を占めている[28]。

2．多品種少量生産とニッチトップ戦略

　『中小企業白書2003年版』では，製造業における中小企業が，大企業に対

してどのような強みを持っているかについて検討している。中小企業，中でも規模の小さい企業が活躍している分野は，供給面では資本集約度が小さい分野，すなわち生産するために大量の資本設備が必要でない分野であり，需要面では「種類が多岐にわたり，個々の受注ロットが小さい点，ロットも頻繁に変化する点」[29]が重要な，多品種少量で変動が激しい分野である。これら2つの側面は互いに関連しあっている。つまり，「需要が小ロットであり，それぞれの特徴の内容に微妙な差異がある場合は，生産物を規格化し，規模の経済を追求することは困難になる」ため，「中小企業はこうした分野で小さな組織の特徴ともいえる小回り性・機動性を発揮して，独自の活躍を続けてきた」[30]のである。このような中小企業の特質を活かし，成長する企業が存在する。ここでは，①多品種少量生産（一個生産）体制の構築と，②ニッチトップ戦略の2つを紹介しよう。

　1つ目に，多品種少量生産体制を構築することが考えられる。大量生産が可能な製品は，大企業や新興国企業が得意とする分野であるが，技術力や短納期が必要とされる製品で少量，それも限りなく1個に近い製品を多数受注・生産することで成長している中小企業がある[31]。大量生産品は，大規模な需要が見込め，比較的高度な技術を要しない場合が多いため，大規模な設備投資が可能である大企業や人件費が極端に安く生産コストを抑制できる新興国企業に有利に働きやすい。その反面で，製品1個当たりの利益率が低いので，大量に販売しなければ総利益の増大に寄与しない。それに対して，特注品や試作品に用いられる部品のようにごく少量しか必要とされない製品は，ユーザーの要望に合わせられる技術力・提案力が必要となる。また量産品に比べ，利益率が高いという特徴がある。そのため，たとえ一度の受注でたった1個しか必要とされなくとも，受注数を多く獲得することで多くの利益を獲得することができる。

　2つ目は，ニッチトップ戦略である。すなわち，ニッチ市場で高シェアを占める戦略である。市場自体は小さくとも，そこで高シェアを獲得できれば，十分な売上高や利益を稼ぐことができる。

　まず，「競争力の高い独自製品や，オンリーワンと称すべき高度な加工サービスを提供する独立性の高い中小・中堅企業」のことを，「特定の狭い市場

（ニッチ市場）で高いシェアを有することから」[32]ニッチトップ企業（以下，NT企業）という。長野経済研究所（2008）は，長野県内のNT企業を調査し，その共通点として，固有の優れた技術と顧客ニーズへのきめ細かい対応力があり，双方が緊密に結びついていると主張する。すなわち，「顧客の抱えている課題解決に向けて常に意欲的に対応し，顧客とのコミュニケーション能力が高く，課題ウォッチ力・アピール力・マーケティング力・提案力などが生産体制の根底にある」[33]企業がNTとなっているのである。また固有の技術は，独自開発の場合もあるが，外部資源の有効活用によって獲得することもある。そして，顧客からの相談や要望が直接的契機となって技術開発に結びついている。

さらに，ニッチトップ企業の中でも，高度な製品開発力や製造技術を活かし，国内に生産拠点を維持しながら，グローバル市場で活躍する企業のことをグローバル・ニッチトップ企業（以下，GNT企業）という。GNT企業はNT企業と同じく，極めて高い製品開発能力を持っており，顧客の相談を解決する形で，第2，第3のニッチトップ製品を開発するケースが多い[34]。

難波他（2013）は，九州北部を中心とするGNT企業を取り上げ比較検討し，次のような共通点を見出した[35]。新たな技術開発や製品の高機能化を通じて，世界市場での高いシェアを獲得することが中核戦略となっている。さらに，顧客ニーズを明確に絞り込み，「絞り込んだ市場において，最も重要と判断する課題を特定し，それを研究開発目標とし，これに対するソリューションを開発・提供するという効率的なイノベーション戦略」[36]を採用している。したがって，ニーズの特定が重要になるのであるが，GNTの多くの企業は，「顧客は感じているが，まだ誰も供給していない潜在的なニーズ」に基づき，イノベーションを行っている。GNTへと成長する経路には2種類ある。まず，当初は汎用品を製造していた企業が，イノベーションによって独自商品の開発・生産に成功し，独自商品をもってグローバル市場を開拓する企業群である。もう1つは，当初から特殊品・特注品など独自商品の開発・生産に携わっており，それを起点にグローバル市場に進出する企業群である。企業としての出発点が異なるにせよ，いずれも独自商品を持つ段階がGNTへの途上にある。また，顧客ニーズを継続的に取り入れる仕組みをつくり，継続的なイノベーショ

ン活動ができるように工夫している点も GNT 企業に共通している。

3．新たな中小企業ネットワーク

　近年,「新たな中小企業ネットワーク」が注目されている。中小企業ネットワークの活用は，GNT 企業にも共通する特徴である[37]。池田（2006）によれば，これまでも中小企業ネットワークとして，協同組合などの組織化政策，1988 年の融合化法のもとでの異業種交流ネットワークなどが存在した。これに対して，新たな中小企業ネットワークの特徴は，グローバル化などの環境変化に対応するため,「企業が地域に対する危機意識や問題意識を持ち，自律的に立ち上げたところ」[38]にある。このネットワークの多くは，インターネットが普及した 2000 年前後に設立された。協同組合は組合員の相互扶助を目的とする支援組織であるため組合自体が儲ける仕組みになっておらず，また融合化法時代のネットワークは事業化まで進展する例が少なかった。しかし，新たな中小企業ネットワークは，明確なビジネスモデルを内包しており，ICT 技術を活かすことで，メンバー間の情報共有，バーチャルカンパニーの設立，ホームページ作成による不特定多数の顧客との取引などを可能にしている。

　新たな中小企業ネットワークには,「地域の危機意識を共有したり，勉強会や研究の場である『母体』」[39]が存在するという特徴もある。母体において，さまざまな情報交換や意見交換が行われ，課題解決を目的とするネットワークの形成に向けて，意識を共有できたり相互に信頼し合えたりする企業が選別される。

　このようなネットワークを活用し高い収益性を実現している企業は，具体的な目的意識を持って他社との交流を深め，切磋琢磨しつつ競争力を高めている。そして，さまざまな活動に参加し，取引先以外の人や組織とも積極的に交わることで，自社の技術力を高めたり，潜在的なニーズを把握することによって，他社にはない独自の競争力を獲得しようとしているのである。

【注】

（1） Tomlinson, John, *Globalization and Culture*, Polity Press, 1999（片岡　信訳『グローバリゼーション』青土社，2000 年，15 ページ）．
（2） Steger, B. Manfred, *Globazlization: A Very Short Introduction*, 2003（櫻井公人・櫻井純理・高嶋正晴訳『グローバリゼーション』岩波書店，2005 年，52 ページ）．
（3） 同上訳書，47 ページ．
（4） ちなみに中小企業白書では，内閣府『経済財政白書　平成 16 年版』の「資本や労働力の国境を越えた移動が活発化するとともに，貿易を通じた商品・サービスの取引や，海外への投資が増大することによって世界における経済的な結びつきが強まること」という定義を採用している（『中小企業白書』2010 年版，193 ページ）．
（5） BRICs を命名したゴールドマンサックス社による，次世代の成長が見込める投資対象国の総称．ベトナム，フィリピン，インドネシア，韓国，パキスタン，バングラディッシュ，イラン，ナイジェリア，エジプト，トルコ，メキシコが含まれる．
（6） 『中小企業白書』2006 年版，73 〜 75 ページ．
（7） 『通商白書　2012』179 ページ．
（8） 『通商白書　2011』95 〜 97 ページ．
（9） 『通商白書　2012』186 ページ．
（10） 日本政策金融公庫総合研究所『日本公庫総研レポート　No.2013-5』2013 年，13 〜 21 ページ．
（11） 同上資料，14 ページ．
（12） 『中小企業白書』2000 年版，267 ページ．
（13） 『中小企業白書』2006 年版，135 〜 136 ページ．
（14） 同上書，136 〜 137 ページ．
（15） 同上書，139 ページ，および 141 〜 142 ページ．
（16） 渡辺幸男「もの作りでの中小企業の可能性—東アジア化の下での国内立地製造業中小企業の存立展望—」『商工金融』第 56 巻第 12 号，2006 年 12 月，13 ページ．
（17） 同上論文，30 〜 31 ページ．
（18） 望月和明「経済のグローバル化の中小企業経営への影響実態調査」『商工金融』第 55 巻第 8 号，2005 年，25 〜 44 ページ．なお，この調査の概要は以下のようである．調査時点は 2004 年 12 月 31 日であり，中小製造業 5,000 社に対して行われた．有効回答は 814 社であり，回収率は 16.3％である．調査方法は，調査票によるアンケート調査（郵送自記入方式）を取っている．
（19） 回答企業のうち「特に海外との関わりはない」とする企業は，58.4％である．
（20） ここでいう国際化は，中小企業白書の「企業が 1．直接輸出及び 2．間接輸出，3．直

接投資，4. 業務提携を行うこと」という定義に基づく（『中小企業白書』2010 年版，152 ページ）。
(21) 『中小企業白書』2006 年版，166 ページ。
(22) 全体の 3,668 件のうち，アジアは 3,144 件で 85.7％を占めている。中国は 1,531 件であり，全体の 41.7％である。
(23) 中小企業基盤整備機構『中小企業海外事業活動実態調査』2013 年，16 ページおよび 82 ～ 83 ページ。
(24) 中沢孝夫『グローバル化と中小企業』筑摩選書，2012 年，33 ～ 34 ページ。
(25) 『中小企業白書』2010 年版，163 ～ 164 ページ。
(26) 同上書，176 ページ。
(27) 『中小企業白書 2012 年版』では，2009 年時点の中小企業の国際化について言及している。中小工業全体のうち輸出を行う企業の割合は，2.8％であり，従業者数 201 人～ 300 人規模の中小企業では 22.0％を占めるものの，4 人～ 10 人の小規模企業ではわずか 0.72％にとどまっている。直接投資を行う企業ではその割合はさらに低下し，従業者数 201 人～ 300 人規模の中小企業で 8.5％，6 人～ 10 人では 0.15％，5 人までの規模で 0.06％となっている（『中小企業白書』2012 年版，69 ～ 72 および 75 ～ 77 ページ）。
(28) 中小企業基盤整備機構，前掲書，86 および 91 ページ。
(29) 『中小企業白書』2003 年版，51 ページ。
(30) 同上書，57 ページ。
(31) 多数の企業が存在すると思われるが，ここでは 2 例を簡潔に紹介するにとどめたい。
1 つは，金型部品・機械部品を製造する，愛知県名古屋市のオネストン株式会社である。『中小企業白書 2006 年版』によると，同社における金型の平均受注量は 1.4 個と極めて少ないが，1 カ月当たりに処理する伝票数は約 9,000 枚になるという。1 個生産を可能とするために，切削加工・研磨・仕上げ・検品などの作業を一人が行う自己完結型のセル生産方式を取り入れている（『中小企業白書』2006 年版，130 ページ）。
もう 1 つは，アルミ加工を中心事業とする，京都府宇治市の HILLTOP 株式会社（旧社名：山本精工株式会社）である。同社は，治具の 1 つ 1 つまでを数値化するような，徹底的な技術のデジタル化により，非常に高度な技術が要求される加工を無人で生産できるシステムを構築した。また，1 度でも受注した製品は，それをどのように作ったかというノウハウもすべてデータ化している。その結果，単品生産に対応でき，しかも新規注文で 5 日，リピート注文で 3 日という短納期を達成している（2008 年 3 月 5 日に行ったインタビュー調査および同社のホームページ http://www.hilltop21.co.jp/）。
(32) 細谷祐二『グローバル・ニッチトップ企業論』白桃書房，2014 年，14 ページ。
(33) 長野経済研究所「ニッチトップ企業の特徴と今後の中小製造業の戦略」『経済月報』第 293 号，2008 年 9 月，6 ページ。

(34) 細谷,前掲書,46 ページ。紙幅の関係により,すべてを紹介できなかったが,同書では他にもさまざまな側面から GNT 企業の要件を考察している。
(35) 難波正憲・福谷正信・鈴木勘一郎『グローバル・ニッチトップ企業の経営戦略』東信堂,2013 年,249 〜 262 ページ。
(36) 同上書,252 ページ。
(37) 細谷,前掲書,36 〜 42 ページ。
(38) 池田　潔「中小企業ネットワークの進化と課題」『新連携時代の中小企業（日本中小企業学会論集 25）』同友館,2006 年,6 ページ。
(39) 同上論文,9 ページ。

◆参考文献◆

池田　潔「中小企業ネットワークの進化と課題」『新連携時代の中小企業（日本中小企業学会論集 25）』同友館,2006 年,3 〜 16 ページ。
経済産業省『通商白書』2011 年版および 2012 年版。
中小企業基盤整備機構『中小企業海外事業活動実態調査』2013 年。
中小企業庁『中小企業白書』各年版。
中沢孝夫『グローバル化と中小企業』筑摩選書,2012 年。
長野経済研究所「ニッチトップ企業の特徴と今後の中小製造業の戦略」『経済月報』第 293 号,2008 年 9 月,2 〜 11 ページ。
難波正憲・福谷正信・鈴木勘一郎『グローバル・ニッチトップ企業の経営戦略』東信堂,2013 年。
日本政策金融公庫総合研究所『日本公庫総研レポート　No.2013-5』2013 年。
額田春華・山本　聡編著『中小企業の国際化戦略』同友館,2012 年。
細谷祐二『グローバル・ニッチトップ企業論』白桃書房,2014 年。
望月和明「経済のグローバル化の中小企業経営への影響実態調査」『商工金融』第 55 巻第 8 号,2005 年 8 月,25 〜 44 ページ。
渡辺幸男「もの作りでの中小企業の可能性―東アジア化の下での国内立地製造業中小企業の存立展望―」『商工金融』第 56 巻第 12 号,2006 年 12 月,10 〜 34 ページ。

第15章
社会起業家と新たなベンチャー・ビジネス

第1節 はじめに

　ベンチャー・ビジネス（Venture Business）は，イノベーション（innovation）を行う起業家によって形成される。ドラッカー（1985）は，起業家活動を促すイノベーションの機会について，「新しいものを生み出す機会となるものが，変化である。通常，それらの変化は，すでに起こった変化や起こりつつある変化である。成功したイノベーションの圧倒的に多くが，そのような変化を利用している」と述べ，イノベーションのための7つの機会とは，①予期せぬ出来事，②現実とあるべき姿とのギャップの存在，③ニーズの存在，④産業構造の変化，⑤人口構造の変化，⑥認識の変化，⑦新しい知識の出現であり，これらは，企業や産業の内部および外部に生じると指摘している[1]。つまり，企業を取り巻く経済環境，技術環境，政治環境，社会環境および自然環境などの多様な環境の内部および外部の構造的変化が，起業家にイノベーションを行う機会を提供し，ベンチャー・ビジネスの創造を促進させるということである。
　このような環境の構造的変化に対応できる新しい企業としてベンチャー・ビジネスが期待されている。ベンチャー・ビジネスが求められる理由は，①経済発展の原動力となる起業家活動によるベンチャーの創造，②雇用機会の創造，③社会的問題の解決，④自己実現の機会の提供であるが，社会的問題の解決は，ベンチャー・ビジネスの意義としてこれまでほとんど指摘されることはなかった[2]。
　しかし，多様な環境の構造的変化は，さまざまな社会的問題を深刻化させ，

既存の社会的サービスでは対応しきれなくなり，革新的な社会的サービスを生み出す新たなベンチャー・ビジネスの役割が求められるようになった。すなわち，多様な社会的課題を事業創造の機会と認識し，イノベーションを通じて社会的課題の解決に取り組む新たなベンチャー・ビジネスとして，社会起業家が率いる社会的企業（Social Enterprise）が注目されるようになった。

したがって，本章では，新たなベンチャー・ビジネスとして社会的企業とその中核的存在である社会起業家に注目し，社会的企業および社会起業家の特徴について検討する。以下では，社会起業家と新たなベンチャー・ビジネスの理解を深めるために，起業家の定義とベンチャー・ビジネスの大まかな概要について述べた後，社会的企業の定義や事業領域と組織形態を通じて社会的企業の特徴を理解し，現在活動している社会的企業および社会起業家のケースを取り上げ，その活動を見ていく。

第2節　起業家とは

「アントレプレナー（Entrepreneur）」は，企業家や起業家に用いられ，「アントレプレナーシップ（Entrepreneurship）」は，一般的には，企業家精神，起業家精神，あるいは，研究者によっては企業家精神を含む企業家活動とする場合もある。「ソーシャル・アントレプレナー（Social Entrepreneur）」は，社会的企業家，社会起業家と用いられている。

「起業家」は，新しく事業を起こすという意味に重点をおいて使われ，「企業家」は，既存の一般企業や大企業，政府や地方自治団体に属しながら，新しい事業を企てるという意味に重点をおいて使われる場合が多いが，「起業家」は「企業家」の概念の一部であり，「企業家」の概念に「起業家」が含まれるため，本章では，企業家と起業家の綿密な区別はしない。

「アントレプレナー」の概念について，シュンペーター（1912）は，「新結合（new combination）の遂行」が，従来存在しなかった優れた製品やサービスを人々に提供することによって社会的な便益を向上させ，経済発展をもたらす原動力と位置付け，「アントレプレナー」とは，「企業家機能（entrepreneurial function)」を有する者であり，「新結合の遂行」によるイノベーションを通じて，古いものを破壊し，新しいものを創造する，創造的な破壊（creative destruction）を行う者と指摘している。イノベーションとは，労働，資本，モノの生産要素の新しい結合を意味する新結合の遂行を意味し，その内容として，①新しい製品あるいは新しい品質を持った製品の開発，②新しい生産方法の導入，③新しい販売市場の開拓，④新しい原材料の開拓，⑤新しい組織の実現と5つの場合を挙げ，これらのさまざまな組み合わせも含まれるとしている。また，彼は，「だれでも（新結合を遂行する）場合にのみ基本的に企業家であって，したがって彼が一度創造された企業を単に循環的に経営していくようになると，企業家としての性格を喪失する」とし[3]，イノベーションを遂行する場合にのみ企業家であり，イノベーションを遂行しない場合は企業家ではなく経営者になるとし，企業家と経営者を区別した。シュンペーターによる「アントレプレナー」とは，こうした新結合を遂行できる人，すなわち，イノベーションの担い手（innovator）を指す。

　ドラッカー（1985）も，イノベーションを行うものが起業家であり，シュンペーターが指摘した「創造的破壊」こそ，起業家の責務であると指摘している。

　松田修一（1997）は，起業家とは，「自己のビジネスの上の夢（目標・ロマン）を実現するために，成長する市場に独創的な製品やサービスによって，存在するリスクをぎりぎりまで計算し，果敢に挑戦し続ける強靱な意思を持った自主・独立意識と社会性・国際性を備えた成長意欲の強い創業者」であると定義している。彼が指摘している「成長する市場に独創的な製品やサービス」を提供するためには，イノベーションが必要不可欠であり，イノベーションの遂行が起業家の定義に含まれていることを意味している。

　したがって，本章では，シュンペーターの「アントレプレナー」の概念に従い，起業家とは，経営者，投資家，発明家とは異なり，「イノベーションによって経済的価値を創造するイノベーションの担い手」と定義する。

第3節　ベンチャー・ビジネスの概要

1．ベンチャー・ビジネスの定義

　ベンチャー・ビジネスという用語が日本で使われ始めたのは，中村・清成・平尾が1971年の『ベンチャービジネス―頭脳を売る小さい大企業―』という著書の中で，ベンチャー・ビジネスの概念に触れた1970年代初期であると言われている[4]。その後，多くの研究者によってなされているベンチャー・ビジネスの定義をいくつか取り上げてみよう。

　中村・清成・平尾（1973）において，ベンチャー・ビジネスは，「企業家精神を発揮して展開された新しいビジネス」であると述べている。

　柳孝一（2001）は，「高い志と成功意欲の強いアントレプレナーを中心とした新規事業への挑戦を行う中小企業で，商品，サービス，あるいは経営システムにイノベーションに基づく新規性があり，さらに社会性，独立性，普遍性をもった企業」が，ベンチャー・ビジネスであると定義している。また，ここでいうイノベーションは，シュンペーターが指摘した幅広い範囲においてのイノベーションを含んでおり，「イノベーションの新規性」が，ベンチャー・ビジネスのキーワードであると指摘している。

　松田修一（1998）によると，ベンチャー・ビジネスとは，「成長意欲の強い起業家に率いられたリスクを恐れない若い企業で，製品や商品の独創性，事業の独立性，社会性，さらに国際性を持ったなんらかの新規性がある企業」と定義し，このような要素をすべて備えていなくても，最低限「リスクを恐れず新しい領域に挑戦する若い企業」であれば，ベンチャー・ビジネスと理解してよいとされ，「リスクを恐れない」ことを強調している。

　金井・角田（2002）は，上記の研究者らやそれ以外の研究者らによるベンチャー・ビジネスに関する定義を以下のように整理・検討している。「リスク」，「革新性」，「成長性」，「アントレプレナーシップ」を強調する定義が各研究者からなされているが，企業家活動の一部である起業家活動をベンチャー企業の鍵となる要件であると規定し，起業家活動のポイントは革新性にあり，イ

ノベーションを行わない企業はベンチャーではないと強調した。その上で，ベンチャー・ビジネスの必要な要件は起業機会を追求し，革新的なやり方で事業を創造することであり，そこに起業家の本質を求め，ベンチャー企業とは「起業家によって率いられた革新的な中小企業」であると定義している。

以上を踏まえると，ベンチャー・ビジネスを特徴づける重要な要件として「アントレプレナーシップ（起業家精神）」と「イノベーション（革新性）」を挙げることができる。したがって，上記の研究者らの見解を基に，「起業家が立ち上げた創造的・革新的な企業」をベンチャー・ビジネスとしよう。

2．ベンチャー・ビジネスと中小企業の違い

ベンチャー・ビジネスと一般の中小企業との大きな違いは，「起業家の思い，夢，志の強さや高さの違い」にあり，これは，ベンチャー・ビジネスを特徴づける「起業家精神に基づく革新性」に大きな影響を及ぼす。「起業家の思い，夢，志の強さや高さの違い」によって，起業家精神に基づいてイノベーションを遂行する起業家が率いるベンチャー・ビジネスになるか，一般の中小企業に

図表 15 − 1　ベンチャー企業と一般中小企業との比較

構成要素	ベンチャー・ビジネス	一般中小企業
夢（ロマン）	志高く，強い夢（ロマン）あり	志低く，夢（ロマン）少ない
起業家精神（革新性）	起業家である（革新性あり）	起業家ではない（革新性なし）
成長意欲	夢を実現するための強い成長意欲	成長意欲はそれほど強くない
リスクへの挑戦	果敢なリスクへの挑戦とよみ	挑戦意欲低くリスクを回避
事業の選定姿勢	成長事業を意識的に選択	能力の範囲内で事業選択
商品・サービスの独創性	独創性あり	独創性なし
市場・顧客の創造	新規の市場・顧客の創造に積極的	既存の市場・顧客の開拓を重視
経営システムの革新性	独特な工夫あり	特別な経営システムを採用せず
事業の社会性	環境問題を含む事業の社会性重視	社会貢献性をあまり意識せず
事業の国際性	世界に通用する事業展開を志向	世界への飛躍を意識することは少ない
事業の独立性	事業の独立性強く他社に依存せず	事業の独立性低く，他社依存型が多い

出所：松田修一（1998），26〜27ページにより，修正し，作成。

なるかが，決定される。また，それは，成長するためにリスクに挑戦する意欲，事業の選定の方法，製品や商品の独創性，市場・顧客の創造，経営システムの革新性，事業の独立性・社会性・国際性などに違いをもたらし，その結果，企業規模の拡大スピードや利益率などにも影響を及ぼすことになる[5]（図表15-1）。すなわち，起業家の志が高く，強い夢を持ち，夢を実現しようとする思いが強ければ，事業を通じて実現したい将来の到達目標や展望であるビジョン（vision）が大きくなり，そのビジョンの達成に向けて市場に競争上の優位性を確保する独創的な商品やサービスを提供するために起業家精神を発揮し，イノベーション機能を遂行するベンチャー・ビジネスになる。

3．ベンチャー組織の形態

　ベンチャー組織の形態を大きく分けると，営利型ベンチャーと非営利型ベンチャーに分けられる[6]。

　営利型ベンチャーには，①独立型ベンチャー（独立起業家が率いる法人形態），②企業革新型ベンチャー（企業が率いるベンチャー組織），③個人形態，（個人経営，SOHO：Small Office Home Office）がある。①独立型ベンチャーは，どの組織にも属していない独立起業家がイニシアチブを持ち，ゼロから新規事業を創造するベンチャー企業である。②企業革新型ベンチャーは，コーポレート・ベンチャーや社内ベンチャーと呼ばれ，既存企業がイノベーションのために設立するベンチャー組織を指す。既存の企業が社内に新規事業部門としてベンチャー組織を設立する場合は社内ベンチャー，社外に別の法人としてベンチャー組織を設立する場合は社外ベンチャーと呼ばれる。企業革新型ベンチャーの目的は，新規事業を立ち上げ，既存企業にイノベーションをもたらし，既存企業の本業の脱成熟化を推進することである。そのためには，既存企業に所属しながら，ベンチャー組織を立ち上げ，成功させるという社内起業家（internal entrepreneur）の役割が重要である。社内起業家機能は，基本的に，起業家と同一であるが，既存企業の内部で推進していく点に独自性がある。社内起業家は，独立起業家に比べて既存企業の技術，ノウハウ，資金，人材などの経営資源を活用することができるため，独立起業家が個人的に負うリスクが大幅に低

減されるというメリットがある反面，既存企業の経営資源の性格によって新規事業分野や事業展開の方針や方向に制約を受けたり，既存事業の業績が好調の場合，新規事業創造の必要性が薄れたり，既存事業と比較され評価されたり，既存事業のやり方が新規事業へ浸透されやすいというデメリットもある。社外ベンチャーは，形式的には，独立した法人であるが，既存企業の出資によって設立され，既存企業からの出資比率が20％未満の関係会社，20％-50％の関連会社，51％の超子会社，100％の完全子会社といった形態をとっており，独立型のベンチャーのような独立性は有していない。

　非営利型ベンチャーには，法人形態と個人形態があり，法人形態には，公共型，NPO（Non-Profit Organization）などがあり，個人形態には，個人，ボランティア型，SOHOが含まれる。介護，福祉，環境，医療などの分野で活動の幅を広げているNPO組織の中には，イノベーションに基づいた商品やサービスを提供するNPO組織があり，このようにイノベーションを通じて活動を展開するNPO組織を非営利型ベンチャーと位置づけることができる。

第4節　新たなベンチャー・ビジネスとして社会的企業と社会起業家

1．社会的企業の台頭

　社会的企業は1980年以後のイギリスやアメリカの「小さな政府化」によって新たな事業形態として登場した[7]。

　イギリスの経済は，1970年代のオイルショック以降，経済の低迷が続き，財政赤字が累積し，「ゆりかごから墓場まで」というイギリス型の福祉国家政策を続けることが不可能になっていた。1979年に首相に就任したマーガレット・サッチャーは，福祉政策のスリム化や国有企業の民営化を行い，大胆な規制緩和を断行し，経済再建を目指した。このようにイギリス政府が政策の方針を変えたことによって，政府が対応しなくなった領域において生じた社会的弱者の社会問題に対応する社会起業家や社会的企業が登場し始めた。

　アメリカは，歴史や宗教的な背景により，ボランティア活動や寄付・寄金といった慈善活動が市民生活に深く根付いていた。そのため，政府の補助と企業

や個人の寄付・寄金という形で資金の提供を受ける非営利組織（NPO）が，社会的サービスの担い手となっていた。こうした中で，アメリカにおいても1980年代にロナルド・レーガン大統領が規制緩和を行い，小さな政府を目指し，それに伴って政府による非営利組織への補助金の大幅な削減が行われた。また，企業業績の悪化により，非営利組織への寄付・寄金が減少したため，非営利組織は，運用資金を自助で獲得する方法として「NPOのビジネス化」を図るようになり，社会的サービスを有料・有償で提供し，収益を上げる社会的企業（事業型NPO）を形成するようになった。

現代社会は，価値観の変化や社会構造の変化などによって，高齢化社会の介護問題，障害者の雇用問題，地球環境問題，少子化問題，ホームレス問題，青少年の教育問題，貧困問題，福祉問題，健康問題，途上国の経済的支援などの多様な社会的課題に直面している。このような社会的課題の解決に，従来は主に政府や行政機関が対応してきたが，社会的課題の深刻化・多様化に伴い，すべての社会的課題を従来の政府や行政機関のみでは克服することが難しくなり，そこで，新たな担い手として，社会的課題の解決を目的とする社会的企業に大きな期待が寄せられている。

2．社会的企業とは

純粋な社会貢献を目的とする組織は，慈善団体や非営利組織である。必要な活動資金は，個人や企業からの寄付金や政府の助成金を利用し，労働はボランティアが支え，受益者には無償でサービスを提供し，活動に必要な物資は現物支給の寄付によって集める。非営利組織のミッションは，利益ではなく，社会的ミッションを達成し，社会的価値をつくることである。一方，純粋なビジネスを目的とする組織は，営利組織である。すべての製品やサービスを市場価格で提供し，市場原理に基づいて資金を調達・利用し，賃金を払い労働力を得て，必要な資材はサプライヤから買い付ける。営利組織のミッションは，経済的価値を創造することである。この両者の間に位置する企業を社会的企業としてとらえることができる[8]。

ボルザガら（2001）は，社会的企業の定義について，経済的側面と社会的側

面の基準の指標を用いり，社会的企業とは，「社会的目的と経済的目的の統合，あるいは，社会的目的を実現するための経済事業を行う企業家活動」であると定義している[9]。

　ディーズら（2001）は，社会的企業が営利企業（Business Enterprise）と異なる主要な特徴として，以下の2点を取り上げている[10]。第1に，社会的企業は，社会的目的を有することである。その目的は，組織の設立者，経営者，従業員，顧客の利益を超えて社会の状況を改善することにある。第2に，社会的企業は，社会的方法と商業的（commercial）方法を混合（blend）した企業である。社会的企業は利害関係者の快諾を得る能力に加えて，ビジネスのように収入を生み出す創造的方法を探る。ビジネスは完全に商業的であるが，社会的企業は，商業的な側面と社会貢献的な（philanthropic）側面を合わせ持つハイブリッド（hybrid）である。

図表15－2　社会的企業の範囲

	純粋な社会貢献	ハイブリッド	純粋なビジネス
動　機	善意	ミックスされた動機	自己利益
方　法	使命によって動く	使命と市場とのバランス	市場によって動く
目　標	社会的価値	社会的価値および経済的価値	経済的価値

出所：Dees, G（1998）p.60，Dees, G（ed）（2001）p.15.

　このようにボルザガら（2001）とディーズら（2001）は，社会的企業の特徴として「社会性」と「事業性」を指摘しているが，谷本寛治（2006）は，「社会的課題の解決に様々なスタイルで取り組む事業体」を社会的企業と定義し，社会的企業の基本的な特徴となる3つの要件に，「社会性」と「事業性」に加えて「革新性」をも指摘している[11]。社会性（social mission）とは，今，解決が求められる社会的課題に取り組むことを事業活動のミッションとすることであり，事業性（social business）とは，社会的ミッションをビジネスの形に表し，継続的に事業活動を進めていくことであり，革新性（social innovation）とは，新しい

社会的商品・サービスやそれを提供するための仕組みを開発したり，活用したりして，社会的課題に取り組む仕組みを開発することであるとした。

革新は，社会的企業が従来の対応では解決できなかった社会的課題に新たな解決策をもって取り組むために必要不可欠なものであり，社会的企業を特徴づける要件であるといえよう。

本章では，ボルザガら（2001）とディーズら（2001），谷本寛治（2006）が示した社会的企業の定義を基づき，社会的企業とは，「社会的目的（社会的課題の解決）を有し，社会的目的を実現するために，起業家活動を通じて経済事業を行う事業体」であると定義しよう。

3．社会的企業の事業領域と組織形態

「社会的課題の解決」を事業の目的および事業のミッションとしている社会的企業と事業活動を通して「企業価値の最大化」を目的とする一般企業との最も大きい違いは，事業の目的および事業のミッションが異なる点であり，それゆえに事業領域も異なる。

社会的企業の事業領域は，2つに分けられる。第1の領域は，これまで政府・行政やボランタリーセクター（Voluntary Sector：イギリスではNPOに相当する民間非営利部門）が対応していた福祉，教育，環境，健康，貧困，コミュニティの再開発などの事業領域において社会的サービスの需要の拡大やニーズの多様化によって，政府・行政やボランタリーセクターが対応しきれなくなった分野である。第2の領域は，市場が対応してこなかった領域で，これまで政府や行政など公的機関が事業を展開してきた事業領域の中で，ビジネスとして市場が小さく利潤獲得が難しいと思われていた分野である。

社会的企業の組織の基本形態は，大きく営利組織と非営利組織に分けることができる。社会的企業の主な3つのタイプとして，第1に，非営利組織タイプの「事業型NPO」，第2に，営利組織タイプの株式会社や有限会社の形態をベースとする「社会志向型企業（ソーシャル・ベンチャー）」，第3に，営利組織タイプの「既存の一般企業による社会的課題への取り組み活動」があるとされている[12]。

事業型NPOは，慈善型NPOや監視・批判型NPOといった一般的なNPO[13]と区別される。事業型NPOが，慈善型や監視・批判型と呼ばれる一般的なNPO組織と異なる点は，一般的なNPOが，寄付や会費を資金源として無償で慈善活動を行うことに対して，事業型NPOは，事業の収益を資金源として，有料・有償によって社会的サービスを提供することである。つまり，事業型NPOの特徴は，社会起業家が起業家精神に基づいて事業として社会的サービスを行うことである。

4．社会起業家とは

　一般の起業家，既存の非営利組織のリーダー，ボランティア・リーダーと社会起業家との違いを通して社会起業家の特徴を理解しよう。

　一般の起業家と社会起業家との違いは，第1に，事業分野の違いである。社会起業家は，医療，福祉，教育，環境，文化などの社会的サービスを対象にしている。第2に，主たるステークホルダーの違いである。一般の起業家の最大のステークホルダーは，株主である場合が多いが，社会起業家の最大のステークホルダーは，地域の人々であり，彼らが必要とする社会的サービスを提供することに専念するため，株主のために利益を上げるということはしない。

　既存の非営利組織（財団法人や社団法人などの公益法人）のリーダーと社会的起業家との違いは，既存の非営利組織のリーダーは，非営利組織の事業目的が公益であることや組織の設立に官庁の認可が必要であることなどリーダーの活動の自由度が極めて低いのに対して，社会起業家は，起業家精神を発揮し，社会的ミッションを達成するために社会的課題の解決に取り組み，ビジネスとして事業活動を展開することができる。

　ボランティア・リーダーと社会起業家との違いは，ボランティア・リーダーは，活動範囲を絞り，慈善活動の一環としてボランティア活動を行うのに対して，社会起業家は，社会的課題の解決に向けて活動範囲を広げ，その活動をビジネス化し，経済的価値を創造することである。

　社会起業家とは，起業家精神を持ち，福祉，教育，環境，医療など，今，解決が求められている社会的課題に取り組み，新しいビジネススタイルを提案

し，実行する社会変革の担い手である。社会的企業が社会的課題の解決というミッションを実現していくためには，社会的商品・サービスの開発やそれらを提供する新たな仕組みを創出するソーシャル・イノベーション（Social Innovation）の担い手としての社会起業家の役割が重要になる。社会起業家の役割は，従来の政府や非営利法人が役割を担ってきた福祉，教育，環境，貧困などの社会的な事業領域や政府や非営利法人が対応しきれなかった事業領域，従来の市場の原理が成立しなかった事業領域の中で，社会的課題の解決に貢献することができる革新的なビジネスを展開することであるといえよう。

5．社会的企業および社会起業家の活動

イギリスのホームレス[14]問題の解決を事業ミッションとして設立された社会志向型の社会的企業の先駆的モデルとして高く評価されている「ビッグイシュー」（The Big Issue Company Limited）のケースとマイクロクレジッド（Microcredit）と呼ばれる貧困層向けの無担保・少額融資を行う「グラミン銀行」（Grameen Bank）を創設した社会起業家のムハマド・ユヌス（Yunus Mnhammad）氏のケースを取り上げ，社会的企業および社会起業家の活動について見ていこう。

（1）社会的企業のビッグイシュー

ビッグイシューは，1991 年にイギリスのロンドンにおいて，大きな社会問題となっていたホームレスの問題を解決することを事業ミッションとして設立され，ホームレスの自立を支援するためのストリート雑誌『ビッグイシュー』の編集・販売を行う株式会社である。2003 年 9 月には，日本においても『ビッグイシュー日本版』を創刊している。現在は，英国に 4 誌，世界に 9 誌（ナミビア，南アフリカ，ザンビア，ケニア，エチオピア，オーストラリア，韓国，台湾，日本）があり，それぞれ独立した雑誌であるが，記事や情報交換などで協力し合っている。

ビッグイシューの創業は，THE BODY SHOP の創設者であるゴードン・ロディック（Gordon Roddick）氏が，ニューヨークでホームレスが売るストリート新聞を見かけ，施しではなく仕事を作る仕組みに感銘を受けたことがきっかけ

となった。彼は彼の古い友人で後に「ビッグイシュー」の創始者となるジョン・バード（John Bird）氏にアイデアと資金支援を提案し，ジョン・バード氏がこれを受けてビジネス化し，社会的企業となった。ジョン・バードは，「ビッグイシューの基本アイデアは，セルフヘルプだ。人は自分で成し遂げたという達成感によって自信を得，前向きに生きる力を得る，仕事は人々に平等を与える一番のツール」であると述べ[15]，ホームレスに一時的な援助や慈善活動ではなく，仕事を通じて経済的活動を行う機会を与えることで，ホームレスの自立を支援している。

　ビッグイシューのビジネスモデルは，誰もが買い続けたくなる魅力的な雑誌を作り，ホームレスがその雑誌の販売に従事し，収入を得るシステムを構築し，発行した雑誌をホームレスが1冊を50ペンスで仕入れて1.2ポンドで路上販売し，その差額がホームレスの収入となるシステムである。ビッグイシューの特徴は，ホームレスの問題の解決にホームレスの根本的な問題としてホームレス自身が労働力を利用して経済的自立をはかる機会が不足している点に注目し，一時的チャリティーではなく，その機会をビジネスを通じて創造し，提供することによってホームレスの自立を促している点である。また，「ビッグイシューロンドン」が中心となり，同じ志を持ち活動するストリートペーパーが集まり，情報や資源を共有する目的で，スコットランドに本部を置く国際ストリートペーパーネットワーク（International Network of Street Papers）を1994年に創設し，情報や資源を共有できる仕組みを作り上げ，世界41カ国の122誌のストリートペーパーと14,000人のホームレスの売り手がメンバーとして参加している。このような新しいビジネスモデルが世界に広がるようにネットワーク化・業界化を進め，イギリスだけにとどまらず，グローバル社会のホームレス問題の解決に挑んでいる。

　このようにビッグイシューは，ホームレス問題という社会的課題の解決を事業ミッションとし，ビジネスとして革新的ビジネス・システムを創造し，運営している社会的企業であり，世界数十カ国におけるホームレス問題の解決にも寄与できる環境をネットワークの創設を通じて広げている。

（2）社会起業家のムハマド・ユヌス

　貧困救済のモデルとして高い評価を得ているグラミン銀行の創設者であるムハマド・ユヌスは，貧困層の経済的・社会的問題に貢献したとして 2006 年にノーベル平和賞を受賞した。

　ムハマド・ユヌスは，1940 年に世界で最も貧しい国と言われるバングラデシュのチッタゴンで生まれ，米ヴァンダービルト大学で経済学博士号を取得し，1972 年にバングラデシュに帰国した。その後，チッタゴン大学で経済学部学部長を務めていたが，1974 年の大飢饉が発生し，多くの人が圧倒的な飢餓と貧困に苦しみ，死んでいくのを目の当たりにして，貧困救済活動を始めようと決心した。

　彼は，貧困の根本的な原因は，個人の問題や怠慢，能力の不足ではなく，銀行から融資を受けられないことにあると考え，貧しい人でも融資を受けられることが貧困から脱出できる方法であると確信し[16]，地元の銀行や行政を説得しようとしたが，貧しい人は返済能力がなくリスクが大きいとして銀行や行政の協力を得ることはできなかった。

　しかし，彼は，自分の革命的なアイデアを信じ，大学を辞め，1976 年にベンガルで，今まで銀行の融資を受けることができなかった貧しい人々のための銀行，担保や信用履歴など法的な文書がなくても融資できる銀行として革新的な貧困対策となるマイクロ・クレジッドの「グラミン銀行」（グラミンは村を意味する）を創設した。

　グラミン銀行は，農村の女性に低金利で少額の融資を行い，非政府組織（NGO）として発足し，1983 年に銀行として政府が公認したマイクロクレジットを専門とするバングラデシュの民間銀行に成長した。今やバングラデシュ国内に約 2,200 支店を有し，約 1 万 8,000 人の職員が働く銀行である。グラミン銀行から融資を受けた多くの貧困層の人々は，貧困から抜け出すことに成功している。マイクロクレジッドの試みは，発展途上国のみならず，世界 57 カ国に広がり，5,500 万世代が融資を受け，融資を受けた者の 4 分の 3 は極貧の状態から立ち直ることができた。

　ムハマド・ユヌスは「グラミン銀行」以外にも，携帯電話会社の「グラミ

ン・テレコム」、電気のない家庭にソーラーパネルの提供などを行う「グラミン・エネルギー」、起業家を支援するソーシャル・ベンチャー・キャピタル・ファンドの「グラミン・ファンド」など[17]25の事業を運営しているが、これらすべての事業において共通するミッションは、「貧しい人々の暮らしを改善すること」であるという。これらの事業は、ソーシャル・ビジネス（Social Business）という新たなビジネスモデルとして展開され、貧困層の人々の生活の質の向上に大きく貢献しており、社会的課題の解決という事業ミッションを達成している。

彼によって提唱された「ソーシャル・ビジネス」とは、社会的課題の解決に貢献することを目的とする企業（営利組織）であり、投資家に投資した資金（元本）は支払われるが、余剰金（利潤）は投資家に支払われることなく、ビジネスに再投資されるビジネスであり[18]、より広い概念で使われる「ソーシャル・エンタープライズ」（社会的企業）の一部である[19]。

ムハマド・ユヌスによって創設されたグラミン銀行の成功は、貧困問題という社会的課題の解決を事業ミッションとし、社会起業家として強い意志と起業家精神を発揮し、既存の概念を覆す革新的な金融システムを創造することによって成し遂げたものである。

我々は、ムハマド・ユヌスの活動を通じて、社会起業家にとって最も重要なのは、社会的課題の解決を事業ミッションとすること、その事業ミッションを達成するためには、起業家精神を発揮し、既存概念にとらわれず、革新的なビジネス・システムを創造し、事業ミッションを達成させるという「強い意志」と「イノベーション」を遂行することであることを再認識することができる。

第5節　今後の課題

本章では、新しいベンチャー・ビジネスとしての社会的企業とその社会的企業を率いる社会起業家について検討した。上述したように、社会的課題の深刻化および多様化によって従来の担い手であった政府や行政機関の対応では、もはや対応することが難しくなり、新たな社会的課題の解決の担い手である社会

起業家が率いる社会的企業の役割が期待されている。

　社会的企業がその役割を果たすためには，社会起業家の起業家精神の発揮による革新的なビジネスモデルを創造し，社会的課題の解決という社会的ミッションの達成とともに事業活動を継続していくための事業利益の確保が必要不可欠である。

　社会的企業の課題には，事業の立ち上げに必要な資金の調達問題，ニッチ市場を見出す問題，ビジネス・スキル問題などがあると言われている[20]。これに加えて，社会的企業のジレンマとして指摘されている社会的ミッションと事業収入とのバランスの問題や社会的企業が社会的課題の解決という事業ミッションを達成したかどうかという組織の有効性と資源を効率的に配分・活用し，事業として収益を上げたかどうかという組織の効率性を監視・チェックするガバナンス問題も重要課題であると考えられる。

【注】

（1） Drucker（1985）訳書51～53ページ。
（2） 詳しくは，金井・角田（2002）15～20ページを参照。
（3） Schumpeter（1912）訳書207ページ。
（4） 金井・角田（2002），柳（2001），松田（1998）。
（5） 松田修一（1998）28ページ。
（6） 柳・藤川（2001）13～15ページ。
（7） 福田（2012）35～36ページ。
（8） Borzagaら（2001），Deesら（2001）。
（9） Borzaga, C and Defourny, J (ed)（2001）訳書27～29ページ，511ページ。
（10） Dees（2001）pp.9-10.
（11） 谷本（2006）4ページ。
（12） 詳しくは，谷本（2006）6～15ページ参照。
（13） 谷本（2006）8ページ。NPOの基本要件は，①人々の自発的な意志によって形成され，非政府組織であること（voluntary association），②社会的課題に取り組むこと（social mission），③寄付や収益で得た収益を再配分しないこと（non- distribution principle）である。

(14) 日本では,「ホームレスの自立の支援等に関する特別措置法」において,ホームレスとは,「都市公園,河川,道路,駅舎その他の施居設を故なく起居の場所とし,日常生活を営んでいる者」であると定義しているが,イギリスでは,「住宅法」において,占有できる住居を持っていない状態にある世帯の一員,家があってもそこに立ち入れない場合,住むことが許されていない車両や船で生活している場合,家があってもそこに継続的に住む理由を持っていない場合,28日以内にホームレスになる可能性のある場合をホームレスと規定している。ホームレスの定義は,国によって異なり,一定した定義があるわけでない。

(15) ビッグイシュー日本版ホームページ http://www.bigissue.jp/about/background.html

(16) Yunus M(2007)pp.101-103. 彼は,貧しい人々が売れる製品やサービスを作り,それらを必要とする人に直接売り,自己雇用で生計を立てることが,至る所で見られるとし,担保のない人に融資しないというシステムと貧困問題の解決法はすべて雇用を作り出すことにあるという2つの伝統的な経済理論の仮説は,貧困問題の解決策ではないと指摘した。

(17) Yunus M(2007)pp.139-172 参照。

(18) Yunus M(2007)pp.54-60, 65-66. ムハマド・ユヌスが提案するソーシャル・ビジネスのタイプ1は,社会的利益を求める投資家によって所有され,社会問題の解決に専念する「損失なし,配当なし」の会社で,利益はビジネスへ再投資される。投資家に対して金銭的な配当を支払わない。タイプ2は,貧しい人々によって所有され,利益は貧しい人々へ分配される。代表的企業としてグラミン銀行やグラミンフォンがある。

(19) Yunus M(2007)pp.69-71.

(20) 塚本・山岸(2008)13〜14ページ。

◆参考文献◆

Borzaga, C. and Defourny, J. (ed), The Emergence of Social Enterprise, Routledge, 2001. 内山哲朗・石塚英雄・柳澤敏勝『社会的企業―雇用・福祉のEUサードセクター―』日本経済評論社, 2004年。

Dees, Gregory J. Enterprising Nonprofits. *Harvard Business Review*, 1998. 1-2. pp.55-67.

Dees, Gregory J., Emerson, Jed and Economy, Peter (2001) *Enterprising Nonprofits; A Toolkit for Social Entrepreneurs*, John Wiley & Sons.

Drucker, P. F. *Innovation and Entrepreneurship*, 1985. 上田惇生訳『イノベーションと起業家精神(上)(下)―その原理と方法―』ダイヤモンド社, 1997年。

Schumpeter, J. A. *Theorie Der Wirtschaftlichen Entwicklung*, 2. Aufl, 1912. 塩野谷祐一・中山伊知郎・東畑精一訳『経済発展の理論(上)(下)』岩波書店, 1977年。

Sylvain Darnil and Mathieu Le Roux *80 Hommes Pour Changer Le Monde*. Jean-Claude Lattes, 2005. 永田千奈訳『未来を変える80人―僕らが出会った社会起業家―』日経BP社, 2006年。
Yunus Mnhammad *Creating a World without Poverty*. Public Affairs, 2007. 猪熊弘子訳『貧困のない世界を創る―ソーシャル・ビジネスと新しい資本主義―』早川書房, 2008年。
Yunus Mnhammad *Building Social Business, The New Kind of Capitalism that Serves Humanity's Most Pressing Needs*. Public Affairs, 2010. 千葉敏生訳『ソーシャル・ビジネス革命―世界の課題を解決する新たな経済システム―』早川書房, 2010年。
金井一頼・角田竜太郎『ベンチャー企業経営論』有斐閣, 2002年。
金在淑「多国籍企業の経営行動―CSR経営を中心に―」菊池敏夫・太田三郎・金山　権・関岡保二『企業統治と経営行動』文眞堂, 2012年, 176～189ページ。
谷本寛治『ソーシャル・エンタープライズ―社会的企業の台頭―』中央経済社, 2006年。
塚本一郎・山岸英雄『ソーシャル・エンタープライズ―社会貢献をビジネスにする―』丸善株式会社, 2008年。
中村秀一郎・清成忠男・平尾光司『新版ベンチャービジネス』日本経済新聞社, 1973年。
福田昌義「社会起業家を支えるソーシャルファイナンスとベンチャーフィランソロピーの生成及び意義」『情報科学研究』第21号, 2012年, 33～53ページ。
松田修一『起業論―アントレプレナーの資質・知識・戦略―』日本経済新聞社, 1997年。
松田修一『ベンチャー企業』日本経済新聞社, 1998年。
町田洋次『社会起業家「良い社会」をつくる人たち』PHP研究所, 2000年。
柳　孝一・藤川彰一『ベンチャー企業論』放送大学教育振興会, 2001年。

第16章
イノベーションの孵化と中小企業の将来

第1節 はじめに

「企業家たる者は,イノベーションを行わなければならない。イノベーションこそ,企業家に特有の道具である。」[1]とは,多くの経営者やビジネスマンに影響を与え続け,経営の神様と称されるピーター・ドラッカー(Drucker P.F.)のことばである。今日,イノベーションが組織を活性化し,企業を成長させる原動力であることは衆目の一致するところである[2]。そしてイノベーションの重要性は,大企業,中小企業の別を問わずそのもたらす効果が,その社会に与える影響も含め極めて大きいことである。

本章では,まずイノベーションの概念について,特に中小企業のイノベーションの特徴をとらえ,このようなイノベーションをどのように生み育てたらよいのか(イノベーションの孵化),そして中小企業の将来は,既存事業の革新や新規事業の創出をもたらす活力あるイノベーションがその源泉となること,などについてみていこう。

第2節 中小企業のイノベーションの理論的考察

1. イノベーションの概念

イノベーションという概念は,狭義の技術革新にとどまらず,何か新しいものを取り入れる,既存のものを変えるという,広い意味での「革新」を指す。現に,ボストン・コンサルティング・グループ(BCG)が毎年発表している,

「世界で最も革新的な企業ランキング」では,テクノロジー企業がランキングの上位を占めているとはいうものの,企業の革新性を評価する観点としては,「リーダーシップ」,「IP活用度」,「ポートフォリオ・マネジメント」,「顧客志向」,「プロセスと業績」など5つをあげており,技術革新そのものが問われているわけではない。

　このイノベーションの概念や定義を語る時に誰もが引用するのがシュンペーター(Schumpeter J.A.)である。シュンペーターは,イノベーションとはモノや力を従来とは異なるかたちで結合するという意味での「新結合」であると論じている。一般に企業が行う活動の中で,新たな製品の開発や生産工程の改善ばかりでなく,新しい販路の開拓や新しい原材料の調達,さらに新しい組織形態の導入などの5つの種類があると述べている[3]。

　また,ドラッカーは,イノベーションとは資源に対し,富を創造する新たな能力を付与するものであり,資源を真の資源たらしめるものがイノベーションである[4]と述べている。

　イノベーションの概念を分類する方法の代表的なものは,「プロダクト・イノベーション」と「プロセス・イノベーション」に分類するものである。前者は新しい製品・サービスの開発を志向し,後者は生産方法の改善を志向する。

　また,「連続的発展イノベーション」と「非連続的発展イノベーション」に分類することもできる[5]。前者は既存の技術や知識などの延長線上で小刻みに継続して改善していく,緩やかで段階的な「インクリメンタル(漸進的)・イノベーション」であり,後者は従来には存在しなかった画期的な製品や生産方法を新たに生み出す,飛躍的な「ラディカル(革新的)・イノベーション」である。インクリメンタル・イノベーションを常態として生み出す文化を育む中でラディカル・イノベーションが生まれるのであって,ラディカル・イノベーションだけを成功させようとしてもそれは困難であることに注意すべきである[6]。

2．中小企業におけるイノベーションの意義

　イノベーションを実現するための重要な取組みの1つは「研究開発活動」で

ある。中小企業で取組まれてきた研究開発活動の意義を収益性の側面に見ることができる。図表16－1は，中小製造業における売上高に占める研究開発費の割合（売上高研究開発費率）が売上高営業利益率に与える影響について示したものである。景気後退局面も含む当該13年間のいずれの年度においても，売上高に占める研究開発費の割合が大きい企業ほど営業利益率がより高い水準となっていることが見てとれることから，中小企業の研究開発活動が収益性向上のために重要であることがわかる。

図表16－1　中小企業における売上高研究開発費率と売上高営業利益率の関係

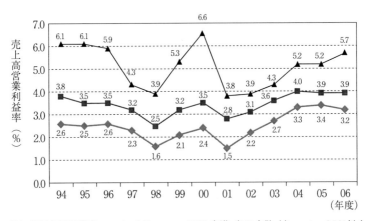

出所：中小企業庁「2009年版中小企業白書」第2－1－2図より抜粋。

では，研究開発活動の成果としての新製品の投入は売上向上に寄与するのだろうか。図表16－2は，売上高に占める新製品の割合と，直近3年間の売上高の増減傾向の関係を示したものである。この図表から，売上高に占める新製品の割合が一定程度高い企業の方が，増収となっている傾向が見てとれる。

中小企業が売上の維持・拡大を図っていくためには，研究開発活動等のイノベーションを通じて競争力のある製品・サービスを創造していくことが不可欠であると考えられる。

図表 16－2　中小企業における売上高に占める新製品の割合と売上高の増減傾向

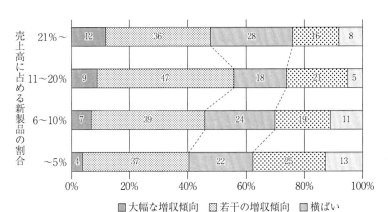

（資料）三菱UFJリサーチ＆コンサルティング（株）「企業の創意工夫や研究開発等によるイノベーションに関する実態調査」（2008年12月）。
出所：中小企業庁「2009年版中小企業白書」第2-1-3図より抜粋。

そこで，「売れる商品」づくりに向けてはどのような取組みを行ったらよいのだろうか。中小企業白書（2009年版）はこの点についてヒット商品の開発に成功した中小企業の特徴を以下の4点に整理し，取組みの方向性を示唆している[7]。

① 「モノ作りとサービスの融合」により顧客ニーズを把握している
② 「国内・海外問わず」多数の販売先を有している
③ 新たな商品や技術の開発に当たり，外部と連携し外部資源を有効に活用している
④ 「マス市場」よりも「ニッチ市場」を重視している

さらに，売れる商品作りにおいては競合企業との差別化がどのように図れるかが重要となるが，ヒット商品が生まれている企業ではヒット商品が生まれていない企業と比べて，「儲ける仕組み（ビジネスモデル）」，「ブランド力」，「企画提案力」，「商品力」，「アフターサービス」などの点が差別化要素として重要視

されていることが同白書にて報告されている。

3．中小企業におけるイノベーションへの取組み

　中小企業がイノベーションへの取組みを強化しようとする場合，大企業の取組みについても大枠の理解をしておくことは重要である。ここでは，大企業のイノベーションの取組みを示すものとして，IBM が全世界の CEO765 人と直接インタビューした結果をまとめた報告書[8]を取上げる。インタビューした CEO がイノベーションに対してどのような認識を持っているかについては，CEO の 65％（日本の CEO では 86％）が「今後 2 年の間に，自社のビジネスへの抜本的な変革が必要である」と考えている，と報告書されている。

　イノベーション実現に向けての取組みについては，従来の「市場／商品／サービス」，「オペレーション」の範疇を超え，「ビジネスモデル」のレベルでのイノベーションへとその取組みのスタンスを拡大しており，しかも業績（営業利益率の伸び）の観点では，上位に位置する企業ほどビジネスモデルのレベルでのイノベーション実現を重視している。そして，新しい概念でのビジネスモ

図表 16 − 3　新たな発想をもたらす源泉として重視するもの

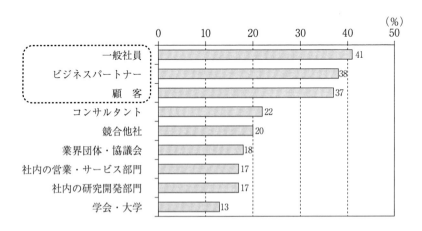

出所：IBM「The Global CEO Study 2006」図 10 の抜粋に一部加筆。

デルを確立するために採っている行動は,「組織構造の変革」と「ビジネスパートナーとの戦略的提携」に主眼が置かれている。

では,新たな発想をもたらす源泉として重視しているものは何か,という興味深い質問に対する回答は図表16－3に示すように,「一般社員」,「ビジネスパートナー」および「顧客」の3つが圧倒的であった。しかも,これら3つのうち2つの情報ソースが社内ではなく社外から得られていることに注意が必要である。

一方,中小企業は大企業と比べて経営組織がコンパクトである。そのため,中小企業におけるイノベーションの取組みは大企業とは異なる特徴を有しており,そのうち最も特徴的なことは,経営者のリーダーシップの介在度合いが大企業より大きいことである。図表16－4は,イノベーションに向けた具体的な取組みの中で力点が置かれた項目は何か,について大企業と中小企業とを比較して示している。「経営者による創意工夫」や「経営者のチャレンジ精神」,「経営者の素早い意思決定」の3つの項目で中小企業は大企業を上回っている

図表16－4 イノベーションに向けた具体的な取組みの力点（大企業と中小企業の比較）

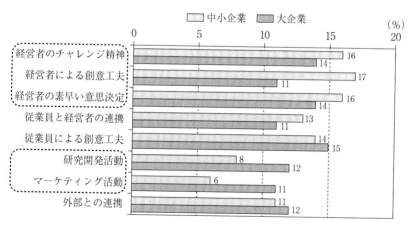

（資料）三菱UFJリサーチ&コンサルティング（株）「企業の創意工夫や研究開発等によるイノベーションに関する実態調査」（2008年12月）。
出所：中小企業庁「2009年版中小企業白書」第2－1－4図の抜粋に一部加筆。

ことから，中小企業では経営者がリーダーシップを発揮してイノベーションの実現を目指しているといえる。

しかし，「マーケティング活動」や「研究開発活動」については具体的な取組みの力点で中小企業は大企業より劣る結果となっており，逆にこれらは中小企業が今後力点を置いて取組むべき課題になる項目といえる。

4．イノベーションの起こしかた

イノベーションを起こす[9]のは人である。企業においてその"人"を生かすのは経営者である。イノベーションを成功に導くためには何よりも経営者の姿勢が重要である。この点，図表16－4でみたように中小企業では経営者の強いリーダーシップが発揮できるという前提条件は整っているといえ，イノベーティブな組織・文化の形成やプロセスなどの仕組み（トータル・システム）を構築し，イノベーションを現実に起こしていくことが課題となる。実際，イノベーションが素晴らしい成果を生み出している企業では，経営陣が以下に示す"7つのルール"を確実に実行して成果に結び付けているという[10]。

- ルール①　イノベーションの戦略とポートフォリオを決定する際に，強力なリーダーシップを発揮する。
- ルール②　イノベーションを会社の基本精神に組み込む。
- ルール③　イノベーションの規模とタイプを経営戦略に合わせる。
- ルール④　創造性と価値獲得のバランスをうまくコントロールする。
- ルール⑤　組織内の抵抗勢力を抑える。
- ルール⑥　社内外にイノベーションのネットワークを構築する。
- ルール⑦　イノベーションに適切な評価指標と報奨制度を設ける。

これら7つのルールは，経営者が組織をイノベーティブなものにしようとする際には"4つの分野"に同時に取組むべきだと提唱するコトラーの「トータル・イノベーション・システム」の概念（図表16－5）とも符合する[11]。4つの分野と上記7つのルールとの関係は，分野1「イノベーションのための戦略的プランニング」はルール①と③，分野2「イノベーション・プロセス」はルー

ル④,⑤および⑥,分野3「イノベーションの評価と報奨」はルール⑦,分野4「創造的文化」はルール②,がそれぞれ対応する。そして,この枠組みはイノベーションにおいても PDCA の管理サイクルを回すことに他ならない。

図表16-5 トータル・イノベーション・システム

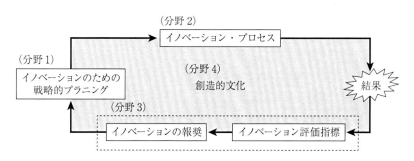

出所:フェルナンド・トリアス・デ・ベス,フィリップ・コトラー『コトラーのイノベーション・マーケティング』翔泳社,2011年,図1の抜粋に一部加筆。

第3節 イノベーションを生み出す上での経営課題

1. 中小企業の抱える経営課題

　日本経済の発展にとって中小企業が果たす役割が極めて大きいこととは裏腹に,中小企業の抱える構造的課題は「経営基盤が弱い」という点に収斂され,時代が大きく変化しても基本的に大きく変わるものではない。日本の戦後の中小企業政策は,大企業との間の諸格差の是正の段階から多様で活力のある成長発展の段階へと,その政策理念を転換してきている。近年では,中小企業を「日本経済の活力の源泉」と位置づけて「新たなビジネスへのチャレンジ」への支援などが実施されてきている。

　一方,近年顕著となってきている新たな中小企業の課題は,経営者の高齢化による後継者の確保や技術の伝承などの「事業承継」問題である。

　中小企業にはこのような構造的課題はあるものの,これらの経営課題を解決する糸口は起業・創業や新事業展開により中小企業が活性化することにほかな

らず，その源泉となるものはイノベーションを起こすことにあるといえる。

2．具体的な構造的課題の事例

　中小企業の抱える構造的課題について，第12章でとりあげた諏訪地域で考えてみよう。諏訪地域では，ものづくりに関わるほとんどすべての機能が諏訪地域圏内で実現できる能力・ポテンシャルを有しているにもかかわらず，90年代以降の日本の失われた10年・20年に時を同じくして諏訪のものづくりも低迷してきた。グローバル化の進展の中で，諏訪の多くの企業も東アジア各国への海外生産展開に踏み切り，不安定な量産受注と過激なコスト競争の中で，各社とも個々には精一杯の努力を行っているものの，従来の延長線上での努力では新たな時代を生き抜く競争には不十分であることが顕著となった。この状態から脱却するには潜在的に抱えている構造的課題の解決が必要となろう。この構造的課題としては以下の三点があげられる。

（1）下請依存体質からの脱却

　下請企業は，固有技術に基づく自社製品を確立しないと将来はないと言われ，下請依存体質からの脱却に当たってはQCDを磨くことを前提とした上で，「技術開発・提案能力」や「ITの活用」，さらに「取引システムの構築」が必要とされている[12]。これらの取り組みに向けて自走できる企業は別として，多くの中小企業ではわかっていても実行できないというのが実態である。

　諏訪でも，かつては一流の大企業が何社も存在し，その下で受託加工に徹すればよかったのであるが，残念ながら諏訪では現在そのような「親企業」に依存できない状況となっており，各企業とも「自立化」への道が真に求められている。

（2）（最終）顧客市場志向への転換

　多くの中小企業では下請依存体質が定着し，親企業ばかりを見，最終顧客市場を見るという姿勢が弱かった。そのため親企業に依存できない状態に置かれた結果，個々の企業では優れた固有技術を有しているにもかかわらず，その技

第 16 章　イノベーションの孵化と中小企業の将来　291

図表 16 − 6　日本企業のバリューチェーンの付加価値と競争優位のアンバランス

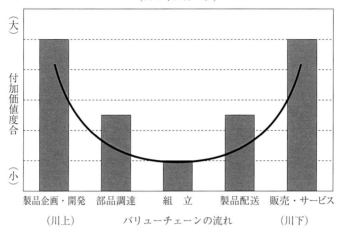

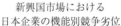

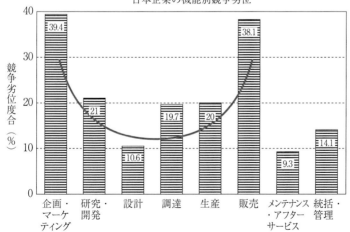

出所：金奉春（2011）5 ページ，図 2 および経済産業省「ものづくり白書 2011 年版」第 2 章
　　　第 4 節図 241 − 13 を参考に作成。

術が製品開発や販売に活かされないという状態に陥ってしまった。その結果，いわゆるスマイルカーブに代表される付加価値の高い業務機能にくい込めておらず，その一方では新興国の台頭による量とコストの厳しい挑戦に受け身とならざるを得ないというジレンマが発生している。図表16－6に示すように，高付加価値業務への転換がなかなか図れない中で，日本企業は目下その高付加価値業務機能についても新興国市場で競争劣位にある，という極めて厳しい構図が諏訪でも起こっている。(最終) 顧客市場志向への転換が真に必要となっているのである。

(3) 産業地域としての諏訪の育成と取組み

マーシャルの「産業地域」の概念（図表16－7）に諏訪地域を当てはめてみると課題が浮かんでくる。

図表16－7　マーシャルによる「産業地域」の概念

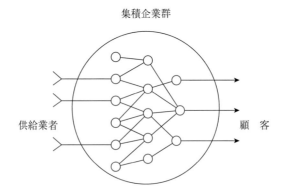

出所：Ann Markusen, "Sticky Places in Slippery Space: A Typology of Industrial Districts", Economic Geography, Vol. 72, No. 3., 1996, p.297 Figure1 より抜粋，一部加筆。

産業地域の定義によれば，産業地域とは多数の中小企業がある地域に集積しているだけではなく，以下の4つの要件が備わっていなければならないという[13]。すなわち，1) 企業間にネットワークが存在し柔軟な専門化が見られる

こと，2) 企業間で製品や技術の向上をもたらすような競争が行われていること，3) 企業間でともに経営力を向上させるような情報共有などにおいて協調関係が見られること，4) 地域の行政が地域産業の実態を把握し適切な政策支援を実施している，もしくは，その能力を行政サイドが持っていること，である。

　産業地域が具備すべき上記4要件を諏訪地域に当てはめて評価してみると，図表16－8に示すように評価できる。つまり，諏訪は産業地域としてはまだ不十分な点があるといえ，逆にこれらは閉塞感の漂う現状を打破し，再び産業を振興させていくためのカギとなる。

図表16－8　産業地域としての諏訪の評価

要　件	評　価
1）企業間ネットワークの存在と専門化	インフォーマルな企業間ネットワークは多く存在するが，事業化への取り組みが弱い。（△）
2）企業間の製品・技術の向上をもたらす競争	ほとんどの企業が製品・技術の向上には極めて意欲的に取組んでおり競争意識も高い。（◎）
3）企業間の情報共有などの協調関係	セミナー的なレベルでの取組みに対しての協調性は高いが，一歩踏み込むと排他性が強い。（△）
4）地域行政の関与（政策支援実施またはその能力）	個々の行政単位では実施されているが，広域的・地域横断的な取組みが弱い。（△）

出所：筆者作成。（◎）十分行われている，（△）取組み不十分もしくは課題がある。

第4節　地域の中小企業の質的転換に向けた取組み

　前節でとりあげた中小企業の経営課題や構造的課題は，全国の多くの地域に共通する"中小企業の活性化を通じて地域の産業振興を如何に行うべきか"という課題に収斂する。本節では，この課題について考える糸口として諏訪地域の取組みの一端を紹介する。

1．下請体質からの脱却と顧客価値向上への取組み

　長年にわたり下請企業を継続してきた場合，そこからの脱却は容易でない。脱却するには経営者が方針転換の意志を明確に持つことが大前提となる。次の，自前の商品を創りだす段階において，これまで自前商品を開発したことがない，したがってマーケティング・販売という業務もしたことがない，という大きな壁にぶち当たる。この壁は乗り越えねばならず，大きな挑戦であるが，それを乗り越えてようやく一人前の企業となるのである。そのためには，プロセス・イノベーションではなくプロダクト・イノベーションが重要となり，そのカギとなる概念はモノづくりからコトづくりへの発想の転換である[14]。諏訪地域でも，このような挑戦を行う企業が増えてきている。

　株式会社ピーエムオフィスエー[15]は，2000年に金型設計受託企業としてスタートし金型一貫設計製造機能へと拡充していったが典型的な下請企業であった。これではまずいと悟った社長は，デザインからOEMまでできるのだから完成品だってできるはずと考え，2009年自社ブランド「PLUM」を作って新事業に乗り出そうと大きく舵を切った。長野県では競合がない事業を手掛け，県内ではオンリーワンの企業になることを目指すという。具体的には自動車関連商品の創出を意図していたものの，知名度がない一中小企業が知名度を上げるにはどうしたらよいか，そしてビジョンの実現を支える事業をまず作らねば，と考えて取組んだのがホビー事業であった。ご当地キャラクター"諏訪姫"も考案し運用，さらに自動車業界を熟知するために，みずからPLUMレーシングチームを作り，諏訪姫の活用によるブランド育成も念頭に置きながら業界ノウハウを蓄積し商品開発を行っている。

　1956年双眼鏡メーカーとして設立された株式会社ライト光機製作所[16]は，インクリメンタル・イノベーションを継続実施してきた企業といえよう。1958年ライフルスコープ（ホビー用）の生産を開始以来，不況の中でも高業績を上げ続けている企業である（図表16 − 9）。この企業の光る点は，「光学レンズ技術」と「精密加工技術」を融合し，技術技能を練り上げて模倣障壁の高い差別化商品に仕上げたこと，景気動向に左右されにくく小さくても確実な安定市場を狙いのターゲットに定めたこと，顧客からの信頼確保を真摯に追求する顧客

第一主義を徹底していること,であろう[17]。この企業の積年の挑戦課題が独自ブランド化の模索であった。双眼鏡もライフルスコープも OEM 供給である。OEM 製品を独自ブランド化しようとすればこれまでの顧客が競争相手となってしまう。既存事業と離れた独自の最終商品を持とうとする中で開発された製品が快適な睡眠をサポートする「ココミン」[18]である。

図表16 − 9 ライト光機の製品

出所：ライト光機製作所提供。(写真左) ライフルスコープ (写真右) 双眼鏡
いずれも同社製品。

体内埋め込み型補助人工心臓の開発を目的に 1991 年設立されたサンメディカル技術研究所[19]は,ラディカル・イノベーションを実現した企業といえよう。厚生労働省によれば,「心疾患」による死亡率は 15.5％と死因別では 2 番目に高く[20],重症患者への治療方法の開発期待は高い。しかし,同社の企画は日本では例のない難易度の高い開発だけに,リスクが高いからと既存大手企業から開発協力が得られず,その結果同社は独自にベンチャー企業として立ち上げることを決意したという。創業から苦節 20 年,2011 年には埋め込み型補助人工心臓 (エヴァハート) の日本販売が開始された (図表16 − 10)。極めて困難な医療装置だが何とか実現したい,このようなメディカル事業は今後の諏訪の産業にふさわしい,こういう事業を何としても起こしたい,という創業者の強い思いが険しい道のりを牽引し事業化まで漕ぎつける源泉であった。

図表 16 − 10 サンメディカルの製品"エヴァハート"

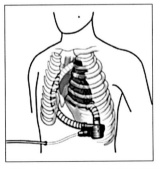

出所：サンメディカル技術研究所提供。

2．地域の組織的な取組み

　中小企業においては，経営者のリーダーシップは期待できるとしても，一般的に経営資源に乏しく，情報ソースも少ない環境にある。その中でイノベーションを起こし，事業の変革や業容の拡大につなげるにはどのようにしたらよいのだろうか。その方法のひとつは中小企業の持つ地域性という特徴を活用することであろう。個々の中小企業では経営資源や情報ソースに限りがあるとしても地域の根強いパイプ（ネットワーク）づくりなどによって弱点を補うことができる。それにより，個別企業の質的転換が図れるばかりでなく，地域全体の構造転換が図れる可能性さえ生まれる。したがって，企業同士の連携やいわゆる産学官連携など，個別企業への支援体制強化を組織的に進めることが極めて重要となる。

　このような組織的な取組みの観点から諏訪で行われている事例を紹介しよう。

（1）NPO 法人「諏訪圏ものづくり推進機構」の設立と活動

　企業活動を広域的・横断的に支援する組織機能や諏訪から発信できるブランド創出活動が地域の中で強く求められるところとなり，2005 年に NPO 法人「諏訪圏ものづくり推進機構（略称：SUWAMO）」[21]が発足した。2002 年から開

催されている「諏訪圏工業メッセ」の運営主管も重要な活動のひとつである。工業メッセは諏訪の持つ技術・ポテンシャルを内外に示すことができる格好の場となっており，2013年開催の工業メッセには企業，大学，研究機関等から332社（団体）・519ブースの出展，来場者26,056名（内，過半数が諏訪地域以外からの来場者）であった（図表16-11）。

また，諏訪地域の企業の中で70社を超える企業がすでに東アジアを中心に海外進出しており，今後ますます新興国市場が拡大する中で中小企業に対する海外展開支援も重要となる。このような観点から，諏訪圏ものづくり推進機構は諏訪圏中小企業海外展開支援ネットワーク「チームグローバル」を設置し，地域にある各機関[22]と連携して国際ネットワーク作りや評価試験，専門化のアドバイス，人材育成などトータル的に地域中小企業の海外展開を支援する体制を敷いている。

図表16-11　2013年開催の諏訪圏工業メッセ

出所：諏訪圏ものづくり振興機構提供。（左）知事も列席しての開会式，（右）来場風景。

（2）行政の工業振興への取組み

岡谷市は製糸業のメッカであっただけに製糸業の衰退に伴う新たな産業への転換の必要性を痛感し，そしてみごとに精密加工工業へと転換した地域である。岡谷市の産業は工業への依存度が極めて高く，しかも2つの構造的な問題を有している。1つは，従業員9人以下の企業が全体の約70％を占め，29人以下の企業では全体の90％を占めるなど，小規模企業が圧倒的に多いことで

ある。小規模企業では営業活動そのものを行った経験に乏しく営業マーケティングの力量が絶対的に不足している。もう1つは，独特の精密加工技術を保有しているものの，部品加工業が中心で完成品まで手掛ける企業が少ないことである。代表的な企業30社の中で装置レベルまでの製品を扱っている企業はたかだか5社程度という状況にある。

　このような状況に鑑み，岡谷市は「テクノプラザおかや」[23]に産業振興戦略室を設けるとともに工業振興課では企業への一歩踏み込んだ支援を行っている。特に，引合いに対して適切な企業を紹介するビジネスマッチング機能を果たすことや，小規模企業には営業の窓口・紹介機能を肩代わりすることなどに注力し，企業の成長段階の支援を積極的に行っている。

　茅野市では産・学・官の連携により地域産業振興を図ることを狙いとして，2009年に「茅野・産業振興プラザ」[24]を設立した。諏訪市では2011年に新設された産業連携推進室を通じSUWAブランド創出への取組みが始まっている。

　また，全国で理科離れが懸念される中，ものづくりへの関心は子供の時から醸成することが必要との考えから，諏訪市では小中学校への「ものづくり教育」が導入されている[25]。

　一方，長野県でも，技術支援拠点である長野県工業技術総合センターに併設された研究開発支援施設である「長野県創業支援センター」[26]を設置し，創業者や創業希望者または新たな分野の研究開発に挑戦し，新しい事業の立ち上げに取組む中小企業者を支援し，創業者の早期自立をめざしている。岡谷市にはこれら両センターが設置されている。

（3）大学との連携

　「新事業創出」や「ベンチャービジネス」の創造，さらに起業を希望する者に対する支援システムやその活動を意味する「ビジネス・インキュベーション」などを推進する場合，地域・大学による産学官連携に期待がかかる[27]。特に，地域に立地する大学があれば，その大学と地域企業とのさまざまな連携は重要である。

諏訪地域に立地する諏訪東京理科大学では地域連携事業として「諏訪東京理科大学地域コンソーシアム推進協議会」を2003年に設置し[28]，地域課題解決に向けた研究開発実用化への取組みが行われている[29]。

(4) 一般市民のボランティア活動

子供たちのものづくりや科学への楽しさを知ってもらおう，という活動は一般市民からも沸き起こっている。岡谷市では，地域企業の退職技術者シニアによるボランティアプロジェクト「あってもいいな夢工場」[30]が2009年からスタートした。企業経験を活かし，アイデアを身近な原材料を使って形にし，子供にも楽しく組み立ててもらうのであるが，実は同時に原理原則が学べるのである。これらの製品は地域企業の協力を得て製作・製造され，無理のない形で商品化もされている。ボランティアの原動力は，ものを完成させたときの"子供たちの輝く目"だという（図表16-12）。

図表16-12　B級カメラ組立の完成に喜ぶ子供たち

出所：岡谷市民新聞（2013年8月11日付記事）提供。

第5節　おわりに

中小企業が生き生きと活性化しなければ地域の発展はもとより国の経済発展も有り得ない。中小企業が活性化するにはイノベーションを起こすことが不可

欠であることを見てきた。そのイノベーションをどのような方向感覚を持って行えばよいのだろうか。中小企業の発展可能性はこの問いに関係してくるであろう。

　日本のもの作りは転換期を迎えており，既存の産業構造を転換し，次世代をリードする新たな産業の振興が求められる。成熟社会を迎えた今，中小企業がその力を発揮できる道は，人々の暮らしに優しく役立つ産業を創造し世界に発信していくことにあろう。

　その方向性として注目されるのが「モノ・コトづくり」あるいは「ものコトづくり」などとも称されているように，「モノづくり」から「コトづくり」への発想の転換である。よきモノづくりは，設備投資をして優秀な人材をそろえるだけでは実現せず，優れたコトづくりに導かれて初めて可能になる。モノと違って目に見えない"コト"というものは，夢やビジョン，目標を明示し，その実現に向かってみんなが知恵を出し，力を合わせて努力する仕組みが詰まっている容物（いれもの）と考えればよく，トップの掲げる将来像やビジョンにみんなが共感し，相互の意思疎通がよくとれていて，社員一人ひとりが自分の役割を意識して思う存分働ける会社には，活気があるものだという[31]。

　この考え方に立ち，経済同友会では，"マーケットから見た「もの・ことづくり」の実践によって世界でビジネスに勝つ「もの・ことづくり」の推進"を提唱し，さらに"「もの・ことづくり」のための「ひとづくり」の推進"が急務であると提唱している[32]。

　このように，個々の個別技術や商品開発に関する議論はもちろん不可欠であるが，その前提として重要なことは経営者の取組み姿勢であり，社員と組織をイノベーティブなものにしていく仕組みを構築することが重要となる。そして，個々の中小企業が努力しようにもついて回る経営資源の制約，これを補うのが地域ならではの各種ネットワークづくりによる相互補完であり，さらに行政の支援体制である。

　全国各地に散在する中小企業に閉塞感が漂う今，何かを突破口にした意識改革（ブレークスルー）が必要である。その際，その地域に起こった企業家精神に学ぶことも有効となろう。これまで事例として述べてきた諏訪地域の場合でい

えば，地方の片田舎から世界に目を向けて活躍した先人企業家の足跡をたどって，その精神を感じ取り今に活かすということに他ならない。諏訪の先人企業家たちは，貧しい中にあっても，人々のくらしと国益の向上に貢献しようと，さまざまな工夫と知恵を凝らすことに進取の気概を持って取組んだ。また，苛烈な競争下に置かれた中にあっても顧客市場に目を向け，自分たちの商品価値を認知してもらうために必要とあれば"共同"で事業に取り組むことにも積極的であった。まさに"競争と協調"[33]が実施されていたのである。

【注】

(1) P.F. ドラッカー（1985）『イノベーションと企業家精神』ダイヤモンド社，1985年，47ページ。アントレプレナー（Entrepreneur）は起業家とも企業家とも訳される。起業家は新しい事業を起こす人であるが，企業家は新しい事業を起こすだけではなく既存事業などの変革も含めてイノベーションを起こす人である。ドラッカーは，上記著書の中で，企業家とは，生産性が低く成果の乏しい分野から，生産性が高く成果の大きな分野へ資源を動かす者のことだと定義している（同書44ページ）。

(2) 例えば，米ボストン・コンサルティング・グループ（BCG）が発表した2013年の「最も革新的な企業」ランキングによると，BCGの調査に回答を寄せた企業幹部の77%がイノベーションはトップ3以上の優先課題だと返答した。BCG『The Most Innovative Companies 2013』September 26, 2013.

(3) イノベーションの概念を最初に論じたシュンペーター（1883〜1950）は，1934年の著書（邦訳：『経済発展の理論（上）』岩波文庫，1977年，"新結合の遂行としての経済発展"180〜185ページ）の中で，イノベーションとは結局，物や力を従来とは異なる新しい形に結合することであり，この「新結合」には以下の5つがあるとした。①新しい財貨（まだ消費者に知られていない新しい商品・新しい品質の商品の生産），②新しい生産方法（未知の生産方法の導入），③新しい販路の開拓（新しい市場の開拓），④新しい供給源の獲得（原材料ないし半製品の新しい供給源の獲得），⑤新しい組織の実現（独占的地位の形成，独占の打破）。

(4) ドラッカー，前掲書，47ページ。

(5) シュンペーターは非連続的発展について「いくら郵便馬車を列ねても，それによって決して鉄道を得ることはできない（同上）」と述べている。非連続的発展は創造的破壊を引き起こし，既存の常識や活動様式を大転換する。

（ 6 ）フェルナンド・トリアス・デ・ベス，フィリップ・コトラー『コトラーのイノベーション・マーケティング』翔泳社，2011 年，12 〜 13 ページ。同様に，トニー・ダビラ，マーク・J・エプスタイン，ロバート・シェルトン『イノベーション・マネジメント』英治出版，2007 年，28 〜 29 ページ　は，「画期的なイノベーションを達成したからといって，成功するとは限らない。チャンスが得られるだけだ。本当の成功のためには，さらにインクリメンタル（漸進的）なものからラディカル（急進的）なものまで，さまざまなイノベーションを続けなければならない。」と述べている。
（ 7 ）中小企業白書（2009 年版）の売れる商品作りに向けた中小企業の取組について（95 〜 99 ページ）を参照。
（ 8 ）IBM『The Global CEO Study 2006』。
（ 9 ）"起こす"と"興す"の使い方があるが，ここでは一般的な用語としての"起こす"を使用する。
（10）トニー・ダビラ，マーク・J・エプスタイン，ロバート・シェルトン『イノベーション・マネジメント』英治出版，2007 年，38 〜 40 ページ。
（11）フェルナンド・トリアス・デ・ベス，フィリップ・コトラー『コトラーのイノベーション・マーケティング』翔泳社，2011 年，2 〜 5 ページ。
（12）中小企業庁『製造業の基盤技術を担う中小企業への支援』平成 17 年 9 月 6 日。
（13）伊藤正昭『新産業地域論』学文社，2011 年，219 ページ。
（14）モノづくりからコトづくりへの発想転換の必要性は随所で叫ばれている。詳細は第 5 節参照のこと。
（15）詳細は次の URL を参照。http://www.pmoa.co.jp/
（16）詳細は同社 HP 参照。http://www.light-op.co.jp/
（17）その結果，同社が平成 19 年の経済産業省中小企業庁「元気なモノ作り中小企業 300 社」および平成 21 年の経済産業省製造産業局「雇用創出企業 1400 社」に選定されることにつながっている。
（18）詳細は次の URL を参照。http://www.thermictechno.co.jp/
（19）詳細は同社 HP 参照。http://www.evaheart.co.jp/
（20）厚生労働省『平成 25 年人口動態統計月報年計（概数）の概況』。
（21）詳細は次の URL を参照。http://www.suwamo.jp/
（22）（公財）長野県テクノ財団諏訪レイクサイド地域センター，（公財）長野県中小企業振興センター，（独）日本貿易振興機構（ジェトロ）長野貿易情報センター諏訪支所，長野県工業技術総合センター等。
（23）詳細は次の URL を参照。http://www.tech-okaya.jp/webapps/www/index.jsp
（24）詳細は次の URL を参照。http://cipp.chinocci.or.jp/
（25）詳細は次の URL を参照。http://www.city.suwa.lg.jp/www/info/detail.jsp?id=5077

(26) 詳細は次のURLを参照。http://www.gitc.pref.nagano.lg.jp/sougyou/senta-towa/index.html
(27) 松井敏邇『中小企業論　増補版』晃洋書房，2009年，105ページ。
(28) 詳細は次のURLを参照。http://www.suwa.tus.ac.jp/localarea/consortium/
(29) 事例のひとつに、「光合成促進シートによる長野県内の農業活性化及び新たなエネルギー変換技術の開発」を紹介しておこう（信濃毎日新聞2014年1月5日付記事）。この成果は「光変換ピンク農法」として特許出願され販売に至っている。現在はこれを発展させ「新たなエネルギー変換技術の開発」が行われている。
(30) 詳細は次のURLを参照。http://www3.ocn.ne.jp/~sauna/26001.html
(31) 常盤文克『コトづくりのちから』日経BP社，2006年，9～13ページ。
(32) 経済同友会提言『マーケットから見た"もの・ことづくり"実現のために』2011年06月24日および『「もの・ことづくり」のための「ひとづくり」』2012年06月20日を参照。
(33) 競争（Competition）と協調（Cooperation）を組み合わせて、コーペティション（CO-OPETITION）という造語が作られた。B・J・ネイルバフ，他著（2003）参照。

◆参考文献◆

伊丹敬之『イノベーションを興す』日本経済新聞出版社，2009年。
伊藤正昭『新地域産業論』学文社，2011年。
中小企業白書（2009年版）。
松井敏邇『中小企業論　増補版』晃洋書房，2009年。
トニー・ダビラ，マーク・J・エプスタイン，ロバート・シェルトン『イノベーション・マネジメント』英治出版，2007年。
フェルナンド・トリアス・デ・ベス，フィリップ・コトラー『コトラーのイノベーション・マーケティング』翔泳社，2011年。
B・J・ネイルバフ，A・M・ブランデンバーガー著，嶋津祐一翻訳『ゲーム理論で勝つ経営　競争と協調のコーペティション戦略』日経ビジネス人文庫，2003年。
P.F.ドラッカー著，小林宏治監訳『イノベーションと企業家精神』ダイヤモンド社，1985年。
P.F.ドラッカー著，上田惇生訳『現代の経営』ダイヤモンド社，2006年。

索　引

A－Z

ABC……………………………………119
ABM…………………………………119, 120
CAD/CAM……………………………78
GHQ……………………………………34
ICT……83, 84, 87, 88, 91, 92, 94～100
IMF……………………………………42
ME（マイクロ・エレクトロニクス）化
　　………………………………………54, 69
OEM………………………………46, 57, 295
OPEC…………………………………42

ア

アーキテクチャ……226, 227, 229, 230, 240
アクションプログラム…………………133
アベノミクス……………………………35
安定成長期…………………………36, 66, 69
アントレプレナー………………………265
いざなぎ景気……………………………42
一国二制度………………………………45
一般的技能（general skill）……………162
イノベーション……1, 10, 15, 257, 266, 282
いわき市…………………………………12
インスタント・カバレッジレシオ……140
インターフェース……………………228～231
インテグラル……………………………229
インテグラル型………………229, 230, 240
　―ビジネスモデル……………………56

売上原価………………………………136
売上高経常利益率……………………139
売上高総利益倍加率…………………141
売上高倍加率…………………………141
売れる商品作り………………………285
営業利益倍加率………………………141
エクイティファイナンス…………43, 125
オイルショック………………………42
オートキャンプ……………………232, 233
オープン型…………………………230, 240
オープンビジネスモデル……………27
オープン・モジュラー型……230, 231, 239
オフ・ザ・ジョブ・トレーニング
　（Off-the-job training：Off-JT）……160
オペレーティング・コスト…………114
オン・ザ・ジョブ・トレーニング
　（On-the-job training：OJT）………160

カ

海外展開………………………………210
開業率…………………………………4
改正中小企業基本法…………………48
外部金融………………………………145
家憲……………………………………205
片倉兼太郎……………………………203
価値連鎖………………………………106
活動基準原価計算……………………119
活動分析………………………………121
関係の共通基盤…………………183, 184

間接金融	130, 131, 145
間接費	108
間接輸出	57
企業家	265
起業家	265
企業家機能	265
企業間連合	29
企業集団	41
企業特殊的技能（firm-specific skill）	162
北澤國男	207
北澤製作所	207
キャッシュフロー計算書	137
業績測定	121
共通通貨（EROU）	45
銀行取引約定書	130
金属製折板屋根用金物	235, 236
金融機関借入金比率	126
金融ビッグバン	46
クライアントサーバー	94
クラウドコンピューティング	95, 99
グラミン銀行	275
クローズド・インテグラル型	230, 231, 239
クローズド型	230, 240
クローズド・モジュラー型	230, 231, 239
グローバル化	209
経営資本対営業利益率	139
経営者の高齢化	62
経営分析	133
経済安定9原則	37
経済再生期	36
経済自立5ヶ年計画	39
経済的民主化	31
傾斜生産方式	36
系列化	67, 68
原価	103
──管理	106
減価償却	145
原価標準	115
研究開発活動	284
減量経営	42, 69
コア企業	189〜191, 197
コア・コンピタンス	80
構外下請	72
工場制下請	72
高度経済成長期	8, 9, 36, 66〜68
高能力型零細企業	54
小売商業特別措置法	89
効率性評価論	61
顧客市場	290
国際化	253, 255〜257
国際分業生産体制	47
国民所得倍増計画	50
コスト意識	121
コスト・コントロール	106
コストドライバー分析	120
コスト・プール	119
コストマネジメント	107
固定長期適合率	140
コーディネーション	179, 181, 182, 187, 189, 191, 195
固定費	108
固定比率	140
コトづくり	294
コミテッド・コスト	114
雇用の外部化	155, 168

サ

財政支出の拡大	42
財閥解体	36, 50

索　引

財務諸表 ……………………………………134
差別化 ………………………………………285
サポーティング・インダストリー
　　　……………………………………247, 248
産業構造転換期 ………………………………9
産業集積 ……………177, 205, 251〜253
産業地域 ……………………………………292
産業の二重構造 ……………………………40
産地型集積 ………………………251〜253
3本の矢 ……………………………………35
山脈構造型社会的分業構造 ………………70
事業承継 ……………………………………289
資金調達 ……………………………………142
資源コスト …………………………………119
自己金融 ………………………………130, 132
自己資本 ………………………………134, 142
　　──対経常利益率 ……………………139
　　──比率 …………………126, 140, 142
資産の項目 …………………………………134
市場の自立化 ………………………………80
下請型経営 …………………………………23
下請企業 ……………………………………290
下請・系列企業 ……………………………39
下請代金支払遅延防止法 …………………39
地場産業 ……………222〜225, 231, 240, 241
資本金対純利益率 …………………………139
資本自由化 …………………………………67
資本取引の自由化 …………………………41
地元企業 ……………………………………222
社会起業家 ……………………………265, 271
社会的課題 …………………………………271
社会的企業 ……………………………265, 271
社会的分業システム ………………………52
ジャスト・イン・タイム …………………70
収益性の分析 ………………………………139

従属型中小企業 …………………………224, 225
柔軟な連結 ……………178, 179, 187, 188, 196
受注フォロー ………………………………240
　　──システム ……………………236, 237
シュンペーター ……………………………265, 283
省資源型産業 ………………………………54
シルクエンペラー …………………………204
新規開発率 …………………………………7
人材育成 ……………………………………154
新事業創出促進法 …………………………46
新製品の投入 ………………………………284
信用補完制度 ………………………………130
信用保険制度 ………………………………38
信用保証協会 ………………………………38
信用力不足 …………………………………44
垂直な取引関係 ……………………………51
垂直統合型 …………………………………207
スタグフレーション ………………………42
スノーピークウェイ ……………233, 240, 242
スマイルカーブ ……………………………292
諏訪圏工業メッセ …………………………297
諏訪式繰糸機 ………………………………203
諏訪精工舎 …………………………………209
正規従業員 …………………………………168
生産性向上運動 ……………………………39
製糸業 ………………………………………200
製造原価 ……………………………………108
　　──明細書 ……………………………133
成長性の分析 ………………………………140
製品保有型経営 ……………………………23
精密加工技術 ………………………………214
整理解雇の4要件 …………………………171
世界最適地調達方式 ………………………47
石油危機 ……………………………………54
設計情報 ……………………………226, 227, 239

戦後復興期··8, 36
選択と集中···47
専門中小企業···52
相互学習···179, 183, 195
総資産···134
総資本回転率···139
総資本（総資産）対経常利益率·······················139
総資本倍加率···141
総取引数極小の原理·································96, 97
総量規制···45
疎開工場···206
組織内のコミュニケーション····························25
ソーシャル・アントレプレナー·······················265
ソーシャルネットワーク···································30
ソーシャル・ビジネス····································278
損益計算書··133, 135
損益分岐点図表··111
損益分岐点分析··111

タ

大学等技術移転促進法·································46
大規模小売店舗法·····························90, 92, 99
貸借対照表··133, 134
第2創業···28
大和工業··209
他人資本···134, 142
担保用資産···130
知的熟練··179, 180
中小卸売業·······················83～85, 87, 88, 91, 96, 98～100
中小企業基本法···············2, 18, 35, 44, 84, 85
中小企業金融対策要綱·································38
中小企業信用補完制度·································38
中小企業設備近代化促進法··························40
中小企業対策要綱···37
中小小売業·····················83～92, 94～96, 99, 100
中小商業····························83～85, 88, 90, 91, 97, 99, 100
直接金融···130, 131, 145
直接費···108
賃金格差···30
燕三条ネットワーク·······································234
当座比率···140
東洋のスイス···205
独立型中小企業··224
時計産業···205
トップダウンの意思決定································25
富岡製糸場···201
問屋制下請··72

ナ

内部金融···145
内部留保···128, 145
────金···128
ナイロン···206
ニクソンショック···42
二重構造論··60
ニッチトップ··257～259
農地改革···36
能力開発···155

ハ

廃業率··4, 7
場の情報···179, 181～183
バブル経済···77, 248
バブル産業···205
販売費及び一般管理費································136
東アジア化······································77, 252, 253
東日本大震災··31
ビジネスモデル···286

非正規従業員 …………………………… 155, 168
ピーター・ドラッカー …………………… 282
ビッグイシュー …………………………… 275
ビッグデータ ………… 83, 94, 95, 98～101
ヒット商品 ………………………………… 285
非付加価値活動 …………………………… 121
標準原価計算 ……………………………… 114
ピラミッド型 ……………………………… 205
ファブレス（fabless）企業 ……………… 24
付加価値 …………………………………… 292
── 活動 ………………………………… 121
── 生産性 ……………………………… 53
不確実性プールの原理 ………………… 96, 97
負債（他人資本）と純資産の部（自己資本）
　の項目 …………………………………… 134
部品設計情報 ……………………………… 228
プラザ合意 ……………………… 43, 58, 76, 248
ブランド育成 ……………………………… 294
ブランド化 ………………………………… 295
不利性 ……………………………………… 44
ベンチャー企業 …………………………… 21
ベンチャー・ビジネス ………… 9～11, 264, 267
変動費 ……………………………………… 108
貿易自由化 ………………………………… 67
ポリシー・コスト ………………………… 114
ボーングローバル企業 …………………… 59

マ

マーケティング …………………………… 19

マネジド・コスト ………………………… 114
ムハマド・ユヌス ………………………… 277
メインフレーム ………………………… 94, 95
モジュラー型 ………………… 229, 230, 240
モジュール化 …………………………… 56, 78
持株会社制度 ……………………………… 51

ヤ

山崎久夫 …………………………………… 205
夕張市 …………………………………… 11, 13
輸出振興政策 ……………………………… 39
輸出の拡大 ………………………………… 42

ラ

利益管理 …………………………………… 107
利害関係者 ………………………………… 133
リストラクチャリング …………………… 77
リーダーシップ ………………………… 28, 287
流通革命 ………………………………… 89, 90
流動比率 …………………………………… 140
リレーションシップバンキング ……… 132
労働改革 …………………………………… 36
ローカルコンテンツ規制 ………………… 61
ロジスティック …………………………… 98

《著者紹介》（執筆順）

佐久間信夫（さくま・のぶお）担当：第1章
※編著者紹介参照

井上善博（いのうえ・よしひろ）担当：第2章，第4章
※編著者紹介参照

伊藤忠治（いとう・ただはる）担当：第3章，第8章
淑徳大学経営学部教授

瀬口毅士（せぐち・たけし）担当：第5章，第14章
鹿児島県立短期大学商経学科准教授

石井泰幸（いしい・やすゆき）担当：第6章，第13章
千葉商科大学サービス創造学部教授

成松恭平（なりまつ・きょうへい）担当：第7章
淑徳大学経営学部教授

山田仁志（やまだ・まさし）担当：第9章
淑徳大学経営学部准教授

今井重男（いまい・しげお）担当：第10章
千葉商科大学サービス創造学部准教授

額田春華（ぬかだ・はるか）担当：第11章
日本女子大学家政学部専任講師

五味嗣夫（ごみ・つぐお）担当：第12章，第16章
諏訪東京理科大学経営情報学部教授

金　在淑（きむ・ちぇすく）担当：第15章
日本経済大学経営学部准教授

《編著者紹介》

佐久間信夫（さくま・のぶお）担当：第１章

明治大学大学院商学研究科博士課程修了
現職　創価大学経営学部教授　博士（経済学）
専攻　経営学，企業論

主要著書

『企業集団研究の方法』文眞堂　1996 年（共編著），『現代経営学』学文社　1998 年（編著），『現代経営用語の基礎知識』学文社　2001 年（編集代表），『企業支配と企業統治』白桃書房　2003 年，『企業統治構造の国際比較』ミネルヴァ書房　2003 年（編者），『経営戦略論』創成社　2004 年（編著），『増補版　現代経営用語の基礎知識』学文社　2005 年（編集代表），『アジアのコーポレート・ガバナンス』学文社 2005 年（編者），『CSR とコーポレート・ガバナンスがわかる事典』創成社　2007 年（共編者），『コーポレート・ガバナンスの国際比較』税務経理協会　2007 年（編者），『コーポレート・ガバナンスと企業倫理の国際比較』ミネルヴァ書房 2010 年（共編著），『多国籍企業の戦略経営』白桃書房，2013 年（共編著），『アジアのコーポレート・ガバナンス改革』白桃書房，2014 年（共編者）など。

井上善博（いのうえ・よしひろ）担当：第２・４章

中央大学大学院商学研究科博士後期課程修了
現職　神戸学院大学経済学部教授　博士（経営学）
専攻　経営学，企業論

主要著書

『グローバリゼーションと経営学』ミネルヴァ書房　2009 年（共著），『非営利組織の財源調達』全国公益法人協会　2010 年（共著），『現代経営組織論の基礎』学文社 2011 年（共著），『現代経営戦略要論』創成社　2011 年（共著），『現代企業の社会性：理論と実態』中央大学出版部　2012 年（共著），『多国籍企業の戦略経営』白桃書房 2013 年（共著），『経営学原理』創成社　2014 年（共著など）。

（検印省略）

2015 年 5 月 20 日　初版発行　　　　　　　　　　略称 ― 中小企業

現代中小企業経営要論

編著者	佐久間信夫
	井上善博
発行者	塚田尚寛
発行所	東京都文京区春日 2 - 13 - 1　株式会社　創成社

電　話　03（3868）3867　　ＦＡＸ　03（5802）6802
出版部　03（3868）3857　　ＦＡＸ　03（5802）6801
http://www.books-sosei.com　振　替　00150-9-191261

定価はカバーに表示してあります。

©2015 Nobuo Sakuma, Yoshihiro Inoue　　組版：トミ・アート　印刷：エーヴィスシステムズ
ISBN978-4-7944-2459-4 C3034　　　　　製本：カナメブックス
Printed in Japan　　　　　　　　　　　　落丁・乱丁本はお取り替えいたします。

―― 経営選書 ――

現代中小企業経営要論	佐久間信夫 井上善博	編著	2,900 円
現代経営学要論	佐久間信夫 三浦庸男	編著	2,700 円
現代経営管理要論	佐久間信夫 犬塚正智	編著	2,600 円
現代経営戦略要論	佐久間信夫 芦澤成光	編著	2,600 円
現代CSR経営要論	佐久間信夫 田中信弘	編著	3,000 円
現代企業要論	佐久間信夫 鈴木岩行	編著	2,700 円
経営学原理	佐久間信夫	編著	2,700 円
データから読み解く経営学 ―経営・経済問題を解決するための情報処理活用―	田中正敏	著	2,200 円
経営情報システムとビジネスプロセス管理	大場允晶 藤川裕晃	編著	2,500 円
テキスト経営・人事入門	宮下清	著	2,400 円
東北地方と自動車産業 ―トヨタ国内第3の拠点をめぐって―	折橋伸哉 目代武史 村山貴俊	編著	3,600 円
おもてなしの経営学［実践編］ ―宮城のおかみが語るサービス経営の極意―	東北学院大学経営学部 おもてなし研究チーム みやぎ おかみ会	編著 協力	1,600 円
おもてなしの経営学［理論編］ ―旅館経営への複合的アプローチ―	東北学院大学経営学部 おもてなし研究チーム	著	1,600 円
おもてなしの経営学［震災編］ ―東日本大震災下で輝いたおもてなしの心―	東北学院大学経営学部 おもてなし研究チーム みやぎ おかみ会	編著 協力	1,600 円

（本体価格）

―― 創成社 ――